两岸产业比较研究丛书

本丛书是"2011计划"——"中国特色社会主义经济建设协同创新中心"的子平台"区域协调与产业发展"研究团队的阶段性成果

国家出版基金项目
NATIONAL PUBLICATION FOUNDATION

两岸农产品流通模式比较研究

焦志伦　等编著

南开大学出版社

天　津

图书在版编目(CIP)数据

两岸农产品流通模式比较研究 / 焦志伦等编著. —天
津：南开大学出版社，2015.9
（两岸产业比较研究丛书）
ISBN 978-7-310-04938-7

Ⅰ. ①两… Ⅱ. ①焦… Ⅲ. ①海峡两岸－农产品流通
－流通模式－对比研究 Ⅳ. ①F724.72

中国版本图书馆 CIP 数据核字(2015)第 211345 号

南开大学出版社出版发行
出版人：孙克强
地址：天津市南开区卫津路 94 号　　邮政编码：300071
营销部电话：(022)23508339　23500755
营销部传真：(022)23508542　　邮购部电话：(022)23502200
＊
河北昌黎太阳红彩色印刷有限责任公司印刷
全国各地新华书店经销
＊
2015 年 9 月第 1 版　　2015 年 9 月第 1 次印刷
240×170 毫米　16 开本　16.75 印张　4 插页　280 千字
印数：1－3000 册　定价：38.00 元

如遇图书印装质量问题,请与本社营销部联系调换,电话:(022)23507125

编委会名单

编委会主任：龚　克　潘维大

执 行 主 编：刘秉镰　詹乾隆　邱永和　白雪洁　贾凯杰

编委会成员（按汉语拼音排名）：

序一

　　经历了 2009 年国际金融危机的冲击，当前世界经济进入新一轮的调整和转型期，以美国为代表的发达国家虽然经济探底趋稳，但财政悬崖、主权债务危机的阴影犹存；新兴经济体和部分发展中国家虽然经济保持较高的增速，但面临的挑战和风险也很大。从世界经济格局来看，世界经济中心向亚太地区转移的趋势有所增强，在刚刚过去的 2012 年，全球经济复苏放缓，而亚太新兴经济体总体上保持了难得的增速，成为世界经济的一抹"亮色"。在亚太地区，中国大陆与中国台湾作为"大中华经济圈"中实体经济发展各具千秋的两个重要经济体，彼此之间活跃的产业合作和日益紧密的经济联系会增强双方的实力，达到合作共赢、共同增强在亚太地区的主导力量的效果。

　　自 2008 年两岸关系出现历史性转折后，两岸双方在反对"台独"、坚持"九二共识"的共同政治基础上，本着"建立互信、搁置争议、求同存异、共创双赢"的精神，致力于两岸关系的和平发展。目前我们已经签署了空运、海运、通邮等协议，实现了两岸全面直接双向"三通"，促成了大陆居民赴台旅游，取得了两岸人员往来的又一次重大突破，在众多领域建立了两岸交往与合作机制，解决了两岸同胞关心的一系列经济、社会、民生等问题，特别是签署了《海峡两岸经济合作框架协议》以及投资保护、海关合作两项后续协议后，更推进了两岸经济一体化的进程。"三通"开放至今，两岸贸易总额已突破 5600 亿美元，大陆累计批准台商投资项目 8.7 万个，台商实际投资金额 565.3 亿美元。同期，共有 133 家大陆企业在台设立分公司或代表处，投资金额达 7.22 亿美元。2008 年两岸携手直面国际金融危机的冲击，风雨同舟，共渡难关，为两岸产业与企业界的更深入、具体、全面的交流与合作奠定了坚实的情感基础。两岸发展的历史充分证明，分则两败，合则共赢。

　　我们惊喜地发现，在两岸经济、社会、文化、教育等领域日益频繁而密切的交流中，两岸的高校发挥了重要而独特的作用。不仅通过教师和学生的交流互访学习，取长补短，加深了理解和友谊；而且更有一些眼光深邃、做法务实的两岸高校，各取所长，为两岸的产业和企业合作发展发挥着智力支持作用。由南开大学和台湾东吴大学发起，联合了两岸十几所高校的专家学者编写出版的"两岸产业比较研究丛书"，恰逢其时，将适应两岸经济交流与合作的新形势，为两岸产业和企业加深了解、建立互信、寻求商机、互利互惠开启一扇机会之窗。

　　未来"大中华经济圈"的不断崛起将可能成为影响国际经济格局变化的重要力量，两岸的经济和产业合作也将不断由初期的贸易往来和直接投资向立足于两岸需求、资源、技术的全方位深层次的产业对接与合作转移。两岸内部市场的新经济增长点在哪里？两岸产业各自的竞争优势是什么？两岸产业进一步深入合作的制度政策和机制需求是什么？相信"两岸产业比较研究丛书"的出版将有助于我们寻找相关问题的答案。也希望通过这套丛书的出版，能进一步推进两岸官、产、学、研的更加深入持久的战略性合作。

　　目前两岸科技、文化、教育等领域交流与合作议题的正式商谈虽然还未开始，但两岸一些心系两岸和平发展之大计、脚踏实地的高校和学者已经开始他们扎实而富有成效的探索，虽然这些成果还不尽善尽美，但他们精诚合作，为两岸发展贡献绵薄之力的赤诚之心可见。愿他们的开拓性工作不断深入，结出更多更美的硕果。愿两岸产业界和企业界携手合作，共赢共荣的美好日子愈久绵长。

陈云林

2015 年 6 月

序二

　　全球经济已经进入成长速度放缓、竞争加剧、深度转型的调整期，未来发展充满了复杂性、不稳定性和不确定性。已开发国家经济进入缓慢复苏的阶段，低速成长可能成为长期的趋势。开发中国家或地区尤其是新兴经济体具有较高的成长速度，已经成为世界经济成长的主要动力，但成长速度不如以往的压力也逐渐显现。世界经济格局正发生明显的变化，亚洲的地位与作用日益重要。为因应全球经济高度不确定性的挑战，掌握全球经济重心向亚洲转移的机会，海峡两岸应加强合作、优势互补，共同采取更为积极有效的措施以稳定、发展、繁荣两岸经济。

　　2008 年以来，两岸关系迈入和平发展的一个新的阶段。至 2012 年底为止，海基会与海协会共举行了 8 次高层会谈，签署了 18 项协议，涉及两岸直航、大陆观光客来台、投资保障等，为两岸经济共同繁荣与发展奠定了坚实的基础。其中，2010 年 6 月，海基会和海协会签署了《海峡两岸经济合作框架协议》（ECFA），进一步增进了双方的贸易与投资关系，建立了有利两岸经济繁荣与发展的合作机制，为台湾与大陆的经贸交流与合作揭开了新的里程碑。

　　世界经济进入全新的发展阶段，新的形势给两岸经济交流与合作创造了新的机会，也产生了新的需求。当前，两岸经济均进入调整期，新阶段的产业合作可以基于两岸内部市场新经济成长机会的创造与成长方式的改变；如何从两岸经济发展的特色出发，选择两岸产业合作的领域与重点备受关注。就现阶段而言，两岸产业合作特别要注重对两岸内部市场的培育。两岸关系进入后 ECFA时期，机制与制度的建构已经成为两岸产业合作的重中之重。两岸关系的改善以及 ECFA 的签署，应该在已有的架构协议层面，积极地完成相关的配套政策、机制、制度的建设，才能更深化产业的合作。在两岸合作由初级贸易往来转向深层次产业合作的关键时刻，如何从两岸的共同利益出发，实现两岸经济与产业的合作共赢，在全球经济格局中共同实现经济再发展，已经成为两岸官方、产业界和学术界共同关心的重大课题。

欣闻东吴大学和南开大学共同发起建立专业化、开放化和国际化研究平台，吸引海峡两岸的优秀学者，在两岸产业合作与对接这一新兴重要领域进行兼具创建性、开拓性与系统性的研究，共同编撰"两岸产业比较研究丛书"，深感其正逢其时、意义深远。这是第一部两岸学者携手完成的两岸产业比较研究丛书，这一系列丛书全方位剖析了两岸产业发展现状与未来对接的机会和挑战，涉及物流产业政策、港口发展等多个不同经济发展领域，研究成果兼具深度与广度。我相信这套丛书的出版问世，将为两岸产业合作与对接提供可参考、可采纳、可使用的产业发展对策，切实有效地为两岸经济共同繁荣与发展作出贡献。

这套丛书的问世，倾注了两岸学者的卓越智慧，期盼两岸学者能够继续精诚合作，竭尽所能地进一步加强两岸教育与科研资源的交流，建立高效、稳定、可持续的合作机制，产出更多、更好的硕果，为共同提升两岸经济发展贡献力量。

江丙坤

2015 年 8 月

前　言

　　农业生产和流通是人类存在以来较早产生的行业形态，并从诞生之日起就成为人类赖以生存的基础性产业。虽然大陆与台湾在地理条件、气候特征、经济制度等方面有所差异，但却有着共同的文化根源和类似的人文习俗。两岸勤劳智慧的人民自古对农业和产品交换流通都十分重视，在漫长的经济社会发展过程中，不断通过出台政策、改进技术、调整制度安排等方式，不断提升农产品流通与经济社会发展的共生性和协调性，满足广大人民群众不断提升的生产、生活消费需求。

　　本书主要采用对比的方法，对两岸农产品流通的源流、发展历程和现状进行阐述和分析，为提升两岸农产品流通水平，扩大两岸在农业市场、产品流通领域的对接、合作奠定基础。作为"两岸产业比较丛书"的组成部分，本书重点关注农业领域，并聚焦在农产品流通环节的主体、市场、模式、组织、安全、政策等内容方面。

　　本书第一章主要对流通理论进行了回顾梳理，将流通概念与西方经济学的产业组织、渠道、分销和供应链等概念、理论进行了比较和融合。第二章主要对农产品流通概念、内涵和基本特征进行了总结，从时间特征、空间特征、产品形式特征、消费特征和政策特征方面阐述了农产品流通的特点。本书第三章梳理和总结了发达国家农产品流通的发展经验，对比了以日本为代表的东亚模式、以美国为代表的北美模式、以法国和荷兰为代表的西欧模式等不同模式的异同，总结了不同流通模式的特征和管理经验。

　　第四章和第五章分别从总体角度阐述了大陆、台湾的农产品流通发展现状。在介绍大陆农产品流通中，首先系统梳理了农产品流通的发展历程，详细介绍了大陆各类农产品的市场规模和供求趋势，然后从参与主体和流通模式两个方面分别讨论了大陆农产品流通的组织运行模式。其中，有关农产品流通模式的分析，分别从产品、流通环节、流通区域三个视角进行了具体阐述。第四章介绍了大陆农产品流通的典型渠道和主要特征。与大陆农产品流通发展现状相对应,第五章对台湾农产品流通发展现状的论述也从发展历程、市场规模、主要形式、典型渠道和主要特点等五个方面依次展开。系统、具体地阐述了台湾农产品流通的现状和发展特征。

对于不同品类的农产品而言,其流通过程也存在较大差异。本书第六、七、八、九四章主要从具体农产品的流通模式比较出发,分别进行两岸农产品流通的比较。其中,第六章主要讨论两岸粮食作物的流通模式比较,第七章聚焦两岸果蔬产品流通模式的比较,第八章主要系统比较畜禽肉类产品的流通模式,第九章则重点关注两岸水产品流通的模式比较。整体上看,农产品种类繁多,从流通视角进行分类也十分复杂,另外限于篇幅,本书只遴选了一些消费量大、与两岸居民生活息息相关,且流通特征较为明显的农产品大类进行具体比较和分析,不能穷尽更多流通农产品的类型。这也是本书的一个局限。

本书第十章为两岸农产品流通发展展望,除了分别对大陆、台湾农产品流通的发展趋势进行讨论之外,还对两岸在冷链物流、市场对接、企业合作等农产品流通具体内容进行了展望。

本书各章具体作者情况请见下表。

第一章　李响　　　博士、副教授,南开大学经济与社会发展研究院
第二章　焦志伦　　博士、讲师,南开大学经济与社会发展研究院
　　　　王欣　　　硕士,南开大学经济与社会发展研究院
　　　　陈银宗　　硕士,南开大学经济与社会发展研究院
第三章　李响　　　博士、副教授,南开大学经济与社会发展研究院
第四章　鲍立威　　博士、教授,浙江大学城市学院
　　　　李莹　　　博士、副教授,浙江大学城市学院
第五章　焦志伦　　博士、讲师,南开大学经济与社会发展研究院
　　　　吴天诚　　理事长,台湾整合行销协会(台湾)
第六章　韩永生　　博士、教授,天津科技大学
　　　　焦志伦　　博士、讲师,南开大学经济与社会发展研究院
第七章　关文强　　博士、教授,中国农业科学院农产品加工研究所
　　　　李宁　　　硕士、讲师,天津农学院园艺园林学院
　　　　许馨云　　博士,财团法人食品工业发展研究所(台湾)

	李响	博士、副教授，南开大学经济与社会发展研究院
第八章	杨立新	博士，南开大学经济与社会发展研究院
	焦志伦	博士、讲师，南开大学经济与社会发展研究院
第九章	樊敏	博士，天津农村工作委员会
	焦志伦	博士、讲师，南开大学经济与社会发展研究院
第十章	肖建华	博士、副教授，南开大学经济与社会发展研究院

　　虽然经过了大量的调研和两岸研究人员的合作撰写，本书在内容上依然存在很多局限。首先，两岸农业和农产品流通在体量、发展水平和制度安排上存在较大差异，一些章节仅仅简要比较了农产品的产品规模、市场结构等，缺乏对人均、地均水平的深入比较，在具体流通模式上的总结也只能尽量全面，很难深入两岸农业发展的细节，致使某些结论可能存在局限。其次，由于两岸口径统一、匹配的数据相对缺乏，本书没有提供系统的定量分析。再次，两岸农产品流通模式变化多样，不断演化发展，本书更着重系统梳理，对于新兴电子商务、观光农业、现代休闲农业等新农业流通模式和业态没有进行单独、具体的论述。最后，由于作者认知水平的限制，本书内容难免有所疏漏，还请广大读者不吝赐教。

　　在本书的编写过程中，南开大学经济与社会发展研究院整合了来自各个领域的专家力量，并获得很多权威机构和个人专家的大力支持。江丙坤、陈云林会长亲自为本系列丛书做序，参与本书撰写的一些作者多次赴台湾调研，并对台湾农业协会、农业和食品企业、农产运销研究学者等进行了访谈。同时，国务院台湾事务办公室、天津市政府、多所大专院校、很多相关企业和专家学者都对本书的出版提供了大力支持，南开大学出版社也为本书出版进行了大量的校对和刊印工作。不能一一列举，在此一并感谢。

焦志伦

2015 年 8 月于南开园

目　录

第一章　流通理论的源流

　　20 世纪的最后十年，世界经济发展呈现出了三个显著的特点：一是经济全球化；二是跨国公司的影响越来越大；三是新技术革命下世界性经济结构尤其是产业结构的调整进行得如火如荼。在这样的宏观背景下，流通扮演着越来越重要的角色。可以说，21 世纪是流通的世纪，21 世纪的经济是流通经济，21世纪的经济全球化也会是流通经济的极大社会化。流通理论的创新已发展成为产业经济学研究的一个新的切入点，它也成为了研究过渡经济学并推进以中国为代表的发展中国家经济体制改革向纵深发展的一个新视角。

　　对流通的经济内涵，理论界存在两大认识观：本质观和职能观。流通本质观的代表是马克思在《资本论》中对流通的相关理论论述。在马克思看来，流通具有两个层次的含义：一是与生产过程相统一的总的流通过程；二是与生产过程相分离的流通过程。前者是广义的流通过程，泛指资本流通的总过程，研究的平台是整个社会再生产理论，之所以赋予流通如此宽泛的内涵，是为了在资本流通层面实现生产过程与流通过程的统一；后者是狭义的流通过程，特指不包括生产过程的商品交换活动。狭义的流通过程具体表现为：货币向商品的转化过程，即购买阶段；商品向货币的转化过程，即售卖阶段。马克思把狭义流通过程的这两个阶段称为"真正的流通"，在形式上表现为商品与货币的相互换位，在内容上表现为使用价值所有权的转移和商品价值的实现。

　　流通职能观则是多数欧美学者和日本学者对流通内涵的认识视角。在他们看来，流通这一经济范畴的核心内涵在于其媒介生产与消费的经济职能。F. E. Clark 认为"流通由生产向消费的人的转移和商品本身的实质转移两个过程组成"；田岛义博将流通定义为"商品从生产者到消费者转移的现象或为转移而进行的活动"；铃木武进一步将流通阐释为"在生产者与消费者之间，通过人、场所和时间展开的架桥活动"；进一步地，江民弘还补充了"流通的客体不仅是商品，还包括无价值的部分，如废弃物的转移，因而将流通客体扩展为产品"；以此为基础，日本商业学会定义委员会则将流通定义为"产品从生产者到消费者的社会性、经济性转移"。

综上所述，不论是马克思主义的流通本质观，还是美日学者的流通职能观，都承认了流通是与生产和消费不同的经济范畴，所不同的只是一个强调内在本质，即流通通过第三方参与的交换过程媒介商品所有权的转移；一个强调外部职能，即流通在生产与消费之间以及再生产过程中发挥着连接和纽带的作用，推动生产过程产出的产品高效低耗地进入消费领域，实现产品价值。

在吸收上述两大流通内涵认识精粹的基础上，本书认为，流通应当是产品从生产者到消费者的社会性和经济性的移动过程。所谓社会性的移动，是指人们为了克服时间和空间的矛盾而进行的产品的位置移动；所谓经济性的移动，是指在整个移动过程中，产品的价值有所变动，产品的所有权发生更迭。本书以下对农产品流通内涵的认识将以这一流通的基本内涵为基础。

在认识流通内涵的基础上，本章将对流通相关的研究源流做出系统的理论阐述。

第一节　产业组织理论与流通产业

一、产业组织理论

从产业和产业组织的角度分析流通是最重要和本源的研究之一。在马克思主义经济学的文献中，"产业"一词是指从事物质生产的工业部门和行业。在产业组织理论中，"产业"是指具有某种相同属性的"企业集合"。一般认为，产业是一个居于微观经济的细胞（企业）和宏观经济的整体（国民经济）之间的一个"集合概念"，它是同一属性的企业的集合，也是根据某一标准对国民经济进行划分的一部分。

对产业组织的系统研究起源于20世纪30年代。近一个世纪以来，对产业组织理论产生了重大影响的学术成果主要包括：伯利（A. Berle）和米恩斯（G. G. Means）于1932年出版的《现代股份公司与私有制》。该书首次提出了经济集中与企业制度演变的关系的理论，推动了用经济学理论来理解企业制度的研究，可以说这是对作为产业组织研究的基础理论所进行的早期系统论述。1933 年，哈佛大学的张伯伦的《垄断竞争理论》和剑桥大学的琼·罗宾逊的《不完全竞争经济学》相继出版。这两部著作对垄断条件下的企业行为进行了具体分析，并试图说明由于垄断因素的存在而导致厂商行为发生变异，并由此影响了整个经济的运行效率，从而突破了传统经济学的非垄断即竞争的研究框架。

1940 年，克拉克及后来的贝思和施蒂格勒等人提出的"有效竞争"理论，以及以后贝思等人提出的市场占有率、市场集中度等理论，则为产业组织理论的形成奠定了基础。1959 年，贝思的《产业组织》一书出版，提出了现代产业组织理论的三个基本范畴：市场结构、企业行为和市场绩效，并分析了三者之间的作用关系。在此基础上，贝思提出了著名的"市场结构—市场行为—市场绩效"分析框架。

除了哈佛学派之外，芝加哥学派对产业组织理论的研究与发展也有着重要的贡献。从 20 世纪 60 年代后期开始，芝加哥大学的一些学者如施蒂格勒、波斯纳、德姆塞茨、梅吉等人对当时被奉为正统的结构主义理论进行了激烈的批评，并逐渐形成了一个新的产业组织理论研究基地。1968 年，施蒂格勒的《产业组织》一书出版，注重判断集中及定价的结果是否提高了效率，而不是像结构主义的支持者那样只重视是否阻碍了竞争。

20 世纪 70 年代，产业组织理论进入了一个新的发展时期，法国经济学家泰勒尔称之为"第二次高潮"。在这一对期，由于可竞争市场理论、交易费用理论和博弈论等新理论的引入，产业组织理论研究的分析基础、分析手段和研究重点等均有了实质性的突破，大大地推动了产业组织理论的发展。鲍莫尔在 1982 年提出的可竞争市场理论认为，特定的市场结构并不一定会导致特定的市场绩效，因为在可竞争市场上，新企业和产业内的原有企业都面对着相同的成本函数，企业退出市场时也不存在沉淀成本，即不存在竞争者进入和退出的障碍。这样，即使某一产业内只有一家垄断企业，也就是处于完全垄断市场结构状态，竞争者进入市场的潜在威胁也会迫使现有企业降低成本、制定可维持性的价格，而不存在垄断利润。这也就是说，市场的可竞争性会自动维护良好的市场绩效，这就推翻了垄断性市场结构会引起垄断性市场行为并产生垄断利润的理论假定。

由于 20 世纪 70 年代以来的产业组织理论研究与过去的产业组织理论有很大的不同，因此，有人将这种变化了的产业组织理论称为"新产业组织理论"，以区别原来传统的产业组织理论。新产业组织理论的特征可以归纳为三个方面：一是从重视市场结构的研究转向重视市场行为的研究，即由"结构主义"转向"行为主义"；二是突破了传统产业组织理论单向的、静态的研究框架，建立了双向的、动态的研究框架；三是博弈论的引入大大丰富了市场行为的分析，定量分析在理论研究中占有了重要的地位。

二、流通产业

流通产业组织是产业组织的重要组成部分。研究流通产业组织，首先要研究流通产业的内涵。马克思在《资本论》中对商品流通的定义是："每个商品的形态变化系列所形成的循环，同其他商品的循环不可分割地交错在一起，这全部过程就表现为商品流通。"在此，马克思严格区分了"商品流通"与"直接的产品交换"。他强调，商品流通是一系列无休止的社会性交换活动，流通是商品所有者的全部相互关系的总和，而"直接的产品交换"则是一种偶然的个别的交换行为，不是商品流通。在社会分工与交换相互促进的动态循环上升运动中，交换随社会分工的发展而发展，流通业也以商业为基点，经过种种行业内分工的深化和扩展，在传统的商业之外衍生出了许多新型的流通产业类型。这些新型的流通产业类型在交换职能独立的基础上使流通过程中的商流、物流、信息流职能也独立化，开创了许多专门的流通产业形式，形成了有机的流通产业体系。

流通产业的概念目前极不统一，不同国家或地区均有自己的标准，我国学术界对流通产业的认识也有较大的分歧。在国外，流通产业通常被解释为主要与商品流通直接有关的产业。例如，韩国在1980年1月4日通过的《流通产业现代化促进法》中规定："本法中所说的流通产业，系指从事农水产品及工业品的批发、零售、运输、保管、包装及与此关联的情报、服务等行业而言"。

在中国大陆，"流通产业"是最近若干年才开始使用的经济概念，学者们对其界定既有共同点，也有不尽相同之处。例如，张声书（1999）[1]认为："流通产业指从事商品流通活动的经济群体或部门，它是第三产业中最重要的产业。"郭冬乐等（1999）[2]认为："所谓流通产业，是指与商品流通和商业直接相关联，或为商品流通和商业提供必要条件的各种投资领域（产业）的总称。

---

① 张声书主编. 流通产业经济学[M]. 北京：中国物资出版社，1999.
② 郭冬乐，宋则，王诚庆，冯雷编著. 商业经济学[M]. 北京：经济科学出版社，1999.

它主要包括农产品、工业消费品和工业生产资料等商品的购销体系、商业设施、仓储业、运输业、包装装卸、流通加工、流通技术开发及与此相关的信息产业、服务业等等。"

此外，林文益（1995）[①]认为："流通产业是指整个流通领域里所包含的产业部门，主要有商业、物资贸易业、仓储业、邮电通信业、金融业、保险业等。"张绪昌（1995）[②]认为："我国的流通产业……已初步形成了一个完整的产业体系和产业规模。它包括：流通加工业、流通配送业、流通信息业、流通仓储业、流通科技业以及其诸相关的行业"。夏春玉（1998）[③]认为：流通产业相当于按照我国产业划分方法的第三产业第一层次的"交通运输业、对外贸易业、物质供销业和仓储业"或联合国的国际标准产业分类中的"批发与零售商业及运输业与仓储业"。

原国家计委经贸流通司在《加入 WTO 对我国商品流通业的影响与对策》一文中，关于"如何界定商品流通业"的问题是这样解释的："从商品流通过程来看，不仅包括农产品流通，也包括工业消费品和生产资料流通，同时，按照国内统计惯例，还应包括餐饮业；从地域看，不仅包括城市流通，也包括农村流通；从贸易方式看，不仅包括国内流通业，也包括对外贸易；从涉及的部门看，主要包括内贸部门、外贸部门、供销部门、交通运输部门、仓储部门等"。

三、流通产业组织

通常情况，流通产业组织可分为两个层次，一是流通主体，二是流通产业内的企业关系架构。一般地，流通主体即商品流通业者，是指从事商品流通经营事业的自然人和法人。现阶段我国的流通主体主要包括商业企业、物资企业、供销合作企业、外贸企业、市场中介组织等；流通主体的运行以流通客体的运行为内容，充当客体的监护人和市场运动的推动者。

流通主体以销售效益为中心，通过收购、储存、加工、运转分类、包装、定价、销售、售后服务等经营活动，在取得经济效益的同时，也实现了其满足消费需求的社会效应。流通主体是市场主体之一，市场的发育、发展和演进均须以流通主体的形成和有效运转为核心，要使流通主体能有效地自我扩张、收

---

① 林文益主编. 贸易经济学[M]. 北京：中国财政经济出版社，1995.
② 张绪昌，丁俊发主编. 流通经济学[M]. 北京：人民出版社，1995.
③ 夏春玉著. 现代商品流通：理论与政策[M]. 大连：东北财经大学出版社，1998.

缩及自负盈亏。

流通产业组织的第二个层向是指流通产业内的企业关系架构。在流通产业内部，这种企业间的关系架构主要包括交易关系、资源占用关系和行为关系等。上述各种关系可以通过市场结构、市场行为和市场绩效表现出来。市场结构通常规定了构成市场的卖者（企业）之间、买者之间以及卖者和买者集团之间等诸关系的因素及特征。市场结构是决定流通产业组织的竞争性质的基本因素，反映市场结构的主要因素包括市场集中、企业兼并、产品差异化和进入壁垒等。市场行为是指流通主体在市场上为了获取更多的利润和更高的市场占有率所采取的战略性行动，它包括价格战略、产品战略、压制竞争对手的战略等。市场绩效是指在一定的市场结构下，通过一定的市场行为使流通产业在价格、产量、费用、利润、产品质量、品种、技术进步等方面所达到的现实状态。

就流通产业而言，评价市场绩效的好坏，主要应考虑如下若干问题：流通产业资源配置的效率如何；流通领域的市场供求是否能够保持均衡；流通产业的企业规模结构是否合理；流通产业的技术水平是否不断提高；流通产业的运行与发展是否有助于社会公平，如充分就业、收入的公平分配、产品价格稳定等。

第二节　流通渠道理论与产销供需

改革开放以来，中国大陆流通渠道改革经历了由计划经济条件下的"三固定"模式到以市场为导向的变迁历程，流通体制改革初期所提出的"三多一少"就包含着流通渠道变革的内容。随着流通渠道改革的深入进行，流通渠道理论的研究日益丰富，在对流通渠道概念有了深入认识的同时，由宏观上的规范分析向微观领域深化，并在吸收国外研究成果的基础上，形成了内容较为丰富的流通渠道研究领域。

一、流通渠道的概念

流通渠道的概念是理论研究的起点，也是长期以来广受关注和争论的话题。流通渠道概念的探讨包含两方面的内容，一是"渠道"这一概念的提法，二是流通渠道概念的内涵。

"流通渠道"这一提法最初并没有得到学术界的一致认同，争论源于"渠道"一词在中国语言中具有一定的形象比喻性。一些学者认为运用具有比喻性的词汇不能体现概念的准确性和科学性，也缺乏严肃性。但后来，学术界还是认同了这一概念的科学存在，因为形象比喻被赋予经济学含义后是可以成为经济学概念的。多数学者认为"商品流通渠道"是一个科学的理论范畴，因为它有反映一种客观存在的特定的经济含义。这一概念经过长期使用也得到了社会的公认。

流通渠道概念从提出至今一直没有一个统一的解释口径。学术界关于流通渠道内涵的理解经过不断演变、发展，尽管还没有形成定论，但也已经形成了几种能较为系统、客观地从部分角度和层面反映商品流通本质的渠道定义。

1981 年 11 月在北京召开了商品流通渠道讨论会，与会专家就渠道的概念发表了不同意见：一是界定为商品流通所经过的通道或者网络；二是界定为商品流通所经过的过程，包含价值、实物两种形式转变或转移的经济过程；三是界定为商品流通所经过的环节。此外提及的内容还包括分配渠道、所有制、经营方式。

上述观点经不断发展和演化，形成了目前关于商品流通渠道界定的几种主要学说：①通道说，认为商品流通渠道是商品由生产领域向消费领域转移所经过的通道。②过程说，认为流通渠道是商品由生产领域向消费领域转移的路线或过程。③环节说，认为流通渠道是商品由生产领域向消费领域转移的交易环节与运行途径。④组织说，认为商品流通渠道是商品在其形态变换中由生产领域进入消费领域所经过的全部流通环节的组织序列。比较这些学说，通道说的主要意义在于说明流通过程连接的主体，而对于渠道本身还应进一步做出解释；过程说的含义则显得较为宽泛，因为流通渠道中完成的只是商品流通过程中的一部分；环节说相比通道说而言，更加强调了商品流通的中间过程及主体；组织说在环节说的基础上，更加强调了生产者、流通者、消费者之间的组织关系，意义较为完整。

此外，还有形式说与所有制说。前者认为流通渠道是指由商品生产领域向消费领域转移过程中所采取的产销合一、产销分离和产销结合的经营形式；后者认为流通渠道是指将某种所有制形式的流通当事人解释为一条流通渠道。这两种界定主要是对商品流通渠道的分类分别给出了经营方式与所有制形式的依据。

随着市场营销观念的传播,营销渠道、分销渠道、销售渠道等概念也在流通运行领域广泛使用。美国市场营销协会将营销渠道定义为"公司内部销售以及公司外部代理商和经销商的组织机构",与流通渠道相比包括了公司内部销售的含义。这些概念的含义与流通渠道的研究有着较大的交叉,有时概念甚至是混用的。但一般而言,营销学中的渠道范畴是从厂商或从生产企业的角度出发,探求如何规范协调渠道成员行为、发挥竞争优势并降低渠道成本。

二、流通渠道结构研究

对渠道结构的研究主要集中在流通渠道的构成及其合理性上,主要包括渠道结构的内容、形成中的影响因素以及不同渠道结构对流通效益的作用三方面。改革初期,学术界对渠道结构的含义就有了比较一致的基本界定:一是指某一具体渠道的结构,即某种商品流通的渠道模式问题;二是指整个市场渠道的结构,包括渠道的数量、长短、宽窄等方面。对纵向的长短的研究主要针对经过的环节,据此有两种流通渠道的划分方式,首先是按照中间商购销环节分为零级、一级、二级、三级渠道,其次是根据有无中间商及其数量划分为直接渠道、间接渠道、长渠道、短渠道。根据横向的宽窄,即根据整个市场上流通渠道的种类数量以及某一商品的某一渠道截面上流通主体的数量,还可以把渠道分为宽渠道和窄渠道。

关于渠道的形成问题,学者们从不同角度进行了探讨,有学者把渠道形成归纳为宏观方面的一些因素,如生产力发展水平、经济结构、历史传统习惯、地区人口因素等;也有的将其归纳为微观因素,如商品本身的自然属性、市场供求状况等。然而流通渠道形成的深层次原因还是应该归结为利益因素,即渠道的形成取决于进入流通的渠道成员在组织渠道时,有无经济利益以及经济利益的大小。在这一问题上,学者纪宝成做了比较深入的研究。

实际上在商品开始运动之前,市场上并不存在一条现实的流通渠道,商品流通渠道实际上是在商品运动过程中形成的。流通渠道的形成,其前提条件是商品产需关系的存在。然而一种产品并非有了生产和需求,就必定会自动形成一条流通渠道。商品流通渠道究竟能否形成、怎样形成,还取决于流通当事人成为渠道成员时,能否获得一定的经济利益以及经济利益的大小。只有在组建某种商品的流通渠道能够给流通当事人带来一定经济利益的情况下,商品产需关系要求建立的流通渠道才得以形成。所以，利益机制是解释渠道形成和变动的核心，渠道成员实现其经济利益的具体形式是商品的购销差价，合理的购销差价是商品流通渠道得以形成并保持畅通的内在利益机制。这里的"合理"包含两方面的意义：一是总的购销差价额的合理界定，即工业产品出厂价与其最终销售价之间的价格区或农产品收购价与其最终销售价之间的价格区的确定。如果这个差价总额过小，因缺少利益驱动而使流通渠道难以形成；如果差价过大，受利益驱动又会使环节过多。二是渠道成员各方合理地参与购销差价总额的分配：在平均利润率规律作用下，厂商和渠道中间商按大体相等的利润水平，以买卖关系组成前后有序的经营环节。所以，某种商品面向消费的运动，究竟是走直接渠道还是走间接渠道，是选样环节多的长渠道还是选择环节少的短渠道，是单一渠道流通还是多渠道流通，都是一种经济利益的比较。

进入 21 世纪以后，我国流通渠道的现代化建设成效显著。国外渠道结构变革理论对国内渠道改革产生影响，系统化理论、立体化理论、扁平化理论、战略伙伴理论、渠道对角线理论和中间商生存理论等开始为国内学者所关注。

在渠道结构变革中，改革开放以来一个最大的变化，即所谓从"金字塔"向"扁平化"方向的转变，表现为流通环节减少、渠道变短，很多生产厂家搞直销或自销，自己建立分销渠道。这种渠道变化趋势，涉及如何评价属于简单商品流通性质的厂商自建渠道问题。应该看到，在现代社会化大生产条件下，在集中生产对应集中消费、大规模生产对应大规模消费的情况下，直接渠道仍然是最为便捷、最为经济合理的流通渠道。在经济体制改革过程中，商品流通体制的改革可以说是发端于发展直接渠道，集市贸易的恢复、工业自销的放开，不仅打破了国营商业一统天下的垄断局面，而且减少流通中介环节，增加了社会商业网点，促进了产品适销对路。提高了整个社会的流通经济效益。

然而，在深化商品流通体制的改革和发展中，却出现了矫枉过正、直接渠道发展过快的势头。因为在竞争激烈的市场环境下，越来越多的企业认识到掌控渠道的优势，谁掌握了分销渠道，谁就拥有了市场控制权，谁就在竞争中居于主动，谁就有权参与商业利润的再分配，谁就能分享分销服务增值所带来的利益。正是在这种观念作用下，厂商自建渠道曾经成为一股潮流。实际上，生产商自建渠道是一个比较复杂的问题。首先，要顾及产品特点，因为渠道永远是为产品而存在的，大众化产品是不支持专卖店的；其次，要考虑消费者的购买习惯，顾客是希望有更多品牌可供选择还是忠实于某一品牌，不将品牌做大做强从而产生较高的品牌溢价，专卖的道路是不好走的；最后，要进行渠道成本与收益的比较，产销合一还是产销分离应当以总交易成本最低为原则，制造商的营销网络或许正在成为其自身的一个沉重包袱。从长远看，除少数实力较强的大企业可自设销售机构外，多数企业应实行工商分工、产销分离的模式。从国外渠道变革发展看，在日本、韩国的经济发展史上，也曾有过生产者自建分销渠道的过程，欧洲的一些商家也曾经这样做过，但他们后来都改变了当初的选择。所以，从宏观上看，扁平化渠道具有较少的流通环节，能够在一定程度上降低流通费用并提高流通效率。但对于微观主体来讲，渠道的选择还应考虑自身的经营条件和顾客需求，一味强调渠道的扁平化不一定符合渠道的经济性原则。

怎样看待厂商自建渠道，反过来也就是如何正确认识和对待批发商的作用问题。对所谓"批发消亡论""批零合一论"，理论界比较一致的认识是，批发商独立存在的必然性，在于商品产销矛盾的扩大化。随着社会分工和商品生产的发展，商品的行销范围愈益扩大，生产与消费在时间、空间、品种、数量等方面的矛盾也愈益尖锐，如果这些矛盾由生产者自己来解决，大量繁杂的商品销售业务就会占用生产者相当部分的人力、物力、财力，有可能造成再生产过程的中断。正是在出现了这样一种尖锐的产销矛盾的情况下，才使得专门从事大宗商品买卖、能够大规模地集散商品的批发商应运而生，商品流通渠道内部也出现了批发、零售两道商业环节。同理，在产销矛盾更为扩大的情况下，批发商业内部又进一次分离出产地批发商、销地批发商，有时还有中转批发商，商品流通渠道内部也就出现了两道以上的商业环节。通常来讲，包含有两道或两道以上流转环节的流通渠道就被称为长渠道。有了批发商业，有了商品流通的长渠道，商品就如同接力赛跑中的接力棒一样，被一环接一环地从产地集散到销地。有了批发商业，表面上看似无法解决的产销矛盾被很好地解决了，地区之间大规模的商品流通才成为一种普遍的现实。

流通体制改革以来渠道结构发生的另一个显著变化，就是所谓多渠道流通局面的形成。传统的商品流通渠道是一种分配型流通体系，产品由国营商业独家收购，通过一、二、三级批发站到达各零售商店，按照固定供应区域、固定供应对象、固定倒扣作价率的"三固定"模式完成商品的集散。而社会主义市场经济体制为商品的多渠道流通提供了制度保障，渠道模式发生了由分配型向交换型的转换，渠道成员的职能由集散转为媒介。在利益机制驱动下，渠道成员既有合作也有竞争，厂商既可以通过批发商实现与零售的联系，也可以自设销售机构和零售商建立交易关系，甚至可以直销的方式直接为消费者提供产品，销售方式的多样化选择使得渠道具有非线性分销的特点。总而言之，伴随流通体制改革的进行，多渠道流通的渠道格局已经形成。伴随这一变化，对渠道问题的探讨也开始从宏观走向微观，渠道行为问题又开始成为人们关注的热点。

三、流通渠道行为研究

渠道行为研究主要探讨渠道行为怎样认识、建立和处理渠道关系，可以分为渠道间关系和渠道内关系。在我国改革开放初期，随着"三多一少"中的多条商品流通渠道的建立，不同所有制渠道间的关系成为渠通行为的研究重点，突出体现为国营（国有）商业与其他所有制商业的关系。在改革的不同时朗，学术界围绕国营（国有）商业是否应当发挥主导作用、主导作用如何体现、主导地位如何获得等问题进行了探讨。进入21世纪以后，渠道行为的研究由不同所有制主体之间的关系转向各成员之间权力、冲突与合作的关系。这部分理论是国外渠道理论中比较成熟的部分，因而国内研究中做了较充分的借鉴和吸收。

对于渠道权力的研究，首先是从国外引入的。总结国外的研究成果，渠道权力的界定方式主要有"能力说"和"关系说"两种。"能力说"（也称"控制力说"）的观点认为，渠道权力是某个渠道成员为了实现自身目标而影响另一个渠道成员行为的能力；"关系说"（也称"依赖说"）认为，渠道权力来源于某个渠道成员对领一个渠道成员的依赖程度。比照对权力的研究，渠道权力的来源主要包括奖赏因素、惩罚因素、法律因素、感召力因素、专家力因素。后来，信息因素作为一种新的来源而被提出，法律因素又被细分为成文的法律制度和不成文的法律制度。进一步考虑权力二元关系以外的联系对关系内交换行为的影响，可以给出渠道关系中非成员利益相关者对权力结构影响的理论分析框架，并推广到渠道网络的情形，同时将消费者纳入分析。

对于渠道权力的研究需要采用实证检验的方法。基于渠道权力的"依赖说"及依赖感知差距的研究，我国的实证结果表明，配对渠道成员的关系中，彼此依赖程度的感知差距是存在的，而这种对彼此依赖程度在感知上的差异会导致渠道成员之间更多的摩擦或冲突。考虑到我国经济社会中私人关系的特殊作用，对我国营销渠道中私人关系与权力使用的影响进行实证分析，结果表明供应商代表与零售商相关人员的私人关系对零售商使用非强制性权力并没有显著性影响，而供应商代表与零售商相关人员的私人关系对零售商使用强制性权力却具有显著的反向影响。

渠道冲突与合作包括横向与纵向两方面。横向冲突主要是同一环节渠道商之间的冲突，纵向冲突则是指渠道中不同环节之间的冲突。继而，渠道冲突可以被分为垂直渠道冲突、水平渠道冲突、多渠道冲突。渠道冲突分析的目的是要了解其成因，在此基础上提出解决办法。渠道产生冲突的原因及表现有许多种。概括而言，资源稀缺条件下，各渠道主体追求自身利益最大化将出现目标不一致，如果既没有明确的权力范围，又缺乏沟通，就会出现渠道冲突。渠道冲突在本质上是渠道成员之间的竞争，这种竞争有可能带来资源的重新有效分配，消除矛盾的形成原因。但是就纵向冲突而言，与同行业企业间竞争的情况是不同的，即渠道成员之间的关系是生产、流通环节间的分工关系，某一必要环节资源的减少将有可能带来问题。因此，渠道冲突是需要管理的。

需要注意的是，渠道冲突管理存在管理主体的问题。通常的情况是生产商控制渠道，即讨论生产商对渠道冲突的管理，其实质是渠道选择结果的实际运作与调整。生产商实现利润最大化目标的条件自然地包括了提高销售环节的效率，从而与提高社会流通效率是一致的。应当指出，中间商控制的渠道更应受到关注。现实中这样的渠道往往冲突更为明显。尤其是在改革开放以来外资零售业进入我国，凭借其优势不断扩大市场份额的背景下，对构建合理的渠道利益分配格局的问题进行深入探讨，具有突出的理论和政策价值。

第三节 物流与供应链理论

社会分工的发展使"商物分流"得以实现，商流、物流按照各自的规律和渠道独立运动，由此形成了物流这一相对独立的研究领域。物流学说的产生揭示了物流活动的价值与物流管理的规律，这一学说在20世纪80年代初开始引起国内学者的注意。国内物流产业的发展，也把物流理论研究不断推向深入。总的来讲，这方面的理论探讨主要分为三条脉络：一是与系统论、供应链理论、集成理论相结合，从物流活动整体优化的角度研究如何降低成本和提高客户服务水平；二是围绕物流活动专业化的实现与作用，研究以第三方乃至第四方物流为代表的物流社会化问题；三是与战略、营销等管理学理论相渗透，对物流作业与管理等具体活动层面的问题进行研讨。

一、物流概念及其引入

"物流"这一概念最早是在美国形成的，后经日本传入我国。第二次世界大战以后，代表军事后勤管理意义的"logistic"被引入商业领域，其影响涉及原材料流通、产品购买、储存、分配、运输、库存控制、用户服务等业务活动。20世纪50—70年代，"物流"的含义及研究范围主要集中到了商品流通领域，即流通过程中商品实体的物理性运动，"physical distribution"是这一时期普遍使用的词语。可见，logistic 立足于企业经营战略这一较高的层面，而 physical distribution 往往限于具体物流活动的管理。

中文"物流"一词最早产生于日语翻译。20世纪50年代中期，从美国引入日本的"physical distribution"被译为"物的流通"，简称"物流"。这一概念逐渐取代了日本原先的"流通技术"。进入70年代，日本逐渐接受了美国"logistic"的理念，物流管理活动的范围逐渐扩大到"生产—流通—消费—还原"。1981年日通综合研究所明确提出了物流的定义："物流是物质资料从供给者向需要者的物理性移动，是创造实践性、场所性价值的经济活动。"

20世纪70年代末，"物流"概念在中日两国的友好交往中开始传入我国。1979年6月，我国物资工作者代表团赴日本参加第三次国际物流会议，并首次对日本的物流业进行了考察，回国后编写的考察报告中，"物流"一词被首次使用。1981年，专业刊物《物资经济研究通讯》连续刊登了北京经济学院王之泰教授撰写的《物流浅谈》，文章全面、系统地讲述了物流概念、物流管理、物流结构及物流信息等内容。后来又有一些学者拟文详细介绍了日本从物流用语的引进到物流理论研究、物流管理实践过程等方面的情况。

大陆对物流的定义通常是从"物"和"流"两个角度入手，对两者范围的不同理解，形成了不同的定义方式。王之泰较早地给出了"物流指的是实物流通，是伴随商品所有权转移而出现的实物物理位置的转移过程"的定义。此后，随着国内理论界研究的深入，关于物流的定义不断涌现，具有代表性的主要有：①"物质资料在生产过程中各个生产阶段之间的流动和从生产场所到消费场所之间的全部运动过程"，此定义强调了物流过程的意义；②"物质实体从供应者向需要者的物理性移动"，该定义突出了物理移动的本质；③"为了实现顾客满意，连接供给主体和需求主体，克服空间和时间阻碍的有效、快速的商品、服务流动经济活动过程"，这一定义则主要考虑了客户服务等内容。可见，这些定义有的着眼于实物流动的过程，有的则突出了物流活动在企业管理与战略中的作用。

针对"物流"一词本身所具有的双层含义，大陆2001年制定的《物流术语》中区分了"物流"与"物流管理"的概念。物流的定义为："物品从供应地向接收地的实体流动过程，将运输、储存、装卸、搬运、包装、流通加工、配送、信息处理等基本功能实施有机结合。"物流管理的定义为："以合适的物流成本达到用户满意的服务水平，对正向及反向的物流活动过程及相关信息进行的计划、组织、协调与控制。"从上述内容可以看出，"物流"一词基本对应于 physical distribution 的含义，而"物流管理"则包含了客户服务等 logistic 层面的内容。

二、物流理论

针对物流领域研究的理论概括，这些学说主要包括"物流冰山"说、成本中心说、利润中心说、服务中心说、战略说、效益背反说等。这些学说大多由日本引进，并被国内学界所普遍接受。此外，国内学者对物流系统与集成化理论的研究继承了物流学说已有的研究成果，是探寻经济的"第三利润源泉"与实现企业最佳整体效益等问题的理论延伸。

"物流冰山"的提法由日本教授西泽修在其所著《流通费》一书中提出，主要观点是现行财会制度与核算方法不可能完全反映物流费用的实际情况，人们对物流费用的了解只是"冰山一角"，而企业内部发生的各种物流费用实际上是海面下冰山的主体。该学说通过对物流成本的具体分析论证了管理学家德鲁克的"流通是经济领域的黑暗大陆"的说法，即流通领域中存在着人们认识不清的模糊领域。而成本中心说认为，在企业战略中物流环节是成本的产生点，从而也是降低成本的关节点，物流管理的目的就是要通过一系列有效率的活动降低成本。利润中心说也被称为"第三利润源泉"说，它以日本经济的实践过程说明物流活动是继资源和劳动力以后第三个能为经济发展提供丰厚财力的领域，同时也可以为企业提供大量直接和间接的利润。

服务中心说认为，物流活动的最大作用不在于为企业本身节约了损耗、降低了成本或增加了利润，而在于提高了企业对用户的服务水平，进而提高了企业的竞争能力。它强调的是服务保障职能在企业战略上的作用。战略说则认为物流不仅是一项具体的操作性任务，而且应该是发展战略的一部分。该学说与成本中心说、利润中心说、服务中心说相比，将物流放在了企业活动中更高的位置，认为物流效率会影响到企业整体的发展。效益背反说是指物流领域中的各项活动（如运输、仓储、搬运、包装、加工等环节）之间存在效益上的矛盾关系，减少一个环节的投入，很可能会带来其他环节投入要求的提高，因而需要寻找实现最佳整体效益的最低成本点；同时，物流服务和物流成本之间也存在着效益背反。上述学说是对物流理念、物流效率研究和探讨的深化。

近年来，国内学者在对物流领域的研究中，继承了物流学说已有的研究成果，提出了物流系统与集成化理论。该理论指出，物流活动涉及的各主体、各环节之间存在着密切关系，使用系统性的观点来对物流活动进行综合分析，正是降低物流活动支出、提升客户服务水平的要求。物流系统是一个跨度大、内涵丰富的系统，包括包装、运输、保管、加工和配送诸多环节，且就整个物流系统来讲，它既是社会经济大系统的一个分支系统，本身又可以分成若干子系统。何明珂（2001）[①]根据物流系统的特点，将其划分为流动要素、资源要素和网络要素。王之泰（2005）[②]则较为完整地提出了物流系统应由一般要素、功能要素、支持要素、基础要素构成的观点。马龙龙（2007）[③]则在此基础上认为物流系统是由物流作业系统和物流信息系统两个子系统组成的。在系统论的观点下，探讨如何对物流活动进行合理统筹与设计，构成了物流系统规划的研究内容。在行业层面，健全的物流系统可以显著减少流通环节的损失；在企业层面，企业物流活动的合理规划与运作是获取"第三种利润"的具体实施方式。

三、供应链理论

随着系统论对物流研究的影响逐渐深入，供应链思想又与物流理论日益紧密地结合在一起，从而使物流研究获得了更进一步的发展。之所以会有这种理论上的结合，是因为供应链的思想和系统论的理念是相吻合的。从供应链的视角，可以对更大范围内由多个利益主体构成的系统进行研究。理论界普遍的观点认为，物流活动纵向一体化发展的趋势将是形成供应链。物流企业本身就是供应链上的一员，应当考虑上下游整体利益。作为链上企业，应当明确自己的

---

① 何明珂. 物流系统论[M]. 北京：高等教育出版社，2001.

② 王之泰编著. 新编现代物流学[M]. 北京：首都经济贸易大学出版社，2005.

③ 马龙龙，祝合良编著. 物流学[M]. 北京：中国人民大学出版社，2007.

强项，进而选择合作伙伴，与其环节上的企业结成有竞争力的组织体系。战略伙伴的选择将构建起物流活动的网络，物流供应链管理使原材料采购、生产、分配、销售和产品送达组成环环相扣的链条，其目的是实现信息共享、提高客户满意度、实现企业综合性最优目标，以形成整体竞争能力。

除去和物流理论的渊源以外，供应链理论又和渠道理论具有千丝万缕的联系。两者的范围和内容是存在交叉的。总的来讲。流通渠道侧重于更为宏观地讨论商品由生产商到消费者的整个组织序列；而供应链研究更偏重于微观主体间的关系，供应链的范围不仅限于流通环节，还可以涉及原材料采购及企业内部环节。理论界对供应链的渠道特征进行了比较充分的探讨，认为经供应链整合后的流通渠道与普通渠道相比，具有组织化渠道的特点。首先，在利益关系方面，普通商品流通渠道中各主体的经济利益目标往往不一致，甚至是对立的，也就难以从整体效益出发采取经营行为；而供应链内部的企业、环节和机构是主导企业在考虑总体物流关系基础上的共赢的关系，由此决定供应链内各主体的行为将更有可能达到共同利益的最大化。其次，在组织结构方面，普通商品流通渠道中主体间往往是短期合作居多，从而关系较为松散；而供应链通常有正式的约束制度，合作比较稳定，进而成员间关系紧密。最后，在物流管理方面，普通商品流通渠道内各企业为防范风险，各自设定了订货盈余量，从而总体库存较大；而在供应链管理下，供应链上各企业间紧密联系，形成了统一的风险应对系统，商品总体订货盈余量小，分配调度较为合理。

供应链一体化的思想可以为流通渠道创新提供借鉴。流通渠道主体间关系由竞争转向合作，正是体现了供应链一体化对流通渠道从松散转变为紧密联系的要求。由单个企业间的竞争发展为供应链之间的竞争，将提高链上各个企业的整体竞争力。可见，供应链整合思想是流通渠道效率提高的要求在微观领域的具体体现。

第二章 农产品流通概念内涵与基本特征

农产品流通是连接农产品生产与消费的中间环节，由于农产品具有独特的供给特征、需求特性和产品特征，农产品流通具有特殊性和复杂性。本章首先讨论农产品流通概念的内涵，然后对农产品流通的特征进行具体论述，这些特征主要包括时间特征、空间特征、形式特征、政策特征、消费特征等。

第一节 农产品流通的概念内涵

流通过程包括对产成品的保鲜加工、包装、装卸、运输、配送、陈列、销售等，还涉及分销渠道的设计、市场营销手段、产品售后服务以及产品召回等活动。流通不仅为国家创造产业增加值，也是市场繁荣、民生进步的重要依靠。重商主义学者很早就观察到产品交换和商业领域可以产生的价值，并将对外贸易视作国家财富的真正源泉。对于农产品流通，亚当·斯密很早就在《国富论》中提出，城市是农村剩余物的市场，农民用不了的东西可拿到城市去交换他们需要的物品，这种交换对经济体发展十分重要。同时，一个社会的农产品生产、工业品制造和批发零售等交换部门存在密切联系，应该实现协调发展。

农产品流通是一种特定商品的流通，我们首先需要考察商品流通的内涵，一旦商品流通的概念得以确定，则农产品流通便具有自解释性。汉代桓宽在《盐铁论·通有》中论及："山居泽处，蓬蒿硗埆，财物流通，有以均之。"流通是商品买卖行为以及商品形态变化的循环过程，是不同行业从业者互通有无的必然途径。流通起源于生产规模化和社会分工的发展，早期的形态主要是物物交换。随着产品交换的种类和数量不断增加，以货币为媒介的商品交换开始出现并逐步成为市场交换的一般模式，商品流通随之产生。在现代商品社会和市场经济的飞速发展过程中，商品流通的内涵逐步丰富。现在，人们提到商品流通，主要包括以下两种含义：

一种是狭义上的商品流通，主要是指作为商流的流通，是市场交易各方商流契约形成的体系。这种意义的流通不仅指以货币为媒介的单次交换，也包含多个交换行为所联结成的行动系列，或市场交换行为的总和（晏维龙，2003）。

另一种是广义上的商品流通，主要是指包含了商流、物流、信息流与资金流的市场过程，是整个市场运作的具体形式。在这种情形下，流通是市场各类商品交易以及支持交易的各种活动的总和，是"四流合一"的市场运动过程。这种商品流通也是本书所讨论的农产品流通的出发点。

本书所指的农产品流通，是关于农产品的商品流通过程，是从农产品进入市场到最终产品到达消费者手中的全部商流、物流、信息流和资金流过程，是农产品市场流转的全部过程，以农产品的初次交换为起点，以产品被终端消费者消费掉为终点。其中，农产品主要指可食用的粮食谷物、果蔬、畜禽肉类、蛋奶、水产品，也包括非可食用的棉花、香料、鲜花等经济作物。从市场参与者的视角来看，农产品流通的目的在于实现经济利益的最大化；但是从政府、社会和消费者的视角来看，农产品流通事关经济发展、社会稳定和民生进步。因此，农产品流通不仅是一个经济问题，也是一个社会问题。

从具体环节来看，农产品流通包括农产品的收购、运输、储存、加工、批发、销售等一系列环节。在农产品第一次出售之前，还需要对农产品进行采收、预冷、检验检疫等流通准备工作。另外，农产品流通研究包含的内容还涉及流通政策、物流技术、进出口过程、市场预警和召回程序等内容。农产品流通的每个环节在流通中的地位和作用虽然不同，但彼此相互联系、相互制约，只有妥善组织好、管理好每个流通环节，才能顺利完成农产品流通过程，保证物畅其流，更好地促进农产品生产的发展，为经济和社会发展奠定良好的物质基础。

第二节　农产品流通的时间特征

基于多数农产品具有鲜活、易腐的自然属性，时间因素成为农产品流通的重要影响因素。产品在流通过程中耽搁的时间越长，产品的鲜度、质量下降程度越高，产品的价值也会发生变化。因此，时间特征成为农产品流通的重要特征之一。农产品流通的时间特征表现为季节性、周期性、不稳定性和易腐性等。

一、农产品供给的季节性和周期性

农产品的共性就是具有固定的自然生长规律，因此其播种、生长和收获具有季节性和周期性。尤其是粮食、果蔬类农产品，是典型的季产年销的产品。对于一些季节性不是十分明显的农产品，由于产品自身生长需要一定的时间，产品供给也表现出一定的周期性。这种供给层面的季节性或周期性，导致了农产品市场更容易出现供求不均衡的情况。一方面，某些产品的生长周期缓慢，生产决策需要提前很长一段时间做出，在信息不对称的情况下，参考本期需求情况做出的生产决策可能出现较大偏差；另一方面，农产品供给的周期性造成农产品流通具有明显的淡季和旺季特征，在产品逐步集中上市和逐步退市的淡季旺季交替过程中，产品的价格波动会十分剧烈，不同地区的产品价格差异也较大，造成产品需求随时波动。表 2.1 列出了部分农产品供给的季节性特征。

表 2.1　部分农产品的流通季节性周期性特征

不同阶段 品种	播种期	收获期	生长周期	销售旺季
美国大豆	5 月	9 月	4—5 个月	11 月—次年 2 月
中国冬小麦	10 月	5 月底至 6 月初	7—8 个月	7 月
中国秋白菜	8 月	11 月	3—4 个月	12 月
红富士苹果	—	10 月底至 11 月初	果树长成约 3—4 年	12 月—次年 2 月
黑龙江野生鲑鱼	—	9—10 月	4 年	—
温室玫瑰花	—	—	3 个月	2 月

资料来源：作者整理。

一般来说，大部分农产品是在特定的季节进行生产和流通，在产品流通旺季，对农产品相应流通设备、人力等市场资源的需求也较大。但随着市场的全球化和农产品种植、养殖和保鲜技术的进步，各种反季节、全球性的农产品供应使这种农产品流通周期性有所减缓。所谓"反季节"农产品，主要指在一般地区因热量等条件限制而无法正常栽培的季节内，利用特殊环境资源或采取保护性设施进行生产的农产品。以反季节蔬菜生产为例，反季节蔬菜可分三类：一是利用山区立体气候资源，进行夏秋季反季节蔬菜生产；二是利用冬春温暖小气候进行冬季反季节蔬菜生产，例如海南、粤西地区的反季节种植；三是利用保护性、半保护性设施生产，即大棚种植蔬菜等。目前，流通市场上俗称的"反季节蔬菜"，常指北方产的大棚菜及南方产的冬种菜，比如北京大棚草莓和海南豇豆等。

二、流通时间不稳定

农产品流通在时间上具有不稳定性。主要原因在于农产品流通模式的多样和各流通环节的时间不确定性较大。首先，农产品具有产地相对集中，需求相对分散的特点，造成农产品流通的集散性较高，流通环节较多。距离产地的远近，以及经过的流通环节的多少，会在很大程度上影响农产品流通的整体时间和水平。其次，农产品的种植和收获对自然条件的依赖较大，不同年份之中有丰产、平产、欠产差异，造成产品上市时间存在不确定性。再次，农产品流通种类多，作业标准不容易统一，不同地区、不同企业在农产品运输、贮存和包装方面的技术水平不同，也容易造成各个流通环节的流通时间差异较大。

三、产品易腐性

很大一部分农产品在流通过程中仍然是鲜活农产品，对流通过程的整体运作水平要求较高。随着流通时间的增加，鲜活农产品的新鲜度逐步下降，产品在市场上的售价也会受到影响。因此，农产品易腐性对流通过程的要求是减少中间环节，缩短流通时间，提升保鲜技术。例如，鱼、肉和果蔬产品，在自然条件下只有几个到几十个小时的存放期。为保持农产品新鲜度及品质，一般家庭或者消费单位都要每天或隔几天即往市场采购此类产品。而要想保持产品鲜度、延长保鲜期和货架期，就必须减少流通过程中的销售前置期，并根据它们的物理、化学性质实施合理的保鲜措施。

随着市场发展和消费水平的提升，消费者对新鲜、优质农产品的需求不断增加。为了保持产品鲜度，控制产品易腐所带来的损失，现代农产品流通环节在技术和管理水平上也在不断发展，如低温冷链物流体系的发展，逐步覆盖了农产品流通越来越多的环节，缩短了农产品流通时间，降低了农产品流通损耗。

第三节　农产品流通的空间特征

农产品流通的空间特征是指，一方面，不同地域的气候、水文、地质等条件限制了农产品生产的空间区域，为了解决生产的地域性与市场的广泛性之间的矛盾，农产品流通承担了产品集散功能，因而也表现出显著的空间特征。

一、产地集中

动、植物农产品都对自然生长环境有特定的要求，气候、地貌、海拔、气温等环境因素会影响地区主要栖息或生长的动植物种类。不仅如此，在不同区域的人类发展本地经济的时候，经常也会结合本地的优势农产品种类，实施一些扶植或鼓励性政策，因而进一步强化了农产品生产的地理集中性。

以我国为例，目前我国山东、河南、河北三省蔬菜产量占全国产量的36%，山东、河南、河北、陕西、广东、新疆、广西七省的水果产量占全国的55%，四川、湖南、河南、山东四省的猪肉产量约占全国的 1/3。从宏观地域上进行划分，我国有四大农业生产区域：北方地区，南方地区，西北地区和青藏地区。各地区主要农产品品种见表2.2。

表2.2　我国四大农业生产区域主要农产品

地区	主要农产品
北方地区	种植业：小麦（东北春小麦）、玉米、高粱（东北、黄土高原）、谷子（黄土高原）、大豆、甜菜、亚麻（东北）、棉花、花生、烤烟（华北）等 林业：用材林包括红松、落叶松（东北），经济林包括苹果、梨、柿、桃、枣、板栗（黄河中下游）等 畜牧业：黄牛、马、驴、骡、绵羊、鸡等 水产业：海带、对虾、贝类等
南方地区	种植业：水稻（最大产区）、小麦、棉花、油菜籽（长江流域）、甘蔗等 林业：用材林包括杉、马尾松、竹，经济林包括茶叶、油茶、油桐、橡胶、剑麻、柑橘、香蕉、荔枝、桂圆、菠萝、蚕桑等 畜牧业：水牛、山羊、猪、鸭、鹅、鸡等 水产业：海水养殖和海洋捕捞品种包括带鱼、大黄鱼、小黄鱼、墨鱼、贝类，淡水养殖品种包括青鱼、草鱼、鲢鱼、鳙鱼、蟹、虾等

地区	主要农产品
西北地区	种植业：小麦、甜菜、瓜果、棉花、胡麻（内蒙古）等 畜牧业：三河马、伊犁马、三河牛、骆驼、内蒙古细毛羊、新疆细毛羊、阿尔泰大尾羊、宁夏滩羊等
青藏地区	种植业：青稞（春小麦）、小麦、豌豆等 畜牧业：牦牛、藏山羊、藏绵羊等

资料来源：作者整理。

二、跨区集散

生产的季节性与消费的全年性、产地的局部性与市场的广泛性形成了矛盾，决定了农产品流通需要以空间上的大范围变动来满足持续、广泛的需求，形成了流通环节的跨区集散特征，其中，跨区域、跨国界的大规模集散流通是农产品空间流动的主要形式。

以我国鲜活农产品流通为例，我国国土地域广大，气候条件多样，人口分布不均衡。农产品流通呈现出较为明显的"南品北运""北品南运""西品东运"的农产品流通格局。目前，约40%左右的农产品均实现跨省流通。北京、上海等大城市的蔬菜供应70%以上由外埠提供。从世界范围来看，从事农业生产的国家和地区几乎都有自己特色的农产品，2009年世界农产品进口额和出口额分别达到11966.65亿美元和11688.47亿美元，约占世界货物进口、出口总额的比例为9.41%和9.33%。

第四节　农产品流通的产品形式特征

在农产品流通过程中，出于保护、增值、运输便捷等目的，农产品的流通加工和包装形式各异，流通过程和最终销售陈列的产品形成也有所不同。此外，农产品的加工链条较长，在不同的加工方式和加工深度下，产品形式也具有不同的特征。本节从三个方面对农产品流通的产品形式特征进行描述，分别为鲜度特征（鲜活与非鲜活类）农产品、加工深度特征（初级与加工类农产品）、包装方式特征（散装与包装类农产品）。

一、鲜度特征

流通中的农产品具有不同的鲜度特征，按照鲜度水平的不同，我们可以把农产品分成鲜活农产品、冷冻农产品、普通农产品等。2005 年 2 月，国家在《全国高效率鲜活农产品流通"绿色通道"建设实施方案》中，界定了鲜活农产品的范围，即鲜活农产品主要包括新鲜蔬菜、水果，鲜活水产品，活的畜禽，新鲜的肉、蛋、奶。不属于鲜活农产品范围的产品包括畜禽、水产品、瓜果、蔬菜、肉、蛋、奶等的深加工产品及花、草、苗木、粮食等。

鲜活农产品在中国农业生产发展过程中占有重要地位，是我国消费者除粮食以外最主要的食物营养来源。同时，鲜活农产品在流通过程中一般是具有生命的活体，对流通环境要求较高，具有易腐、不耐贮运的特性，农产品的时间、空间特征都较为明显，流通损耗的风险很高。鲜活农产品在流通过程中的困难主要体现在以下几点。

（1）水果、蔬菜等鲜活农产品在生产、运输和销售等过程中体表组织容易受到损伤，在短时间内易发生氧化变色反应，致使营养成分受到不同程度的破坏和流失。

（2）大多数鲜活农产品含水量较高，且富含丰富的碳水化合物，容易被微生物所污染，因此很难在长时间内保持其鲜、活的外在特征。

（3）对外界环境敏感性强。以温度为例，合适的温度能保持鲜活农产品的新鲜口感和营养价值，对于延长鲜活农产品保质期，扩大流通半径，尽可能地逼近流通时间上限具有重要意义。

冷冻类农产品一般包括冷却与冻结状态下的肉禽类、鱼类和蛋类产品及其加工品，以及各种低温、速冻食品等。冷冻农产品的鲜度特征比生鲜农产品稍差，对流通过程的要求也相对简单。但是，冷冻农产品也需要在流通各个环节建立低温的冷链物流环境，解冻过的农产品鲜度特征会大幅下降，从而影响产品质量和市场价格。

相对于生鲜或冷冻农产品，普通农产品的鲜度水平较低，对流通过程的环境、设备要求不是很高，流通过程也更加简易。这类农产品主要包括一些非食用农产品和自身保存时间较长的农产品，如棉花、发酵酒类、粮食谷物等等。

二、加工深度特征

按照流通过程农产品的加工深入的不同，农产品可以分为初级农产品和加工农产品。初级农产品是指没经过工业加工的种植业、畜牧业、渔业产品，包括烟叶、毛茶、食用菌、瓜、果、蔬菜、花卉、草木、药材、粮油作物、牲畜、禽、兽、昆虫、爬虫、两栖动物类、水产品、林业产品等。初级农产品没有经过工业加工，产品的初始形态没有本质变化，一般具有较高的鲜度水平。经过分割、计量、分拣、刷标志、拴标签、组装、包装等流通加工作业的农产品仍然算作初级农产品。

加工农产品则是经过了一定程度的工业加工的农产品。加工农产品已经改变了产品的初始形态，并可能加入了其他一些材料形成新的产品。在人类社会发展的漫长历程中，初级农产品的加工链条不断延伸，从简单的发酵、烹调，到现代食品加工工艺下的各类新型食品。随着农产品加工深度的逐步增加，很多加工农产品类型已经很难与工业品区分，其流通方式也逐步标准化，保鲜期逐步增强，产品的时间与空间特征逐步模糊。

随着人类科技进步和食品加工水平的不断提升，加工农产品在营养、口味、保鲜、便利等方面都展示出比初级农产品更大的优势。但是，加工过程的环节过多、程序复杂，原料、添加物和加工环境的水平不均衡，存在各种各样的质量和健康风险。农产品的加工也存在不同的类型，包括：

（1）按产品最终形态分类。国际上通常将农产品加工划分为5类，即：食品、饮料和烟草加工；纺织、服装和皮革工业；木材和木材产品包括家具制造；纸张和纸产品加工、印刷和出版；橡胶产品加工。

（2）按产品加工程度分类。按照对原料的加工程度，农产品加工可分为初加工和深加工。初加工的加工程度浅、层次少，产品与原料相比，理化性质、营养成分变化小，如粮食的初级加工，一般包括简单的磨粉、碾米等；深加工是加工程度深、层次多，经过若干道加工工序，原料的理化特性发生较大变化，营养成分分割很细，并按需要进行重新搭配，如制作混合果汁、复合营养品等。

随着农产品加工业的发展，农业加工方法越来越丰富。例如，果蔬加工主要制品有果干和菜干、果蔬罐头、果酒、速冻制品、果汁和菜汁、腌渍制品和糖制品等。加工前预处理是保证加工品的风味和综合品质的重要环节，一般包括选别、分级、洗涤、去皮、修整、切分、烫漂（蒸煮）、抽空等工序。不同的加工方法和制品对原料均有一定的要求，优质高产、低耗的加工，除受工艺和设备的影响外，与原料的品质好坏及原料的加工过程有密切关系。

三、包装特征

包装是在产品生产、流通过程中按一定技术方法采用容器、材料及辅助物等将物品包封并予以适当的装饰和标志的工作总称。包装的主要作用是保护商品、方便储运与促进销售，在不同的生产、流通阶段，产品的包装一般分为工业包装、物流包装与商品包装。在农产品流通过程中，一般涉及的包装形式包括物流包装和商品包装。

商品包装是农产品流通加工的重要形式，具有保护商品、传递信息和促进销售的功能。目前，全球仍然有很大比例的初级农产品在流通过程中没有经过任何商品包装，这种散装流通的农产品虽然成本低廉，但产品信息标识不清，安全隐患较大，也容易出现损耗。另一方面，农产品商品包装也存在过度包装的情况，如对普通农产品的商品包装采用相对较高水平的包装材料进行多重包装，目的是传递虚假的产品质量信息，提升产品售价。这种包装一方面造成了包装材料浪费，另一方面也误导了消费者。

农产品商品包装应该是一种合理有度的价值增值方式。农产品的流通包装物上一般应标注相关产品信息，如品名、产地、生产者或者销售者名称、生产日期等，并需要在材料选择、包装设计等方面充分考虑农副产品的特性、销售市场的特点和消费者的消费需求等因素，从而使包装与产品完美地结合。

物流包装是在产品物流过程中采用的包装形式，目的是便利储运过程、提升操作速度、减少物流损耗、记录物流信息等。对于初级农产品和初加工农产品，产品外形不标准，又容易损耗，对物流包装的要求也相对较高。目前全球农产品物流包装水平差异较大，发展中国家在保鲜工艺、防护设计、包装材料等农产品物流包装领域的作业水平有待提升，很多地方的初级农产品储运过程较少采用物流包装，制约了农产品流通整体效率的提升。

除了保护商品、方便储运与促进销售之外，农产品流通包装还有利于商品生产信息和质量信息的透明化，规范农产品生产经营行为，加强农产品标识管理，建立健全农产品可追溯制度，保障农产品质量安全。

第五节　农产品消费特征

随着国家经济的不断发展，居民对农产品消费需求也在不断发生变化，这种农产品消费特征的变化对农产品流通环节也产生了重大的影响。本节简单梳理农产品消费特征变化的一般过程，并分析消费特征变化过程中农产品流通特征的相应演变。

一、消费多样化

过去，由于农产品资源匮乏，市场经济不发达，因此农产品流通范围小，并且城乡消费差别较大。特别是由于货币收入缺乏以及社会长期形成的较强的简朴节俭的消费意识和消费习惯，大多数居民日常消费还是以当地生产品种为主，生产什么消费什么，停留在"吃得饱"的阶段，只有在年节或出远门等少数时候才可能从大型集市或外地购入平时不吃的农产品。农村地区尤其如此，消费结构单一。

随着我国市场经济的迅速发展，收入水平的持续提高，各地农产品物尽其流，无论是城市还是农村，面对来自全国各地甚至世界各地的日益纷杂的农产品，越来越呈现出消费多样化的态势。特别是在城镇，由于各级政府对"菜篮子工程"的重视，全国范围内一个逐渐成熟的农产品运销系统正在形成，广域流通成为现实，市民的菜篮子花样丰富，苹果、梨、柑橘、香蕉和各类瓜果基本实现了四季飘香，常年供应不断。客观上既丰富了市场中农产品的种类，也满足了消费者的多样化需求。

二、追求营养、自然等消费标准

由于消费者生活水平的不断提高，农产品种植、养殖技术的不断提高，广大消费者已经大大迈过满足温饱与稀缺农产品的阶段，越来越重视农产品的营养价值。居民的农产品消费也实现了由"数量满足型"向"质量追求型"的转变。

消费者对农产品的健康追求主要体现在农产品的绿色、安全、营养和鲜度上。而这几方面又是不可分离的，只有在农产品安全的基础上保持农产品一定程度上的鲜度才能保证农产品的营养不会流失，也才能真正谈得上是绿色农产品。目前市场上的"有机食品""绿色食品""无公害农产品"等，是由不同部门针对食品安全设置的不同认定标准。有机食品、绿色食品、无公害农产品都是安全食品，安全是这三类食品突出的共性，它们在种植、收获、加工生产、贮藏及运输过程中都采用了无污染的工艺技术，实行了从土地到餐桌的全程质量控制。这种农产品规格的认定使得消费者在追求健康农产品的需求下有了一定的标准。

三、便捷性

消费者在追求农产品的健康的同时，也逐渐对采购农产品的便捷性提出了要求。消费者不可能为了能够买到新鲜的蔬菜，亲自跑到田间地头去向农户直接购买；同样，消费者也不可能因为要吃到新鲜的猪肉，而要亲自跑到屠宰场去购买猪肉。如此种种，则催生了很多农产品流通的新模式，呈现出新特征。比如"农超对接""产消联盟""周末菜市场""社区直送""农餐对接"等。

其中是以超市为核心的"农超对接"模式应用最为广泛。这种模式既减少中间环节、降低流通经费，又能保持蔬菜的新鲜度，随时随地进入超市选购农产品，极大满足了消费者的购物需求。

这些新模式不仅缓解了农民"卖菜难"和消费者"买菜贵""买菜难"的问题，而且克服了传统批发市场流通模式的弊端、缩短流通环节、减少流通成本，在很大程度上满足了消费者便捷性的要求。

四、衍生性需求

近年来，伴随全球农业的产业化发展，人们发现，现代农业，特别是以"有机食品""绿色食品""无公害农产品"为特色的绿色无污染的现代农业，不仅具有生产性功能，还具有改善生态环境质量，为人们提供观光、休闲、度假的生活性功能。随着收入的增加，闲暇时间的增多，生活节奏的加快以及竞争的日益激烈，人们已经不仅仅停留在消费农产品本身的阶段，进而衍生出对农业、农村等的精神性需求。

例如，对于时间充裕的消费者，他们可以付钱直接去农民的种植园中进行采摘。其中，最为兴盛的则是在各地蓬勃兴起的观光农业。烦躁的都市生活使得部分人群希望能在典型的农村环境中放松自己，于是，农业与旅游业边缘交叉的新型产业——观光农业应运而生。观光农业兼具农业特性、生态特性和娱乐特性。同时，各地的农博园也开展得如火如荼。农博园内容一般非常丰富，集观光、休闲、购物、科普于一体，更贴近市民和农民需求。

第六节　农产品流通的政策特征

"民以食为天"，农产品是关系到国计民生的重要产品。因此，有关农产品的各种活动一般都会受到政府的重视。在农产品流通方面，各个国家也都制定了各式各样的相关政策，以维护农产品的正常流通秩序，促进农产品流通发展。不论各个国家对自身政府的职能如何定位，农产品流通发展与国家政策都形成了密切关联，因而，农产品流通也具有了很强的政策特征。

在实行市场经济的国家中，政府一般借助市场的力量，间接地实现对农产品流通的政策调控。一般而言，农产品流通的政策特征表现为目标多元、作用形式和手段多样等特征。按照不同的标准，农产品流通政策可以分为多种类型，具体见表 2.3 所示。

表 2.3　农产品流通政策分类

分类标准	类型	政策举例
作用方向	支持型政策	最低收购价政策、营销贷款补贴政策等
	限制型政策	市场准入制度、烟草专卖制度等
作用范围	宏观政策	进出口补贴政策、农业贷款利率政策等
	微观政策	"绿色通道"政策、"农超对接"政策等
作用对象	价格政策	价格管制、价格补贴等
	外贸政策	出口退税、增加进口关税、设定进口配额、外汇管制等
	市场主体	农业合作组织政策、流通经纪人政策等

资料来源：作者整理。

第三章　主要发达国家农产品流通的特点

第一节　以日本为代表的东亚模式

加速推进我国农产品流通发展与转型升级，是实现农业现代化的内在要求与关键。日本、韩国等东亚国家的居民饮食习惯、农业生产方式等与我国类似，其农产品流通（常被称为东亚模式）的发展经验对我国具有重要的借鉴意义。

一、东亚模式的内涵

东亚模式是指以日本、韩国以及中国台湾的农产品流通模式为代表，以批发市场为主渠道、以拍卖制为特征的农产品市场体系。这些国家和地区具有人口密度大、以家庭为单位进行小规模农业生产的特点；其中粮食流通实行由政府统一控制和管理，蔬菜、水果、畜产品、水产品等生鲜农产品则实行自由流通，并以批发市场作为主要流通渠道。目前，东亚模式对于符合上述条件的国家和地区来说，还是非常适合的。但随着农产品零售终端的不断完善以及互联网、O2O 等信息技术和新型商业模式的发展，这种模式也在发生着转变。

以日本为例，批发市场作为其农产品流通的主渠道已发展得较为成熟，分为中央批发市场、地方批发市场、规格外小型批发市场等三类。早在 1923 年，日本政府就设立了《中央批发市场法》，1971 年又制定和颁布了《批发市场法》。作为农产品流通的基本法，《批发市场法》对农产品批发市场的规划、建设、开设、运营、监督等方面都做了具体而详实的规定，从而为规范管理提供了法律保障，也为各级政府制定配套法规奠定了坚实基础。这样，农产品从"农户—批发市场—消费者"整个供应链渠道都形成了一套严密的运作体系，保障了其高效快捷的流通过程。在批发市场这一中心环节，拍卖是最重要的交易活动，绝大部分鲜活农产品由代理商通过拍卖商以拍卖销售的方式卖给中间批发商或者其他买者，只有某些特定品种才进行对手交易。此外，随着市场环境的变化，近年来农产品流通渠道向多样化发展，通过批发市场的流通量占总流通量的比例开始下降。

二、东亚模式的主要特点

东亚模式的主要特点包括以下几个方面。

（一）以批发市场为主渠道

东亚模式农产品流通体系中最显著的特点之一就是以批发市场为流通主要渠道，注重培育和完善批发市场的功能作用。以日本为例，作为典型的人多地少的国家，日本农产品经营分散，约有70%的农户经营规模在一公顷以下。在这种情况下批发市场可以作为农产品的流通枢纽来扩大运销规模和交易空间，节约买卖双方的交易成本，有利于解决小规模农业生产和大市场、大流通之间的矛盾。因此，从1923年日本发布《中央批发市场法》起，批发市场迅速发展并很快确立了在农产品市场流通中的核心地位。

日本农产品批发市场制度的发展分为以下四个阶段：

第一阶段：形成期（1923—1945）。此时期是从1923年的《中央批发市场法》成立到1945年第二次世界大战结束的22年间。在此期间，日本在东京、京都、横滨、大阪、神户等地都开设了市场。

第二阶段：发展期（1946—1975）。此时期是第二次世界大战后日本经济高速复活和成长的30年。在这个阶段，以东京市、京都市、横滨市、大阪市、神户市等五个批发市场为核心，在名古屋市、广岛市、福冈市、仙台市、札幌市等地相继开设了批发市场。同时，在其他人口集中以及都市化进程较快的地区也扩充了许多地方市场。

第三阶段：调整期（1976—1996）。在此时期，随着资本从海外进入以及生鲜农产品进口的增加，批发市场的地位开始下降，市场功能随之发生了变化。特别是随着竞价拍卖原则的改变，批发市场的价格形成和交易形态趋向于多样化，市场开始逐步调整。

第四阶段：变革期（1997至今）。在此时期，批发市场的外部环境也发生着剧烈的改变，上游的生产者和发货者开始朝大型化方向发展，下游超市的需求也在不断增大，对价格公平形成、利润合理分配等公平交易的要求愈加强烈。

　　经过多年的演进与变革，日本农产品批发市场的发展已经较为成熟，其流通主渠道的作用十分明显。目前，全日本的蔬菜总量中，有81%是经由批发市场流通的，果品的批发市场流通比率达到了72%。

（二）流通环节多，成本增加

　　东亚模式中，农产品一般要通过两级或两级以上的批发渠道后，才能到达零售商手中，批发渠道包括各类农户、供货组织（如农协）、代理商、中间批发商和零售组织等。例如，日本东京都中央批发市场的农产品流通运作流程可以作为日本农产品流通运作流程的代表，如图3.1所示。

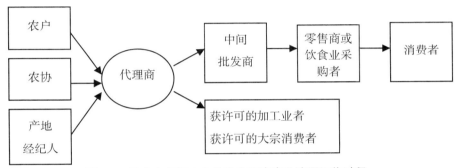

图 3.1　日本东京都中央批发市场农产品流通运作过程

资料来源：王海刚、张襄英（2010），国外农产品流通模式对我国农产品流通的启示，陕西省改革发展研究会。

　　日本《批发市场法》就规定，除了少数接受产地上市组织等委托的代理商可以从事一级拍卖批发业务外，其他代理商被禁止从事此业务。绝大多数农产品的交易都要经过多级批发市场，并通过拍卖或投标的形式进行交易，形成由"农户—代理商—中间批发商—零售商—消费者"的链条。这样就导致了东亚模式中的农产品流通环节较多，流通成本也相应提高。

（三）规范化、法制化

　　由于东亚模式中农产品批发市场大多采用拍卖、投标、预售、样品交易等方式，甚至同一产品两家机构同时拍卖，从而保证了交易较为公开、公正和价格形成的透明。例如，日本《市场法实施规则》规定到达批发市场的农产品必须当天上市，并遵循全量出售的原则，禁止代理商拒绝农产品委托交易，禁止中间商或零售商直接采购农产品，禁止场内代理商向场外团体或者个人批发业务等。同时规定，代理商不能接受手续费之外的任何报酬，因此，在日本代理商被称为手续费商。这些举措保证了农产品交易的规范化与法制化，提升了农产品流通效率。

（四）功能全、现代化

东亚模式十分注重培育和完善批发市场的功能，使其成为规模大、功能完备、现代化程度高、辐射功能强的现代物流中心。一般包括商品分级整理、保管、冷风冷藏、配送加工等功能，还设有质量验证、结算服务、委托购销、代理储运、信息提供、代办保险等配套的辅助服务设施，服务集约化程度高，并灵活运用计算机信息处理技术。例如，东京都的农产品批发市场都具备农产品集散、服务、价格形成、信息和结算一整套完善功能。

（五）流通渠道多样化趋势显现

虽然批发市场仍在日本农产品流通中发挥主渠道作用，但近年来，随着市场结构的变化和消费者需求的多样化发展，日本的农产品流通渠道也在向多样化方向发展，批发市场外流通呈现出不断扩大的趋势。

农产品市场外流通就是农产品不经过批发市场，而是谋求产销直接见面，以少环节获得低价格的交易方式。目前在日本比较有代表性的市场外流通形式有两种：一是经由农协食品集配中心的流通；二是产地直销。目前，农协在东京市、大阪市和大和市建立了三个生鲜食品集配中心，主要采用直销的方式向连锁超市、百货店、专业果蔬零售店、餐饮服务业等提供生鲜农产品，大幅度减少了渠道流通成本。日本的农产品的产地直销也有多种形式，包括农户庭园、地头、早市、特约店、超市附设专售以及直接向消费者家庭供货等销售方式，具体如表 3.1 所示。

表 3.1 日本农产品流通渠道的多样化

流通形态	多样的流通渠道
中央批发市场流通	通过全国 78 个中央批发市场流通
地方批发市场流通	通过全国 144 个地方批发市场流通
其他批发市场流通	通过中央、地方以外的批发市场流通 通过全国农业配送中心（3 家）的流通
传统型流通	早市、傍晚集市、星期天市场等 农产品直销活动 观光农业型的直接流通

流通形态	多样的流通渠道
介于物流业者之间类型的流通	上门送货 邮政包裹等
介于量贩店之间类型的流通	通过生活协同组织的生产直销 通过超市的生产直销 通过百货商场的生产直销
大批量需求类型的流通	外食产业与发货者（农协等）的直接交易 加工业者与发货者（农协等）的直接交易
生鲜食品的进口	通过贸易公司和食品进口公司的流通

资料来源：杨菁编著，国外的农产品贸易与市场流通[M]. 北京：中国社会出版社，2006 年 9 月.

三、日本发展农产品流通的经验

日本国土面积狭小，土壤贫瘠，资源匮乏，人口众多，属于典型的人多地少国家。日本的农业生产呈现出如下特点：农业经营规模小，兼业经营比重大；农产品自给率低，进口依赖度大；农业劳动力持续减少，农业人口老龄化严重；农业生产高度专业化和机械化，在世界居领先地位。也正因为日本农业生产的以上特殊性，日本农产品流通业形成了有别于其他发达国家的模式，其中一些成功的发展经验值得我们借鉴。

（一）重视采用信息系统，强化批发市场的信息功能

20 世纪 90 年代后，日本农产品批发市场的信息化步伐加快，建立了农产品供应链信息追踪系统。该系统较为突出的特点是：建立了全国统一的数据库系统，保存各种生鲜农产品的数据，构建了全国共享的生鲜农产品数据平台，为提高农产品的可追溯性提供了基本保障。以此为基础，消费者能很方便地通过互联网登录，将购买的农产品质量问题反馈给相关企业和部门，经管理部门追踪，找出问题的根源，以保证消费者的安全和利益。

例如，日本的福冈市中央批发市场建立起供应链信息共享系统，通过交易信息的动态发布和更新，及时把握发货量的变动情况，使生产地与批发商户之间的联系更加紧密，流通系统运作效率提升。日本福冈市中央批发市场的信息提供、信息交易系统及其功能如表 3.2 所示。

表 3.2 日本福冈市中央批发市场的信息提供、信息交易系统及其功能

系统名		主要功能和作业特点
发货订货系统	发货预定输入系统	事先在生产地输入订货数据
	订货预定输入系统	批发业者通过观看发货预定的数据预约交易
	订货信息输入系统	订货方输入订货数据
	交易结果照会系统	向生产地照会交易结果，向订货方照会订货数据
信息公开系统	流通信息管理系统	运输业者参考发货信息数据
		运输业者输入配车信息数据
		生产地、订货方和批发公司参考运输实际信息
	市场情况照会系统	生产地通过市场情况数据对发货进行参考
		订货方通过市场情况数据对订货进行参考
	统计照会系统	生产地通过统计数据对发货进行参考
		订货方通过统计数据对订货进行参考

资料来源：杨菁编著. 国外的农产品贸易与市场流通[M]. 北京：中国社会出版社，2006 年 9 月.

（二）通过政府的行政管理，完善批发市场流通体系

日本政府通过制定法律法规和发展规划、实行审批制度、资金扶持等措施，对批发市场的发展进行宏观的行政管理，建立了批发市场交易规则，培育和完善了批发市场的功能，建立起较为完善的批发市场体系。

首先，日本政府对批发市场发展制定了具体的法规条文，如《中央批发市场法》《食品流通审议会令》《批发市场实行法则》等，对合理设立和配置批发市场、制定发展规划都做了明确的规定。其中规定批发市场发展的基本方针以及中央批发市场的发展规划不仅要经过农林水产大臣的批准，同时还要接受食品流通审议会的审议；地方批发市场发展规划的制定要遵循批发市场发展的基本方针，通过都、道、府、县知事的审批；批发市场发展规划的基本依据是能够满足 10 年内对批发市场的需要。其次，政府还对各地的批发市场制定条例提供了规范，如《大阪中央批发市场业务条例施行规则》《大阪中央批发市场业务条例》等。此外，日本政府对市场的建设及重要设施的改善都给与必要的扶持。如，中央批发市场的建设由地方公共团体实施，政府补助占一部分。此外，也通过发行地方债券、银行贷款等方式解决部分资金。

此外，日本农产品的生产、产后加工、安全卫生、上市运销、零售消费等的生产和流通诸环节的行政管理职能归于农业行政管理部门统一管理。在全国层面上由农林水产省流通部门负责农产品流通行政管理，在省市层面上由地方农林行政管理部门的流通室负责行使职能。这种体制减少了多头管理，提高了流通效率和行政管理效率。

（三）采用拍卖交易方式，实现交易的公平、透明

日本生鲜农产品的批发交易主要以拍卖的方式进行，并已逐渐从手工拍卖过渡到电子拍卖阶段，进而依靠现代信息技术实现生鲜农产品交易的电子化。拍卖最基本的做法是将农产品出售给要价最高的买主，其前提是农产品销售时必须采取无条件委托销售的方式。日本的农产品生产者将农产品无条件地委托给农协，由农协将各地会员的农产品进行集中、分等定级、加工包装后，再委托给代理商进行拍卖。而代理商则会主动与农协联系，提供各销售地市场的需求与价格信息。因此，事实上，日本的农产品生产者、农协与代理商之间的委托代理销售关系，是一种以相互之间高度信赖为基础的服务与被服务的关系。

拍卖交易不因购买方规模的大小而产生交易条件上的差异，且报价成交过程的透明度和公开性很高。中央批发市场因拍卖而具有生鲜农产品价格发现功能，同时也在一定程度上起到了影响农产品生产组织、稳定农产品价格、合理农产品流向的作用。此外，目前日本农产品拍卖已经基本实现电子化，拍卖效率很高，通常只需要二三分钟就可以成交一笔交易。

（四）制定分级包装、质量监测制度，保证农产品质量

日本对生鲜农产品流通体系的分级包装、质量检测提出了很高的要求，并制定了一系列的制度。为保证质量，日本采用了共同运销体制，即由农民团体共同办理运销，通过农民合作组织将生产的农产品集体地组织运销和供应。在此体制下，分级包装以农业合作组织为单位进行，质量检测以销地批发市场为基础进行。此外，日本批发市场积极推行质量体系认证和相应管制体系，不符合标准的生鲜农产品不得进入消费领域。

（五）充分发挥农协在农产品流通中的作用

日本的农协全称为"农业协同组合联合会"，是日本的农业合作组织。农协通过覆盖全国农村的网络，为日本农户在产前、产中以及产后提供全方位、综合化的服务，几乎所有的农户都是农协的会员。

农协在日本农产品流通中发挥至关重要的作用。农协以全国网络化的组织机构为基础，建立了高效快捷的信息网络。通过这一信息网络，基层农户将收集到的生产资料供应、农产品生产以及流通销售等信息及时传递给县级联合会和中央联合会，上级联合会对信息进行汇总分析后，再通过信息网络下传至农户，指导农户的生产。此外，农协的信息网络还与全国的批发市场、储运团体、加工企业、超级市场等建立普遍的联系，从而在农协的信息系统中，随时都能够指导什么时间、什么产地、向哪个销地市场上市了什么品种、多少数量的产品及其价格。

第二节　以美国为代表的北美模式

美国是世界第一经济强国，具有高度发达的现代农业和与之匹配的市场流通体系。以其为代表的农产品流通北美模式，大部分是通过大型超市、连锁食品店实现农产品产销直接对接，从而减少了渠道中间环节，提升了流通效率。

一、北美模式的内涵

北美模式以美国和加拿大为代表，是主要以大型超市、连锁零售商等主导农产品流通的直销模式。农产品直销是生产者或生产者团体在产地将产品进行分等定级、包装处理后，直接送往大型超市、连锁零售店或者配送中心，由此形成的"生产基地—物流配送中心—零售商"短渠道模式。此种模式具有渠道短、环节少、成本低、效率高的特点。其形成主要有两方面的因素：首先，北美国家地广人稀，农业资源丰富，农产品产地市场比较集中；其次，北美高速公路网络发达，现代化冷链设备较为完善，大型连锁零售终端也较多，从而形成了产地直销的农产品流通模式。

以美国为例，一方面，美国大部分农产品的交易是通过大型超市、连锁零售店来实现的，一些大规模超市、连锁零售店纷纷建立自己的配送中心，直接到产地进行采购，以减少中间费用。另一方面，美国农场普遍经营规模较大，许多农产品的生产者直接为超市等零售企业提供多品种、大批量的农产品供应。

二、北美模式的主要特点

（一）直销比例高，环节少，效率高

在北美，随着这些国家零售连锁经营网络和超级市场的发展，其零售商的规模和势力也不断壮大，中大型超市和连锁经销的零售商主导着农产品的交易，产地直销、供应及时、货源稳定的流通形式也应运而生。在美国，有80%的果蔬类农产品在产地与大型超市、连锁经销网络间直销，剩下的20%左右经由批发市场流通销售。一方面，超市、连锁零售店等大型零售企业到产地直接采购有较大的发展，随着其规模的扩大，一些大型超市、连锁店纷纷成立自己的配送供货机构，直接到产地组织采购，以节约中间费用。这种单独或联合几家零售企业自建配送中心并到产地直接采购方式，在美国呈现增长的趋势。另外一方面，生产者直接为零售或食品加工企业供货的模式，也呈现发展势头。在美国，由于农场主的经营规模较大，一些独立的生产者或生产者的联合组织，不需经过中间环节，就可以直接为零售企业提供品种全、批量大的商品供应。这种产销直接衔接的流通方式，是建立在生产者、零售商都有较大的经营规模基础之上的。

农产品从产地经物流配送中心直接到零售商，流通成本低，速度快，从而提高了流通效率。

（二）产地市场集中，销地批发市场分布在大城市

北美国家地域辽阔，人口密度小，农业生产过程中的机械化、电气化和化学化程度较高。因此，北美的农业生产具有平均规模大、专业化程度高的特点。此外，北美农业受自由市场的引导性很强，形成了农产品的产地市场集中的局面。以美国为例，美国农产品生产区域化程度高，形成了小麦、玉米、大豆、水果、蔬菜等专业化集中产地，纽约州、华盛顿州和密歇根州三个州的农产品产量几乎占全美总产量的70%。在全美农产品流通比例中，产地批发市场与零售商的交易量占绝大多数。

另一方面，北美模式中的销地批发市场和大型零售终端大多分布在大城市。以美国为例，由于公路、铁路运输发达，农产品常能迅速运往大城市车站，形成城市农产品集散市场，因而销地批发市场又称车站批发市场。纽约的销地批发市场发达，对农产品价格的形成具有主导作用。

（三）现货市场与期货市场并举，市场交易与对手交易并举

北美有着发达的金融服务体系和丰富的服务产品。为化解农业风险，实现供需平衡，稳定农产品的价格，北美国家积极促进农产品期货市场的发展，利用其套期保值、发现价格、转移风险的功能来化解农业风险。

以美国为例，美国不仅有发达的农产品现货批发市场，而且还有全世界领先的农产品期货市场。发达的农产品期货市场已成为美国农业的显著标志。目前，美国共有芝加哥期货交易所、中美洲商品交易所等六家农产品期货交易所。上市交易的农产品期货品种非常广泛，除玉米、大豆、小麦等谷物期货外，棉花、咖啡、可可等经济作物，黄油、鸡蛋、生猪、活牛、猪腩等畜禽产品以及木材、天然橡胶等林产品期货也都上市交易。发达的农产品期货市场与现货市场协调运作，为美国农业规避生产和经营风险、稳定市场价格、保证供需平衡提供了重要的指导，发挥了重要的协调作用。

（四）农产品流通的社会化服务体系健全

北美国家为发达国家，有着发达的物流、金融等服务体系和强大的基础设施平台，形成了完善的农业社会化服务体系。伴随着农业生产力的发展和农业商品化程度的不断提高，传统上由农民直接承担的农业生产环节越来越多地从农业生产过程中分化出来，发展成为独立的新兴涉农经济部门。这些部门同农业部门之间通过商品交换或者通过合同或其他组织形式相联系，在市场机制作用下，为农业提供产前、产中和产后全过程的服务，同农业生产结成了稳定的相互依赖关系，形成了一个有机整体。

例如，美国的农业社会化服务体系是一个由政府、私人公司和合作社三个层次的组织机构构成的庞大的体系。美国政府为农业提供社会化服务的系统称为公共农业社会化服务系统，主要通过农业教育、农业科研和农业推广等三个方面对农业提供支持。这一公共服务系统是美国政府在一个多世纪的时间里，以立法为手段，在法律的基础上建立起来的。美国能够拥有高度现代化的农业，公共农业社会化服务系统做出了重要的贡献。

美国农业社会化服务体系中的私人服务系统包揽了农业产前、产中、产后服务的绝大部分，甚至还提供某些农业教育、农业科研和农业推广方面的服务，在整个农业社会化服务体系中扮演着十分重要的角色。从农产品的流通角度来看，服务于农产品产后的私人公司为农产品流通提供了重要服务保障。在美国，为农产品产后销售、加工、运输提供服务的私人公司，通常也同时承担农产品

产前的生产资料供应服务。美国农业社会化服务体系的另一个构成系统是农场主合作社系统。在美国，农业合作社的性质是股份有限公司。作为农业生产者自己拥有和控制的组织，农业合作社既不像私营公司那样以营利为目的，也不像政府那样提供无偿服务，而是在商品交换的基础上，以互助互利、社员获利为宗旨。经过多年的发展，美国的农场主合作社已成为美国农业社会化服务领域不可替代的重要组织。目前，美国农产品中有 31% 是通过合作社加工销售的，其中，乳制品占 78%，谷物占 41%，棉花占 35%，水果占 20%。美国的农业合作社按照提供服务的不同，分为销售合作社、农业服务合作社、供应合作社、信贷合作社、保险合作社等很多种类，为社员提供从生产到生活的全方位服务。

三、美国发展农产品流通的经验

美国农产品的生产以高度专业化、规模化、区域化著称。美国农产品的生产从整地、播种到收获以及采后处理，都实现了机械化，部分作业还实现了自动化。美国在发达国家中率先实现了农产品产业现代化，较好地解决了均衡供应问题。特别是果蔬等生鲜农产品生产主要集中在加利福尼亚、佛罗里达等州，消费则分布在全国各地，这就要求将大量的农产品高效率源源不断地从集中产区运销到各消费城市，形成现代化的产销与物流网络。在其背后，是一套高效、稳定、有序的运销体系和完善的供应服务体系。

（一）注重农产品流通基础设施建设

完善的流通基础设施是美国农产品大生产、大流通格局形成的关键。首先，美国拥有全世界最发达的交通运输网络。全国已建立起庞大的铁路、公路、航空、内河航运和管道运输网，铁路、公路、航空、管道运输均居世界首位。发达的交通运输网络保障了农产品由集中生产的产地向分散需求的销地呈网络辐射状的快速转移。其次，美国拥有足量的、先进的农业仓储设施。从 20 世纪 20 年代起，美国政府就通过提供贷款来支持农场主建立和扩建仓库。发达先进的仓储设施最大限度地保障了美国农产品的流通的时效性。例如，美国十分注意冷链行业建设，形成了"田间采集—预冷—冷库—冷藏运输车—批发站冷库—自选商场冷库—消费者冰箱"的冷链储运流通体系。由于处理及时得当，美国的果蔬加工运输环节中的损耗率仅为 1%～2%。

（二）注重信息技术应用与市场信息体系建设

美国拥有全世界最大、最发达的农业信息网络。美国政府每年拨款 15 亿美元建设农业信息网络。目前，美国已建成全球最大的农业计算机网络系统AGNET，覆盖美国的 46 个州、加拿大的 6 个省以及美加之外的 7 个国家，发布从国家调控到市场调节、从政府到企业、从产前预测到产后统计、从投入要素到生产成品、从自然气候到防灾减灾、从内销到外销等全方位的信息。农民通过家中的电话、电视或计算机，便可共享网络中的信息资源。

具体到农产品流通信息方面，美国政府采集和发布的信息包括蔬菜、水果等农产品的名称、质量、价格、规格以及与价格密切相关的运输信息及其他相关市场条件，能够较为全面、详细地反映农产品市场的真实情况。农业部市场服务局蔬菜水果信息处负责采集和发布信息，信息处在各主产地或批发市场派出机构和人员以采集行情信息，并通过互联网传递给农业部市场服务局，市场服务局对信息进行汇总和发布。

（三）设置专门机构确保质量安全

为确保农产品质量安全，美国设有多个部门和机构分别负责农产品从生产到流通过程中的各个职能，如农业部（USDA）、食品和药品管理局（FDA）和国家环境保护署（EPA）等。其中，农业部负责农产品质量安全标准的制定、检测与认证体系的建设和管理，其下主要机构有食品安全检验局、动植物健康检验局和农业市场局；其中与流通关系最为密切的是农业市场局，主要负责向全国的承运商、进口商、加工商、销售商、采购商（包括政府采购机构）以及其他相关经济利益团体提供检验和分级服务。此外，食品和药品管理局主要负责肉类和家禽产品以外的国内和进口的食品安全，制定畜产品中兽药残留最高限量法规和标准等。而国家环境保护署则主要负责保护生产环境饮用水、杀虫剂及毒物、垃圾等方面的安全管理。

（四）构建特色服务体系

美国政府的农产品服务体系形成了极具特色的"三位一体"的体系。即由州农学院同时承担教育、研究、推广三项任务，使三者结合在一起，互相促进，切实为农业生产服务；每年的研究推广计划都是由基层向上申请，推广站提供的服务应尽可能满足农业生产的需要；推广经费由联邦政府、州和县共同承担。美国农业科研经费充足，其主要来自公共和私人（公司）两大系统，二者互相补充。公共经费主要用于支持基础研究和应用研究，企业或私人的经费主要支持新产品研发、应用和推广。

第三节　以法国、荷兰为代表的西欧模式

西欧主要国家，如法国、荷兰、德国、英国等，除了先进的农业生产技术、科学的生产运作及高度的产业化体系之外，有效合理的农产品流通体制也是促进其农业发展的重要因素之一。西欧主要国家中，以法国和荷兰的农业最为发达。法国的农业资源丰富，农业产量和产值均是欧盟国家之首，是仅次于美国的世界第二大农产品出口国，其农业以适度规模的中型家庭农场为主要生产主体，实行高度专业化的农业生产。荷兰自然资源贫乏，国土狭小，但却是欧盟第二大农产品出口国和世界第三大农产品出口国，是欧盟大陆农产品的分销中心，其农产品普遍采用集约化、规模化、专业化的生产方式。以法国、荷兰为代表的西欧国家农产品流通规模相对较小，批发市场和直销渠道混合并存，形成了独特的西欧模式。

一、西欧模式内涵

西欧模式主要是以法国、荷兰、德国、英国、意大利等为主要代表，批发市场与直销结合的农产品流通模式。其中，批发市场以拍卖为主要形式，其应用不仅包括农产品交易，还涉及农产品的存储、检验和运输等环节，从而为农产品快速高效的流通提供了保障。尽管西欧各个国家的农产品批发市场形式有所不同，但大多数大型批发市场仍坚持公益性原则。如，法国有 23 所批发市场被指定为国家公益性批发市场。此外，随着时代的发展，农产品的生产、加工和销售不断进行渠道一体化整合，西欧模式中农产品直销比例不断增加。

在西欧模式中，农业合作社是农产品流通的中坚力量。农业合作社在收购农产品的同时，也在积极地为农户提供信息、科技、培训等方面的服务。在提高农户组织化程度的同时，保护和增加了农民的利益。例如，荷兰有大量的农业合作社组织，依靠农业合作组织，如奶牛协会、农业和园艺合作社、花卉合作社等，荷兰在国内外建立了灵活、高效的农产品销售网络，形成了畅通的农产品流通渠道。同时为农户取得贷款融资提供方便，并建立了统一、协调与相对独立的标准化架构，提高了农产品的质量安全。

二、西欧模式的主要特点

（一）流通各环节协同，标准化程度高

西欧国家农产品生产的机械化、规模化程度较高，加工、销售网络完善，使得农产品生产、加工、销售、物流等环节得以有机结合，农场主、合作社、加工厂、零售商、物流商等主体协调运转，形成能够对市场需求做出快速反应的商品供应保证体系。在西欧农产品流通体系中，从上游到下游产业集中度越来越高，加工和销售成为投入和创造价值最主要环节。同时，农产品流通各环节紧密相连，相互协作，形成了角色众多、组织严密、环环紧扣的"大流通体系"，实现了农业与工业、商业的融合。产销一体化已是西欧国家农产品流通的基本特征。

西欧国家大都推行三种农产品标准，即国内市场标准、欧共体市场标准和其他国际市场标准。各国政府通过制定一系列法律，规定产品的规格要求，设立专门组织处理违背标准化的行为，进而加强标准化的执行、监督和管理。例如，法国政府通过一系列文件立法，对农产品的生产技术、生产过程及规格要求进行规定，并成立专门处理违背标准化行为的"反诈骗处"。标准化的行为包括对水果不能喷洒有害于人体健康的农药，不能对动物使用雄性激素等。

（二）批发市场发展完善，拍卖体系成熟

西欧国家政府高度重视对批发市场的建设与管理，各国大都建立了规模大、功能强的现代化农产品批发市场。例如，法国拥有18家农产品批发市场，主要集中在巴黎、马赛、里尔、斯特拉斯堡、图鲁斯、南特、鲁昂、波尔多等城市。其中，巴黎郊外的汉吉斯国际批发市场在1969年由政府投资建设，占地面积达232公顷，辐射范围覆盖了德国、西班牙、意大利、荷兰等法国周边国家，是世界上最大的农产品批发市场。

在西欧的批发市场中，拍卖交易系统为农产品产销对接提供了最为便捷的渠道。例如，荷兰、比利时采取全国联合拍卖，各大批发市场之间通过计算机和特定的通信线路实现了全国统一联网。每个批发市场都有多个"荷兰钟"拍卖系统，可以同时显示不同拍卖市场的价格，买主可以在一个市场内竞价购买全国市场范围的农产品。此外，冷藏中心、装卸中心、包装车间、航空公司货运站、运输公司、植物防疫站、海关、会计事务所、银行和各种咨询公司均入驻拍卖市场大厅，实现从拍卖到转账支付、包装、货运等各个交易环节的高效

运行，极大地节约了交易成本与时间，有利于农产品流通效率的提升。

（三）以农业合作社为核心，实行"小规模，大合作"的组织形式

西欧国家的农业合作社发展历史悠久，在农产品流通中扮演了重要角色。合作社按照市场规律经营，主要负责农副产品的收购，并在信息、培训、科技、贷款融资等方面积极为农户提供服务。农民通过合作社实现"小规模，大合作"的组织形式，调节其与股份制公司之间的利益关系，形成了"公司—合作社—农民"的利益协调体系。可以说，公司与农户之间形成了相互共存、共同发展的良性机制。

例如，荷兰的农业合作社的主要职能是组织农户对农产品进行集中存储、加工和销售。比较典型的合作社有农业与园艺合作社、花卉合作社、奶牛协会等，其销售网络遍及欧洲各地，为相应农产品的流通提供了便利渠道。目前，荷兰的各种合作社组织多达 2000 多个，其中 25 个属于全国性行业协会，荷兰农产品中 70%～96%的水果和蔬菜、82%奶制品以及 35%的肉类产品都是由合作社供应的[①]。法国由农业生产者自发组织的行业协会也以农业合作社为主要形式，大都集收购、加工和销售等职能为一体。目前，法国有超过 13000 多家合作社组织，大多数都直接参与农产品的流通和最终销售。

（四）流通加工发达，体现绿色流通理念

西欧国家农产品深加工发达，加工范围包括乳品加工、粮油加工、果蔬加工、禽畜加工等。例如，德国通过吸引工商资本介入农业市场，对农产品进行深度的加工，延长了农业产业链，并通过品牌、商标等商业运作方式使得农产品价值成倍增加。有的企业能把玉米加工生产成 2000 多种产品，有些柑橘加工企业除了将柑橘加工成橙汁外，还将橙皮用于生产饲料等副产品，剩余废料作为电厂燃料，使得资源得到充分利用，实现对流通过程中产生的农产品废弃物的有效处理，使绿色流通理念得到贯彻。

三、法国、荷兰等国家发展农产品流通发展经验

法国、荷兰等西欧国家已建立起较为完善的"从农田到餐桌"全过程农产品流通体系，并积累了丰富的发展经验，值得中国借鉴。

---

① 孙烨. 欧盟农产品流通体制的特征及启示[J]. 调研世界，2003（2）：47-48.

（一）重视流通网点和物流设施建设

法国、荷兰等西欧国家非常重视农产品流通网店布局和物流设施的建设和发展，形成了以销售公司、销售合作社、批发市场为主体的农产品流通组织体系。农产品的流通网点一般分为一级流通网点和二级流通网点，一级流通网点指大规模的农产品批发市场，设立在各大城市和交通要道处，二级流通网点指接近销地的农产品零售市场。

政府每年拨款补贴改善农产品运输、储存、加工和销售的基建项目，包括修建码头、公路、仓库（包括冷库）、市场等基础设施。这项补贴占欧盟农业基金的25%，在一些基础设施较差的地区甚至高达30%～50%，从而加速建成完善而立体化的农产品物流运输体系。例如，荷兰拥有发达便利的海运、铁路、公路运输网络，并已建成六大航空港，可迅速快捷地将果蔬等鲜活农产品运往伦敦、巴黎、中国香港、东京等世界各大城市。

（二）政策支持与规范管理并行

法国、荷兰等大部分西欧国家都对农产品的生产和流通业给予扶持，在金融、服务等方面均制定一系列优惠政策。如在信贷活动中，凡符合政府政策要求和规划发展的项目，都将给予优先贷款，并享有优惠的贷款利率，与国家正常利率之间的差额由政府补贴。同时，政府通过各种有效服务，组织和协调各类农产品流通企业的运作。

此外，西欧国家注重农产品市场体系建设，规范、严格管理，大部分农产品通过公平有序的竞价方式在批发市场成交。此外，政府高度重视农产品流通的质量安全，加强质量的监督与管理。如，在德国，很少有消费者考虑农产品的安全问题，因为德国有严格的法律对农产品生产和流通中的每一个环节都进行了规定和监管，消费者相信政府已经对农产品实施了严格控制。

（三）积极实施农产品供应链管理

荷兰、法国等国家非常重视农产品的供应链管理，对"生产资料供应商—生产商—种植主—批发业—零售商"农产品供应链上各个环节进行实际操控和优化，通过必要的投资和扩大再生产，不断提高农产品供应链的业务量，改进供应链管理运作流程，完善经营管理机制，坚持供应链成本全程控制，提高农产品供应链的整体经济效益和效率。由于供应链成员企业可以通过网络共享供应链上的信息，信息及时性、准确性和透明度都得到提高，供应链变得更为活跃，实现对生产运营、物流计划、市场调配等操作的及时更新和修改。

（四）广泛采用先进物流技术

在西欧农产品流通中，保鲜技术、冷藏冷运技术、包装技术和物流加工技术被广泛应用，以保证生鲜农产品从生产到消费过程中维持较高质量，满足消费者对生鲜农产品的品质需求。与此同时，生鲜农产品的附加值得到提高，生产者的收益因此也得到增加。例如，在德国，无论是肉类还是瓜果蔬菜类，只要进入流通领域，这些产品就始终在一个符合产品保质要求的冷藏链通道中运行。冷藏保鲜库全部采用风冷式，并由电脑控制风机进行调温，通过这种冷藏方式叶菜能存放 2～5 天。

第四节　发达国家经验对中国的启示

发达国家和地区农产品流通有很多先进管理方法、流通技术和成熟的经验，如何借鉴其成功的经验，构成有特色的农产品流通模式，将是中国农产品流通发展必须面临的课题。分析发达国家和地区发展农产品流通的经验可得到如下启示。

一、实施农产品供应链管理

发达国家在农产品流通中普遍采用了现代供应链管理思想和技术，整合了各种资源，围绕农产品流通开展各环节节点企业的协调、合作和互动，农产品供应链总体效益显著，降低了流通成本。目前，以批发市场为核心的农产品流通体制在中国占据主导地位。但这一体制存在一些固有的弊端，其原因在于批发市场对信息链的阻断。解决这一问题比较有效的办法是通过积极培育核心企业，建立农产品供应链管理体系，并以农产品供应链中的核心企业来替代目前批发市场在农产品论坛中的核心地位。未来的农产品批发市场不应只是个体摊位的集合，更应该是批发企业、公司的集合。市场竞争必然趋于集中，优胜劣汰规律首先表现在各个竞争者规模经济效益的较量，竞争必然导致很多小规模经营者因无法维持而退出市场，批发业最终将是集中经营与规模经营。因此，中国农产品市场必须认识到新时期批发市场建设的战略关键是培育现代批发商，尽快提高批发市场经营主体的组织化水平。一方面，需要政府和批发市场管理者引导现有经营主体按照现代流通方式，转换经营业态，做大、做强、做优，朝着现代化企业方向发展；另一方面，还要有计划地引进大型生产商、大型批发商、大型代理商入场经营，尤其是对那些在国际和国内都享有高知名度的品牌企业，要积极创造条件吸引其入市，通过他们的规范化经营带动整个批发市场经营素质的提高。

二、推进农产品流通超市化、连锁化

农产品特别是生鲜农产品一般较易腐烂，保存期有限。因此，建立一个高效率的农产品流通模式是非常重要的。在发达国家，连锁超市一般是农产品最终到达消费者餐桌前的最后一环。在美国，由于零售系统发展成熟，全美近80%的农产品是从产地经物流配送中心后直接进入连锁零售超市的；在德国，95%的农产品是通过连锁超市销售的，且86%的市场份额由十家大型连锁超市企业集团控制。农产品在流通终端通过连锁超市进入消费环节，有利于促进农产品的包装化、标准化，有利于建立食品追溯制度，从而切实保证消费者的食品消费的安全。

目前，我国农产品通过连锁超市销售的比例相对较低，绝大部分农产品仍然是通过农贸市场等传统渠道销售的，农产品流通中的质量和安全问题突出，流通中的损耗率也非常高。越来越多的消费者开始关注和重视生活品质和食品安全，对农产品流通渠道中的流通主体提出改变要求。为适应这种变化，我国应积极推进农产品流通超市化和连锁化，引导具有一定规模的超市集团参与农业的产业化经营，培育若干在国际范围内有影响力和竞争力的超市集团，并鼓励超市集团积极尝试多种形式的联合，对上规模、上档次的批发市场进行包括信息共享、管理互动、产权渗透等在内的各种经营手段的应用。值得注意的是，以上问题已经引起了政府的高度重视，但由于目前从农产品生产者到连锁超市之间的顺畅的供应链体系包括起关键作用的物流系统尚未完全建立起来，使得短时间内连锁超市还无法成为我国农产品流通终端的主要渠道。要实现农产品的终端流通以连锁化经营的超市企业为主渠道，需要连锁超市企业与农产品生产环节以及物流体系等多方面的努力。

三、大力发展农业合作社组织

从发达国家农产品流通发展的经验可以看出，日本、美国、法国等国的农业合作组织都十分发达，为农户农业生产的产前、产中、产后提供配套服务，在农产品流通中扮演着至关重要的角色，充分说明了农业合作组织在发达国家中的地位及影响力。发达国家农业合作组织中有以下经验值得中国借鉴。

第一，制定法制规章，实施依法管理。发达国家普遍制定有规范合作社建立、运作与发展的专门法律。如美国国会 1922 年通过的被誉为"合作社大宪章"的《帕尔—沃尔斯太德法》、日本的《农业协同组合法》和法国的《职业组合法》等。

第二，政府大力扶持。虽然发达国家的农业合作组织都是独立于政府的民间组织，但是，由于它具有的政府无法起到的作用，因此，政府通常给予合作社在资金和政策方面的支持。如美国政府从 1922 年起就豁免合作社不受《反托拉斯法》的制约，并给予合作组织直接的资金扶持，如每年补贴肉鸡协会 2000 万美元，用于开拓国际市场；而日本则长期给予合作社组织免税待遇。

第三，实行企业化运作。发达国家的农业合作组织通常都是企业化运作的，但是不以营利为目的。例如，美国的合作社是股份公司性质的，合作社由作为生产者的农民自己拥有和控制，全体社员就是股东。现代企业法人的管理机制有利于合作社的健康发展。

第四，提供综合化服务。发达国家的农业社组织庞大，遍布整个农村，为农民提供产前、产中、产后的全过程、综合化服务。尤其是在农产品流通中承担着衔接农户和市场的桥梁和纽带作用。农产品生产出来之后，从收购、分级、包装、加工、储存到运输，再到送进零售连锁超市、甚至出口，全部都是由合作社负责。

农业合作化组织是农业商品化、市场化发展到一定阶段的产物。合作社组织的存在，通过农产品流通的组织化运作，提高了农民抵御市场风险的能力，消除了个体农户小规模生产与大规模流通之间的矛盾，通过农产品产、加、销一体化有利于实现农业的产业化。目前，中国农业生产以个体农户的小规模生产为主，农民的组织化程度较低，虽然也建立了各种形式和各种规模的合作化组织，但是，合作社在产前、产中和产后，尤其是农产品流通加工、销售环节的服务功能还远没有发挥其应有的作用。因此，大力推广农业合作组织的发展，对中国农业发展具有重要意义。当然，发达国家的合作组织也都是根据各国农业生产和流通的实际情况建立和发展起来的，每个国家的农业合作组织都具有不同于其他国家的特点，因此，中国应根据具体情况发展符合中国农业和市场特性的农业合作组织。

四、加快发展高效的农产品物流体系

发达国家农产品流通的高效率运作与其发达、高效的农产品物流体系密不可分。首先，发达国家的物流基础设施完善。四通八达的立体化交通网络，以及规划完善、布局合理的物流中心为农产品的快速流通提供了物质保障。其次，发达国家的物流技术和设备先进。例如，在德国，无论是肉类、鱼类，还是蔬菜、瓜果，只要进入流通领域，就始终处于一个符合产品保质要求的冷库链的通道中运行。此外，发达国家农产品物流的信息化水平高，完善的物流信息网络和通畅的物流信息通道，是发达国家的农产品高效物流加速器。

近年来，我国政府已充分认识到中国物流体系从整体上与发达国家差距还较大的现实，并不断出台各项政策与规划对物流体系的建设给予了高度的重视和大力支持。2014年《物流业发展中长期规划（2014—2020年）》的发布与实施，无疑将对中国物流业的发展起到推动作用，中国物流业将迎来长远利好的发展时期。在农产品方面，我国将会加大农产品物流基础设施的建设，加强规划、建设农产品物流中心和配送节点，建立高效农产品冷链物流体系，培育技术设施先进、管理运作高效的社会化物流企业，加强北斗导航、物联网、云计算、大数据、移动互联等先进信息技术在农产品物流领域的应用。

五、充分发挥政府在农产品流通中的作用

西方发达国家政府作为农产品的服务者和监管者，在农产品流通中发挥重要作用。首先，政府通过立法，规范和保障农产品流通。如日本的《批发市场法》、德国的《食品法》等。其次，政府通过完善农产品流通基础设施，包括铁路、高速公路、港口、物流中心等，为农产品流通创造良好的硬件基础。如美国政府每年拨款15亿美元建设农业信息网络，建成农业计算机网络系统AGNET。再次，建立完善的农产品监管体系，对农产品流通进行全过程的监管。例如，法国建立了食品认证标识制度，德国为了保证《食品法》有效实施设立了覆盖全国的食品检查机构。

相应的，我国各级政府应根据农业生产和流通的实际情况，加强立法，加大流通基础设施的投入，加大对农产品流通的支持力度，积极扶持和引导农业行业协会和农产品中介流通组织的发展，培育和发展农民经纪人队伍，对在市场竞争中壮大的各类农产品流通主体给予一定的倾斜政策，鼓励其向农业产业链的上下游拓展经营业务，尤其要鼓励龙头企业对加强农产品品牌和质量安全体系建设方面进行投入，对其出口的农产品可实行优惠的税收激励政策，并加快建立、健全中国农产品标准体系、农产品质量检测体系、农产品认证体系，加大农产品流通质量安全监督体系的建设，逐步建立农产品的市场准入制度，为促进农产品流通的健康发展创造良好的环境。

第四章 中国大陆农产品流通发展现状

经过三十年改革开放的历程，中国大陆农产品流通基本形成了以民间经营为基础、以市场导向为机制，企业自主经营、政府适度调节的，适合我国当前生产和消费发展状况的农产品流通体制，在引导生产、扩大消费、吸纳就业、提高农民收入、确保市场供应等方面发挥了重大作用。本章主要论述中国大陆农产品流通的发展历程和主要现状特征。

第一节 中国大陆农产品流通的发展历程

新中国成立后，中国大陆经历了市场体制由计划经济向市场经济转变的过程，农产品流通的发展历程也经历了不同的发展时期。本节主要对大陆农产品发展历程进行简要总结和回顾。

一、农产品自由购销阶段（1949—1952）

新中国成立后，政府通过一系列措施从官僚资本手中夺取了市场领导权，保证国内包括农产品贸易在内的商品交易有序进行。此时，农业生产主要是个体农民自主生产，农产品流通则实行国家干预下的市场调节体制，即以市场自由购销流通和价格市场调节为主。

国家对于扰乱市场的投机商业进行严格取缔。1950年11月发出《关于取缔投机商业的几项指示》，以保障"在国家统一的经济计划内实行贸易自由政策"。1952年，根据《中共中央关于调整商业的指示》，国家加强了对工农产品比价、不同农产品之间的比价的调控，实施国家农业生产计划。在国家的干预下，工农业产品价格"剪刀差"缩小了，维护了农产品流通市场的稳定，也调动了农民生产的积极性。我国粮食产量由 1949 年的 4865 万吨增长到 1952 年的 6845 万吨，年平均递增 12.1%，是至今为止的最高增幅①。其他农作物种植面积也逐年扩大，产量也不断提高。至 1953 年，国有商业流通体系的主导地位初步建立。

二、统一计划购销时期（1953—1977）

随着第一个五年计划的实施，城镇人口迅速增加，农产品不能满足工业化进程，再加上私人商业的投机倒把行为，农产品供不应求状况加剧。1953 年开始，农产品供应紧张，供求矛盾开始显现。政府开始实行统购统销的流通体系，即对城市人民和农村缺粮人民实行粮食计划供应；对私营粮食工商企业进行严格管制。到 1956 年，国家出台了多项政策，实现了对粮食、棉花的统购统销，农业生产、流通纳入国家计划经济体系。

从 1957 年开始，国家规定计划收购的农产品，如粮食、油料、棉花等一律不开放自由市场。完成国家计划收购任务后的剩余农产品，也要由政府指定渠道收购、分销，不允许自由进入市场。到 1961 年，类似政策范围扩展到多种重要农产品。这一政策是在主要农作物供求紧张，国家需要工业化积累等历史条件下形成的，在一定程度上保证了国家快速推进工业化和人民群众的基本生活；但是，这一机制的长期持续扭曲了农产品价格体系，降低了农民收入，抑制了农业和农村经济发展以及产业结构调整和变革②。

三、逐步取消计划时期（1978—1984）

改革开放之后，国家对农产品统购统销制度进行渐进式的改革，有计划地提高农产品价格，逐步减少统购统销的农产品的品种，放开集市贸易。到 1984 年年底，属于统购派购的农产品由过去最多时的 180 多种，减少到只剩下 38 种（包含中药材 24 种）；农民出售农副产品总额中，国家按计划牌价统购、派购的比重从 1978 年的 84.7%下降到 1984 年的 39.4%③。除棉花外，其他农产品在完成政府收购任务以后，根据市场供求，实行议购议销。由于政策的放宽，农民生产积极性增加，剩余农产品大量出现，农村集贸市场和传统农副产品市

---

① 徐大兵. 新中国成立六十年来农产品流通体制改革回顾与前瞻[J]. 商业研究，2009（7）：197-200.
② 徐大兵. 新中国成立六十年来农产品流通体制改革回顾与前瞻[J]. 商业研究，2009（7）：197-200.
③ 徐大兵. 新中国成立六十年来农产品流通体制改革回顾与前瞻[J]. 商业研究，2009（7）：197-200.

场也得到了恢复和发展，成交金额增长迅速[1]。

四、放开搞活时期（1985—1991）

这一阶段是农产品流通市场的恢复和发展时期。1985 年开始，除个别品种外，国家不再向农民下达农产品统购、派购任务，开始实行合同定购和市场收购体制。由国家牵头成立郑州中央粮食批发市场和地方粮食批发市场，筹建国家粮食储备局，对粮食收购实行最低保护价制度，并建立用于调节供求和市场价格的粮食专项储备制度。1991 年 10 月，国务院发出《关于进一步搞活农产品流通的通知》，除棉花、烟草、蚕茧、四种名贵中药材、部分林产品、边销茶等小部分农副产品外，大部分农副产品都已基本实现自由购销，全国农副产品收购总额中由市场调节价格的比例达到 81.8%[2]。

五、市场化流通体制确立时期（1992—1998）

1992 年邓小平南行讲话和党的十四大之后，中国农产品流通进入了市场经济发展阶段。国务院颁发《关于加强粮食流通体制改革的通知》，农产品流通市场逐步形成以市场购销为主、合同定购为辅的格局。1993 年，在全国范围内取消了实行 40 多年的口粮定量办法。这一阶段主要是以市场经济为导向的改革试验阶段，突出表现包括，加快粮食流通体制改革，放开粮食价格，实行以市场定价为主，稳定全国粮食供应；积极建设农副产品批发市场，从 1992 年到 1998 年我国共建成农副产品批发市场近 3000 个，涉及粮食、蔬菜、肉类和水产品等多个种类；放开农产品价格，促进农副产品价格市场化[3]。至此，农产品市场体系框架初步形成，为农产品流通体制深化改革打下了坚实的基础。

六、全面深化改革时期（1998—2007）

1998 年，中国农产品市场体系的建设目标进一步明确，农产品流通体制进入全面改革时期，各类农产品流通的市场化改革都得到持续推进，并逐渐形成了较为稳定的市场化流通秩序。2001 年 8 月，国务院召开全国粮食工作会议，

---

① 蔡荣，虢佳花，祁春节. 农产品流通体制改革：政策演变与路径分析[J]. 商业研究，2009（8）：4-7.

② 曾欣龙，圣海忠，姜元军等. 中国农产品流通体制改革六十年回顾与展望[J]. 江西农业大学学报（社会科学版），2011（1）：127-132.

③ 戴化勇. 我国农产品流通体制的历史、现状及改革措施[J]. 物流工程与管理，2009，31（4）：33-36.

确定了进一步深化粮食流通体制改革的基本思路,即放开销区,保护产区,省长负责,加强调控。棉花流通改革政策措施则可以概括为"一放,二分,三加强,走产业化经营的路子"。"一放",就是棉花收购,打破垄断经营。"二分",就是实行社企分开、储备与经营分开。"三加强",就是加强国家宏观调控、加强棉花市场管理和加强棉花质量监督。粮食和棉花购销的最终放开,标志着我国农产品流通体制改革基本完成,至 2004 年,我国农副产品收购总额中由市场调节价格的比重达到 97.8%,以后年度基本维持在这一水平[①]。

七、全面现代化建设时期(2008 至今)

这一阶段农产品流通的特点是工业化生产推向农业领域、改善基础设施条件、加速流通体系。在农产品流通领域表现为"产销直挂"的快速发展,批发市场的转型升级,冷链物流设施的快速发展以及农村合作社的进一步强大[②]。2009 年,商务部会同农业部开始实施"农超对接"扶持政策。在 17 个省(区、市)开展试点,支持了农产品冷链系统、配送中心、快速检测系统及农产品品牌培育等 205 个建设项目,重视农产品市场或流通体系建设的公益性和业态创新。

同时,积极推进农产品现代流通综合试点。目标是力争在 3～5 年内初步建成高效、畅通、安全的农产品现代流通体系。重点支持农产品批发市场改造升级,完善功能;支持农贸市场提档升级;支持大型连锁超市与从事鲜活农产品生产的农民专业合作社或农业产业化龙头企业开展"农超对接";支持探索和创新农产品流通模式。

2011 年,农产品流通政策又有所创新,更加突出重视鲜活农产品的产销衔接和市场调控,国务院会议专门部署加强鲜活农产品流通体系建设。2011 年 12月 23 日出台的《国务院办公厅关于加强鲜活农产品流通体系建设的意见》,提出要"以加强产销衔接为重点,加强鲜活农产品流通基础设施建设,创新鲜活农产品流通模式,提高流通组织化程度,完善流通链条和市场布局"。更加注重宏观调控的针对性、灵活性和前瞻性,表现为加强农产品产销信息的监测统计和分析预警,加强市场、质量和价格监管,加强市场调控机制建设。

---

① 曾欣龙,圣海忠,姜元等. 中国农产品流通体制改革六十年回顾与展望[J]. 江西农业大学学报(社会科学版),2011(1):127-132.

② 欣合. 我国农产品流通领域的形势及发展趋势[J]. 中国合作经济,2010(7):12.

纵观农产品流通体制改革的演变路径，计划和统购统销体制逐步退出，市场经济体制逐步占据主导地位，是农产品流通市场化改革的主要路径。这一改革也体现出渐进特征，先是部分松动过于"一刀切"的传统统购体制，接着废除了农产品统购和派购制度，逐步扩展农产品议购方式的应用品类。最后是国家逐步出台了各种鼓励市场化和新型流通业态发展的政策性法规和文件，来推动现代农产品市场的形成和发展。

第二节　中国大陆农产品流通市场规模

一、中国大陆农产品供给状况

（一）农业总产值与主要农产品产量

中国政府重视农业发展，农业生产连续多年稳定发展，农业产品国内生产总值总体保持提升态势，市场供应充足。2000 年到 2011 年我国农业总产值增长情况见图 4.1。

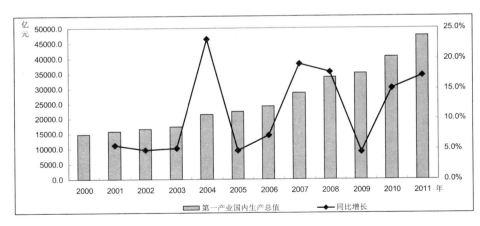

图 4.1　2000—2011 年我国第一产业国内生产总值

数据来源：国家统计局、中经网整理。

近年来，中国大陆农业增加值基本保持增长态势。2011 年，中国大陆第一产业国内生产总值达到 4.75 万亿元，同比增长 17.2%，增速较上年提高 0.21 个百分点。从各主要农产品产量来看，根据中国统计年鉴数据，2011 年，中国大陆谷物、豆类、棉花、油料、茶叶、水果、肉类、禽蛋、牛奶、水产品等产量均实现不同程度的增长，具体可见表 4.1。国内农业实现 "五个首次"，即①粮食总产量达到了 11424 亿斤，首次登上 11000 亿斤的新台阶；②半个世纪以来首次实现 "八连增"；③三大主粮（水稻、小麦、玉米）首次超过了 1 万亿斤；④人均占有粮食首次达到了 850 斤（粮食安全标准线是人均 800 斤）；⑤除了粮食以外，棉油糖、果菜茶、肉蛋奶、水产品等十大农产品也是全面增产，这些成绩的取得都是 16 年来的首次。

表 4.1　2007—2011 年国内主要农业产品产量　　　（单位：万吨）

种 类	2007	2008	2009	2010	2011
粮　食	50160.3	52870.9	53082.1	54647.7	57120.8
其中：谷　物	45632.4	47847.4	48156.3	49637.1	51939.4
豆　类	1720.1	2043.3	1930.3	1896.5	1908.4
棉　花	762.4	749.2	637.7	596.1	658.9
油　料	2568.7	2952.8	3154.3	3230.1	3306.8
烟　叶	239.5	283.8	306.6	300.4	313.2
茶　叶	116.5	125.8	135.9	147.5	162.3
水　果	18136.3	19220.2	20395.5	21401.4	22768.2
肉　类	6865.7	7278.7	7649.7	7925.8	7957.8
其中：猪　肉	4287.8	4620.5	4890.8	5071.2	5053.1
牛　肉	613.4	613.2	635.5	653.1	647.5
羊　肉	382.6	380.3	389.4	398.9	393.1
牛　奶	3525.2	3555.8	3518.8	3575.6	3657.8
禽　蛋	2529.0	2702.2	2742.5	2762.7	2811.4
水产品	4747.5	4895.6	5116.4	5373.0	5603.2
其中：捕捞水产品	1469.2	1482.8	1494.7	1544.2	1579.9
养殖水产品	3278.3	3412.8	3621.7	3828.8	4023.3

数据来源：中国统计年鉴。

（二）粮食供给情况

2012 年，中国政府进一步加大对农业特别是粮食生产的支持力度，粮食生产投入继续增加，农业科技对粮食生产的支撑作用明显增强，粮食生产获得了好收成。根据国家统计局对全国抽样调查和农业生产经营单位的全面统计，2012年全国粮食总产量58957万吨，比2011年增产1836万吨，增长3.2%[①]。

1. 播种面积保持稳定，高产作物面积增加

近20年来，国内粮食种植面积有一定的波动，但自2003年以来保持相对稳定。1991—1994年有少量下滑，随后又缓慢回升。自1998以来，又出现逐年减少的趋势，至2003年到达低谷，全国粮食播种面积仅为99.4百万公顷。在国家相关政策的引导和支持下，2003年以来一直保持稳定或略有增长（图4.2）。

2012年，全国粮食播种面积1.1亿公顷，比2011年增加694千公顷，增长0.6%。其中，稻谷、玉米分别达到30297千公顷和34949千公顷，分别比2011年增加240千公顷和1407千公顷；小麦和大豆播种面积分别为24139千公顷和7177千公顷，分别比2011年减少131千公顷和712千公顷。因播种面积增加增产粮食358万吨[②]。

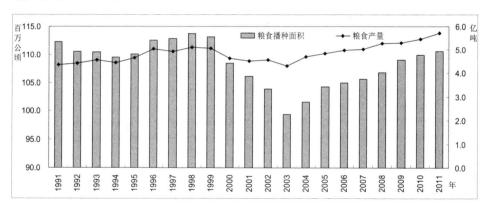

图 4.2 1991—2011 年国内粮食生产播种面积及产量情况

数据来源：中国统计年鉴。

---

① 国家统计局.2012 年全国粮食生产再获丰收[DB/OL]. http：//www.stats.gov.cn/tjfx/fxbg/t20121130_402855454.htm，2012-11-30.

② 同上。

2. 粮食作物单产稳步提高

近 10 年来，国内主要农产品的单位面积产量均保持平衡，并呈现增长的趋势。2012 年，全国粮食作物平均单产 5299 公斤/公顷，比 2011 年每公顷增产 133 公斤，提高 2.6%。其中，稻谷、小麦、玉米每公顷产量分别达到 6743 公斤、4995 公斤和 5955 公斤，分别增产 55 公斤、158 公斤和 207 公斤。因单产提高增产粮食约 1478 万吨（图 4.3）。

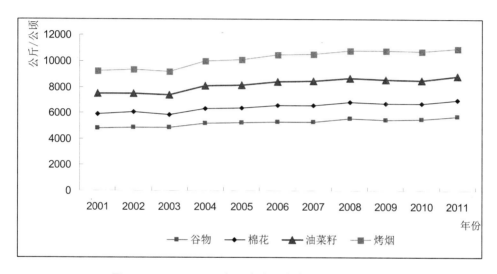

图 4.3   2001—2011 年国内主要农产品单位面积产量

数据来源：中国统计年鉴。

3. 玉米成为第一大粮食品种

国内的三大粮食品种，小麦产量相对稳定，稻谷产量略有波动，玉米的产量呈现总体上升趋势，与稻谷产量的差距逐年缩小，2012 年全国玉米产量 20812 万吨，增产 1534 万吨；稻谷产量 20429 万吨，增产 328 万吨；小麦产量 12058 万吨，增产 318 万吨。玉米产量超过稻谷产量 383 万吨，成为我国第一大粮食作物品种（图 4.4）。

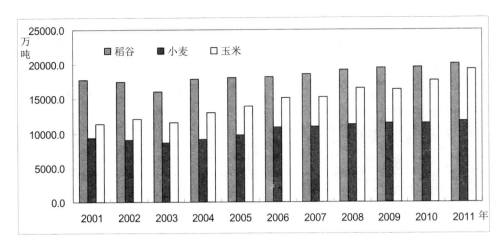

图 4.4 2001—2011 年稻谷、小麦、玉米产量

数据来源：中国统计年鉴。

4. 粮食零售价格持续上扬

近十年来，除了 2002 年国内粮食价格出现略有下跌，但紧接着是 2003、2004 年的恢复性反弹，并持续保持平稳上扬的趋势。特别是近五年来，受种植成本上升等因素的影响，2011 年全国粮食零售价格累计提高 12.3%，并将延续一段时期（图 4.5）。

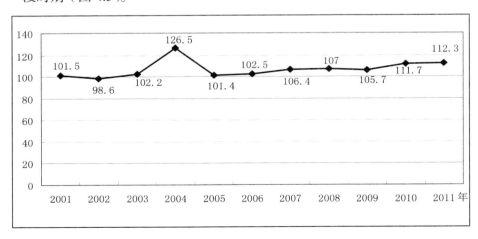

图 4.5 2001—2011 年国内粮食零售价格指数

数据来源：中国统计年鉴。

（三）棉花供给情况

1. 供给波动较大

国内主要有三大产棉区域，即新疆棉区、黄淮流域棉区和长江流域棉区。因产区气候条件、病虫害、市场需求等因素的影响较大，棉花是国内农产品供给波动较大的一类，无论是种植面积还是产量长期以来一直呈现较大的起伏（图4.6）。

2010年，棉花生育期内，我国部分棉区受低温、阴雨、寡照以及洪涝灾害影响，棉花单产和品质下降。全年棉花种植面积为484.9万公顷，较上年减少10.3万公顷；棉花产量596.1万吨，较上年减产6.5%。2011年，全国棉花整体长势又属正常，平均单产95公斤/亩，增长了11.6%；总产量754.8万吨，增长21.2%。

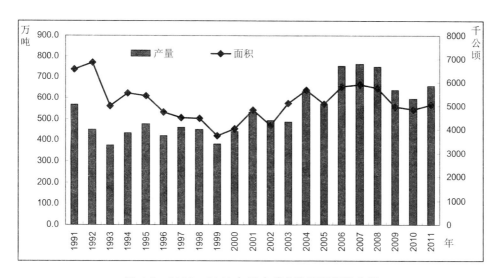

图4.6　1991—2011年国内棉花种植面积及产量

数据来源：中国统计年鉴。

2. 价格状况

棉花市场化改革以来，中国国内的棉价出现过两次大的波动，第一次是2003年度，当时的棉价最高涨到18000多元/吨，后来跌至不到12000元/吨；第二次是2010年，受国内外经济环境等多种因素影响，国内棉花价格一度大幅飙升，棉价最高涨到 31000 多元/吨，期货上涨到 37000 多元/吨，2010 年全年平均价格为 19411 元/吨，同比上涨 51%。2010 年底棉花价格为 27035 元/吨，同比上涨 83%，创历史新高。后在国家宏观调控政策影响下迅速回落，受 2010 年棉花价格大幅上涨的影响，棉农收益明显提高，大部棉区 2011 年种植意向较 2010 年有所增加，棉花产量有所增加，同年棉花跌至不到 19000 元/吨（图 4.7）。

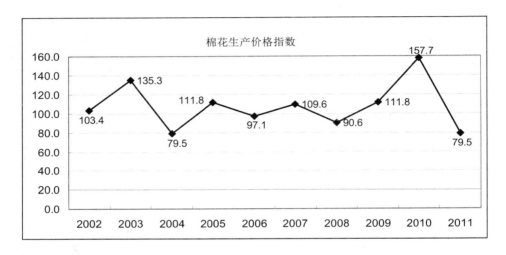

图 4.7 2002—2011 年国内棉花生产价格指数

数据来源：中国统计年鉴。

（四）油料供给情况

国家在发展粮食生产的同时，不断提高我国油料生产。油料产量由 1991 年的 1638.3 万吨上升到 2011 年的 3306.8 万吨，增长了 1 倍多（图 4.8）。

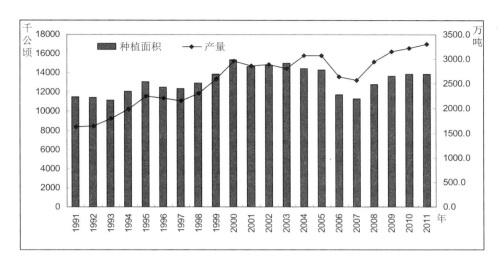

图 4.8　1991—2011 年国内油料种植面积及产量

数据来源：中国统计年鉴。

从国内主要油料作物的发展形势来看，国内食用植物油资源供给呈稳定增加的态势。从 2008 年起，国内油料生产实现四连增，油料的供给比前几年明显宽松。2011 年我国油料种植面积 13855 千公顷，较 2010 年减少了 35 千公顷；油料产量 3306 万吨，同比增长 2.3%。油料的生产率有显著提升。

（五）糖料供给情况

1991 年我国食糖市场放开以来，国内糖业重现生机。目前，我国是世界第三大糖料生产国。我国 18 个省区产糖，沿边境地区分布，南方是甘蔗糖，北方为甜菜糖。甘蔗糖占全国白糖产量的 80% 以上。2011 年，全国糖料种植面积达 1948 千公顷，产量达 12516.5 万吨，其中，甘蔗产量为 11443.4 万吨，占 91.4%；甜菜产量为 1073.1 万吨，占 8.6%。我国白砂糖产地主要集中在广西、云南、广东、海南、黑龙江、新疆、内蒙古等省和自治区，其中，全国产糖量的 95% 集中于广西、云南、广东、海南、新疆等五个优势省区（图 4.9）。

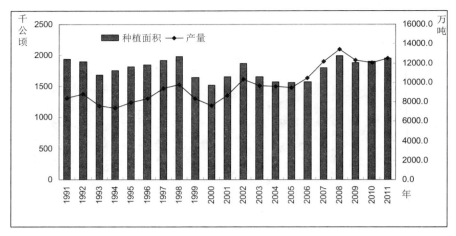

图 4.9 1991—2011 年国内糖料种植面积及产量

数据来源：中国统计年鉴。

（六）茶叶供给情况

全国有 20 个产茶省，8000 万茶农，有绿茶、红茶等六大茶类，是名副其实的产茶大国。国内茶业依靠政策、投入和科技进步，凭借良好社会环境的带动，全国茶叶的种植面积和产量均居世界首位。2011 年，国内茶园面积为 2113 千公顷，较 2010 年增加 143 千公顷；茶叶总产量为 162 万吨，同比增长 10%。茶叶出口 32.26 万吨，同比上升 6.66%；金额 9.65 亿美元，同比上升 23.08%，出口数量和金额双双再创历史新高（图 4.10）。

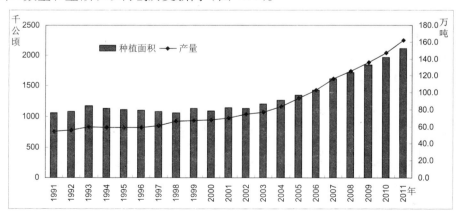

图 4.10 1991—2011 年国内茶叶种植面积及产量

数据来源：中国统计年鉴。

（七）水果供给情况

近年来，我国水果生产面积稳中有增，产量稳步提高，水果面积和产量均为世界第一位。2011 年果园面积 11831 千公顷，产量 22768.2 万吨。苹果、柑橘、梨是中国最主要的三大水果，产量占到 58%。据农业部统计，2012 年全国水果种植面积同比增加 1.2%，产量同比增加 6.6%。中国水果种类丰富，作为商品栽培的有三十多种。生产向优势区域集中。苹果形成环渤海湾和黄土高原两个产业带；柑橘主要分布在我国长江以南 18 个省区；梨的分布比较广，大陆31 个省（市、区）都有种植；香蕉、菠萝、荔枝、龙眼、芒果主要分布在华南地区（图 4.11）。

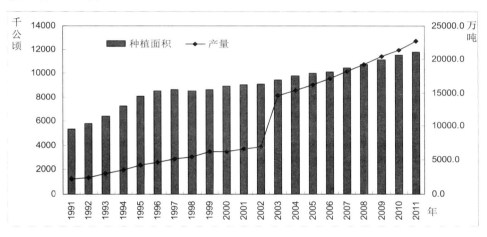

图 4.11　1991—2011 年国内水果种植面积及产量

数据来源：中国统计年鉴。

二、中国大陆农产品需求状况

改革开放以来，国内农产品生产有了长足的发展，随着人们生活水平的提高，国内农产品的需求也发生了实质性的改变。

（一）消费结构

恩格尔系数反映的是食品支出占总消费支出的比例随收入变化的趋势，虽然在食品中包括农产品以外的其他品类，但是以粮食、蔬菜、水果等为主的农产品显然占了主要比例。因此，用恩格尔系数一定程度上能反映农产品消费的趋势（图4.12）。

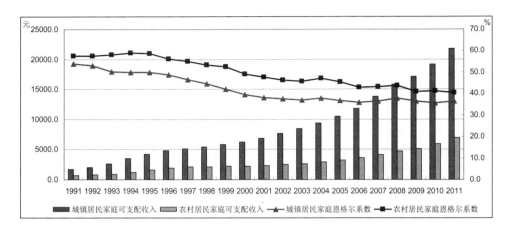

图4.12　1991—2011年家庭可支配收入及恩格尔系数

数据来源：中国统计年鉴。

2011年我国城镇居民家庭的可支配收入为21809.8元，比2010年增加了2700元，同比增长14.1%；20年间国内城镇居民家庭可支配收入增加了2万元，是1991年的12倍。2011年农村居民家庭的可支配收入为6977.3元，比2010年增加了1058元，同比增长17.9%；与1991年相比，增加了6268元，是20年前的近10倍。可支配收入的大幅上涨为农产品需求的增加提供了收入保障。

同时，国内居民家庭的恩格尔系数也随着家庭收入的增加而逐年下降，2011年城镇和农村居民家庭的恩格尔系数为36.3和40.4，分别比2010年下降了0.6和0.7。

家庭可支配收入的增长和恩格尔系数的下降充分体现了国内市场对农产品的需求能力有了实质性的提升，对农产品的需求结构发生了明显的变化。

（二）城镇居民消费

从整体趋势看，20世纪90年代以来，我国城镇居民食品消费结构的变化可以分为两个阶段：

1. 粮食消费下降期（1990—2000年）

这一时期最主要的特点是城镇居民人均粮食消费呈大幅下降的趋势，由1990年的人均130.72千克下降至2000年的82.31千克。

与粮食消费相对应的是，鲜菜消费呈明显下降，从 1990 年的 138.7 千克下降到 114.74 千克,体现为植物性食物比重的下降;猪肉消费也略有下降，从 18.46 千克下滑到 16.73 千克。其他产品消费均呈现增加趋势：鲜蛋从 1990 年的 7.25 千克增至 2000 年的 11.21 千克；水产品从 7.69 千克上涨到 11.74 千克,涨幅与鲜蛋相当；鲜瓜果从 41.11 千克增至 57.48 千克。

2. 消费结构调整期（2000—2011 年）

这一时期人均粮食消费基本稳定在 80 千克左右，期间略有下降和回升的波动。随着国内粮食消费状况的变化，其他产品的消费也发生了相应变化。禽类、牛羊肉消费稳定增长，鲜瓜果以及酒的消费持续下降，鲜蛋的消费基本稳定，人均消费量分别保持在 20 千克、3 千克、10 千克的水平上，食用植物油体现周期性的波动。

猪肉从 2000 年的人均 16.73 千克攀升到 2005 年的 20.15 千克，随后均稳定在人均 20 千克的消费量；鲜菜自 2005 年后呈现下降趋势。其他产品的消费体现一定的波动性。奶制品的消费先增后降，从 1990 年的 4.6 千克到 2005 年的 17.92 千克，近两年来又回落稳定在人均 13 千克左右（表 4.2）。相对于发达国家而言，我国居民奶制品的消费还有很大的空间[1]。

表 4.2　1990—2011 年城镇居民家庭平均每人全年购买主要商品数量（单位：千克）

指标	1990	1995	2000	2005	2010	2011
粮　　　食	130.72	97.00	82.31	76.98	81.53	80.71
鲜　　　菜	138.70	116.47	114.74	118.58	116.11	114.56
食用植物油	6.40	7.11	8.16	9.25	8.84	9.26
猪　　　肉	18.46	17.24	16.73	20.15	20.73	20.63
牛　羊　肉	3.28	2.44	3.33	3.71	3.78	3.95
禽　　　类	3.42	3.97	5.44	8.97	10.21	10.59
鲜　　　蛋	7.25	9.74	11.21	10.40	10.00	10.12
水　产　品	7.69	9.20	11.74	12.55	15.21	14.62
鲜　　　奶	4.63	4.62	9.94	17.92	13.98	13.70
鲜　瓜　果	41.11	44.96	57.48	56.69	54.23	52.02
酒	9.25	9.93	10.01	8.85	7.02	6.76

数据来源：中国统计年鉴。

---

[1] 吴林海，郭娟. 我国城乡居民食品消费结构的演化轨迹与未来需求趋势[J]. 湖湘论坛，2010（3）: 66-71.

（三）农村居民消费

20世纪90年代后，农村粮食消费处于大幅度的调整期，整体呈下降趋势。农村居民人均粮食消费由1990年的262.08千克下降至2000年的250.23千克，进而2005年下降至208.85千克，至2011年人均消费仅为170.74千克，1990—2011年农村人均粮食消费量总共下降了91千克（表4.3）。

表4.3　1990—2011年农村居民家庭平均每人全年购买主要商品数量（单位：千克）

指　　标	1990	1995	2000	2005	2010	2011
粮食（原粮）	262.08	256.07	250.23	208.85	181.44	170.74
小麦	80.03	81.49	80.27	68.44	57.52	54.75
稻谷	134.99	129.25	126.82	113.36	101.91	97.09
大豆	/	2.28	2.53	1.91	1.61	1.38
蔬菜	134.00	104.62	106.74	102.28	93.28	89.36
食油	5.17	5.80	7.06	6.01	6.31	7.48
植物油	3.54	4.25	5.45	4.90	5.52	6.60
肉禽及制品	12.59	13.56	18.30	22.42	22.15	23.30
猪肉	10.54	10.58	13.28	15.62	14.40	14.42
牛肉	0.40	0.36	0.52	0.64	0.63	0.98
羊肉	0.40	0.35	0.61	0.83	0.80	0.92
禽类	1.25	1.83	2.81	3.67	4.17	4.54
蛋及制品	2.41	3.22	4.77	4.71	5.12	5.40
奶及制品	1.10	0.60	1.06	2.86	3.55	5.16
水产品	2.13	3.36	3.92	4.94	5.15	5.36
食糖	1.50	1.28	1.28	1.13	1.03	1.04
酒	6.14	6.53	7.02	9.59	9.74	10.15
瓜果及制品	5.89	13.01	18.31	17.18	19.64	21.30
坚果及制品	/	0.13	0.74	0.81	0.96	1.21

数据来源：中国统计年鉴。

在粮食消费下降的同时，蔬菜、食糖的消费也相应下降。蔬菜从1990年的134千克下降到89.36千克，年均下降1.9%，说明动物性食物的消费比重开始增加；食糖的年均下降幅度也达1.7%，至2011年的人均1.04千克。

除此以外，其他产品的消费均稳步上升。其中，奶及制品的消费增幅最大，从1990年的1.1千克增加到2011年的5.16千克，年均增长达7.6%；禽类及瓜果制品位于第二，分别从人均1.25千克上升到4.54千克，5.89千克上升到21.3

千克，年均增长均为 6.3%；水产品和牛羊肉的消费增幅相当，2011 年的消费量分别为 5.36 千克、0.98 千克和 0.92 千克，年增长分别为 4.5%、4.4%和 4%。猪肉和食油的消费增幅相近，分别从 1990 年的 5.17 千克和 10.54 千克，增加到 2011 年的 6.01 千克和 15.62 千克，年均增长率分别为 1.8%和 1.5%。相比而言，现阶段城乡消费差距仍然很大，需要适当的政策引导来促进农村消费结构的转型。

三、农产品供求趋势

钱克明从粮食，经济作用，肉、蛋、奶、水产品、蔬菜等几个领域概括了中国农产品供求的大体趋势[①]。总体上，中国粮食作物总体呈现供给逐步趋紧的态势；经济作物，日常消费的肉、蛋、奶、蔬菜等供求较为平衡。

（一）粮食供求关系趋于紧张

"十一五"期间，我国粮食自给率已经低于 95%。2006—2010 年国内粮食生产人均占有量依次为 378.9 公斤、379.6 公斤、398 公斤、397.7 公斤和 407.7 公斤，呈明显上升趋势。但由于粮食消费快速增长，2006—2010 年粮食自给率分别为 94.6%、94.6%、93.3%、92.5%和 91.6%，低于 95%，并呈逐年下滑态势。

同时，我国粮食供求结构性矛盾突出。稻米供求基本平衡，粳米供给长期偏紧。玉米供求格局已经从过去的宽松过渡到"紧平衡"状态，随着饲料和深加工业的发展，供求缺口还将逐步增大。其他品种方面，小麦供求总体平衡，但加工专用品种短缺。大豆长期依赖进口，食用油和饲料供给紧缺。这种结构矛盾还体现在区域性不平衡加剧。粮食主销区逐步扩大，调出区域减少，产需缺口逐年扩大。西部部分地区生态环境较差、粮食生产水平较低，存在供需缺口。此外，利用国际市场进口的难度增大。全球粮食供求将呈偏紧态势，粮食贸易量大幅增长的可能性较小。

（二）棉、油、糖等经济作物保障压力加大

近年来，我国棉、油、糖开始出现供不应求。2010 年我国棉花供需缺口达400 万吨左右，食用植物油产需缺口达 1500 万吨，食糖供求缺口 300 万吨。预计未来棉花产量不足需求将成为常态。"十二五"期间，国内居民棉花、食用植

---

① 钱克明. 我国主要农产品供求形势与市场调控的对策建议[J]. 农业经济问题，2012（1）：11-14.

物油和糖料的需求量呈逐年增长趋势,这几类经济作物供求呈现长期偏紧态势。

（三）肉、蛋、奶、水产品供给总体有保障

目前,我国主要畜产品总量能够实现基本平衡,其中猪肉总体上将呈现供略大于需,但周期性波动难以根本消除。牛羊肉处于紧平衡状态,有可能出现区域性和季节性供应紧张;禽肉供应充足并可适当出口;禽蛋生产年递增 1.0%,2015 年总产量或将达到 2900 万吨,能够保持自给并略有盈余;我国城镇和农村居民家庭奶类消费将分别以年均 3% 和 5% 的速度递增,奶类产品供给存在一定缺口;此外,我国水产品生产将保持年均增长 2.23% 的发展水平,2015 年水产品总产量将达到 6000 万吨以上,基本能够满足国内消费需求。

（四）蔬菜供给基本充足

目前我国蔬菜供给基本能够满足需求。"十二五"期间,随着人口增长、城乡居民生活水平提高和城镇化建设加快,商品蔬菜的市场需求量将呈现增长趋势。与此同时,受到蔬菜新鲜易腐、不耐贮运,受灾害性天气多发、重发、频发的影响,加之基础设施建设严重滞后,生产季节性、结构性、区域性供给波动将加大。

第三节　中国大陆农产品流通的组织运行形式

本小节从参与主体、流通模式等视角,为读者详细介绍中国大陆农产品流通的组织形式,包括参与主体、不同产品的流通组织、不同环节的流通组织以及不同空间跨度的流通组织形式。总体上看,大陆农产品流通模式存在多元化特征,新兴流通模式正在不断涌现。

一、中国大陆农产品流通参与主体

（一）农贸市场

农贸市场是我国城市和农村农产品零售的重要载体,是多个零售摊位集中进入组成的农产品零售交易聚集地。在农贸自由市场上,可以买到新鲜的农副产品,允许顾客自己挑选偏好的农副产品,双方也可以通过议价达成购买。摊贩之间存在竞争关系,价格可以随行就市。在农贸市场条件下,买卖双方在市

场内直接交易，交易成功后钱货两清。从 20 世纪 80 年代开始，农贸市场在全国范围形成了对传统国营蔬菜店和副食店的替代。目前，在国内大多数城市和农村地区，农贸市场仍然属于农产品的主要零售终端组织。农贸市场主要的盈利模式是向入场的零售商收取摊位费。

（二）农产品批发市场

农产品批发市场是农产品流通的中枢机构，它是为农产品批量交易提供服务的场所。在市场经济中，农产品批发市场的主办者包括政府、企业、农民合作社等各个主体。农产品批发市场作为一种市场组织一般具有商品集散、价格形成、信息中心、综合服务等基本功能。其交易主体包括卖方和买方，卖方包括一级批发商和二级批发商，买方包括农贸市场摊贩、团体购买者、小超市、专营店以及极少数的个人消费者。批发市场的主要交易方式是拍卖交易方式和对手交易方式。由于交易规模和农产品的标准化等问题的存在，因此我国大部分的批发市场最主要的交易方式为对手交易方式。

目前，农产品批发市场的盈利模式主要包括摊位费和手续费的形式（庄凌翔，2006）。国内现有的农产品批发市场相当大一部分是由农贸市场扩大而形成的，因此还保留这种收费方式。具体收费方式包括：①按照固定收费标准收取，收费标准每年变化，如山东寿光农副产品批发市场；②摊位招标，一年或半年一收，如浙江农都批发市场；③摊位除了按照固定标准收费外，对选号顺序进行招标收费，如浙江义乌农贸城。由于摊位费收入税率较高，一些农产品批发市场也采用手续费形式盈利，对批发市场内不需要拥有固定摊位的经营户和经营品种，也只能收取手续费。具体征收方式包括：①按照交易额征收一定比例的手续费，如厦门中埔市场；②只按照进场时不同吨位的车辆，不同产品品种收取车辆进场费，如厦门同安果蔬市场；③进场时预交手续费，出场根据交易情况结算，如山东鲁中蔬菜批发市场；④同时收取手续费和进场费，如山东淄博果品批发市场等。

（三）农产品专业合作经济组织

流通领域中各种类型的农民专业合作社是一种农村合作经济组织，它是以农民为合作主体，按照合作社原则建立起来的群众性组织。流通领域农民专业合作社为农民提供的服务内容主要是农产品的销售问题，同时，为了解决农产品的销售问题也会对农户的生产进行指导。其经营模式属于以专业合作组织为载体的合作型。特点是通过建立专业合作社，将从事同类农产品生产经营的农民组织起来，架起小生产与大市场的桥梁。

目前，我国各种类型的农民合作经济组织数量达到 140 多万个，其中具有一定规模、运行基本规范的有 10 多万个。在农产品专业合作经济组织发展的同时，与专业合作经济组织相混合的农产品协会组织在经济发达地区和农产品商品化程度较高地区也通过各种形式萌芽。

（四）个体私营组织

个体私营组织包括以农村经纪人和运销大户为主体的经纪贩运组织。其经营特点是农民自己闯市场，找销路、搞运销，具有自主性、积极性、灵活性的特征。

随着粮食市场的逐步放开特别是 2004 年以来，我国全面开放粮食市场和收购价格，鼓励粮食经营多元主体依法入市直接从农民手中收购粮食，一批私营粮食购销商应运而生，积极参与到粮食流通，逐渐成为粮食流通市场的主体。私营粮商以其经营方式灵活、经营成本低、贴近农户等优势，由当初的零星购销发展成为目前粮食市场的主力军，得到了广大种粮农户与客户的双认同。

农产品经纪人是从事沟通交易双方的信息、促成交易并提供和交易有关的服务活动的市场个体。在经纪行为中，经纪人没有获得商品所有权，而是仅仅提供相关的中介服务，不直接经营商品。因此农产品的经纪人与运销户是有明显区别的。农产品经纪人的作用主要体现在：农产品流通、农产品信息反馈、指导农产品生产[1]。近年，农产品经纪人队伍快速发展，全国已有农产品经纪人约 800 万。

（五）农业贸易公司和企业集团

随着城市农产品需求水平提升、市场竞争加剧和绿色农业的发展，城市大型企业集团和农贸公司开始以超市卖场、农产品专卖店、连锁零售商等形式介入农产品流通。其经营方式是农户或农业生产基地与商家签订意向协议书，由基地向超市、菜市场和便民店直供农产品。与传统模式相比，这种"农超对接"形式使农产品流通中间环节大大减少，有利于农民收益增加和超市采购成本降低。

部分农贸公司或企业集团也会向上游整合，逐步拥有自己的生产基地，通过农产品的生产、加工、配送、运输及销售环节，对农产品的流通过程和质量

---

① 陈耀庭. 农产品流通中的各主体优化研究[J]. 物流工程与管理，2012（8）：9-10.

安全进行全程控制。此外，企业也通过协议管理与联营基地、物流配送公司及联营超市实现整个产业链的无缝对接。这一主体的优势是经营和管理模式规范，上下游流通整合能力强，容易实现全程质量控制和商品标准化运作，发展品牌和提升整体农业劳动生产率。

（六）农产品电子商务平台

近年来，随着互联网经济的高速发展，通过互联网渠道进行的农产品流通活动开始增加，针对城市消费者的生鲜农产品电子商务平台大量涌现。这些企业通过搭建农产品销售网站，对上游整合农业生产基地和生产企业，对下游直接向消费者进行多样化的市场营销，配合以逐步完善的冷链物流网络，逐步成为城市农产品零售渠道中不可忽视的力量，较知名的平台包括顺丰优选、中粮我买网、沱沱工社、本来生活网等等。此外，电子商务平台还可以利用其预售、订制等 C2B 模式的优势，实现基于特定品类农产品的大量集中销售。例如近年来"褚橙""柳桃""美国车厘子""挪威三文鱼"等单一品类的销售案例不断出现。

二、中国大陆农产品流通模式：按产品划分

我国农产品流通模式主要包括产地自产自销模式、"产地+销地"批发市场流通、"农贸市场+超市"零售流通、电子商务+冷链物流模式、农超对接模式、加工企业主导的直销模式等。从不同的视角可以对流通模式做不同的区分，本书从产品类型、流通环节、流通区域等视角对农产品流通进行分类，本小节讨论按产品划分的农产品流通模式。

（一）果蔬产品流通组织运行模式

由于农产品的商品特性的差异性，不同农产品在生产环境、生产区域、生产方式、收购时间、储存方法、消费需求以及经营者等方面存在差异，造成流通渠道的不同。多年来，蔬菜、水果主要通过市场自发形成的采购、运输、批发、零售等环节转化为商品，靠市场机制进行自行调节供应，基本满足了市场需求。以北京、深圳、上海、广州、成都等大城市的农产品流通为例，有近 80%的蔬菜、水果、水产品是通过农产品批发市场和农贸（菜）市场等流通的，有20%左右是通过公司加农户的基地模式或超市流通的，有 10%左右是通过其他摊点、商贩等销售的[1]。

---

① 王斌，于淑华. 中国农产品流通发展报告（上）[J]. 中国流通经济，2009（1）：13-17.

（二）肉类产品流通组织运行模式

我国肉类产品流通组织运行正朝着规模化繁育、养殖，集中屠宰、加工，多元化批发、零售的流通组织形式迈进。现有流通渠道组织体系的主要环节包括：①养殖生产者（或委托养殖、加工企业的基地）；②屠宰加工企业—批发配送（批发商、大型零售商、餐饮等团体采购者、大型食品加工业、冷藏企业等）；③消费地市场（批发商、中间批发商、餐饮及加工企业和零售采购商等）；④零售店、农贸市场、餐馆酒店等；⑤消费者。总体上看，大中城市的肉类产品流通中，有70%左右是通过加工厂与屠宰场挂钩，并通过超市或相关零售店进行流通。也有30%左右的肉类产品是通过农产品批发市场或农贸（菜）市场等流通，这部分是肉类产品流通的低端市场。

（三）水产品流通组织运行模式

我国水产品流通目前主要通过分散养殖、捕捞和批发市场集散的组织模式。这种流通渠道组织体系的主要环节包括：①生产者（捕捞者、养殖者或养殖基地等）；②产地收购商（经纪人、批发商、产地采购商等）；③产地市场（批发商、大零售商、大团体采购者、食品加工企业、冷藏企业等）；④消费地市场（一级批发商、二级批发商、餐饮企业及加工企业和零售采购商等）；⑤农贸市场、零售店、餐馆酒店等；⑥消费者。与肉类产品类似，水产品主要的流通渠道包括较高端的超市、专卖店水产品流通渠道和集贸市场水产品流通渠道。

三、中国大陆农产品流通模式：按流通环节划分

王斌等将农产品流通分为批发市场和零售市场环节。其中批发市场包括产地型、中转型和销地型。零售市场包括城市农贸市场、农村集市、超市卖场以及连锁经营企业等[①]。

（一）批发市场环节的组织运行模式

1. 产地初级农产品集货市场模式

这种模式是指，在某类初级农产品较集中的村镇地区，建立季节性农产品集货场所，汇集农民生产的分散农产品。这类集货市场一般设施比较简陋，也存在部分交易功能，更多的则统一送到产地农产品批发市场。在农产品集中采摘旺季，一些销地市场的采购商会直接到这类初级市场进行采购，以减少交易

---

① 王斌，于淑华. 中国农产品流通发展报告（上）[J]. 中国流通经济，2009（1）：13-17.

环节和交易成本。但这类市场规模小，产品品类有限，商流和物流服务功能欠缺，也在逐步向产地批发市场方向转化。

2. 产地批发市场模式

此指在产品集中种植、养殖的产地，选择交通较便利的地方设立可辐射周围地区的农产品批发交易场所。产地批发市场有货物集散、交易和某些简单的物流服务功能，我国的农产品批发市场中，有约 1/3 左右属于产地市场。产地市场的特点是季节性强，周期性运营，市场设施简单，经纪人和个人运输商户活跃。在农产品集中收获旺季，来自农产品主要消费区域的各种采购商会在这类市场采购，大量经纪人和个体商户会为这些采购商提供中介、货运、代理服务。

3. 中转型批发市场模式

在市场规模大、交通便利、辐射能力强的地域，一些中转型批发市场获得生存空间，形成了农产品批发环节的又一形态。中转型批发市场一般农产品种类多、汇聚产地产品的能力强，产品交易、结算、运输、配送等服务功能相对齐全。除交易本地特色农产品外，也凭借区位、交通和服务聚集优势，形成长距离中转运输能力。

4. 销地农产品批发市场模式

在需求比较集中的城市区域，以满足城市农产品消费需求为目的的农产品汇聚并服务于终端零售环节的农产品交易场所。销地批发市场具有集货、交易、价格、信息、结算、商流和物流等服务功能，是城市农产品消费需求的重要支撑模式。

5. 农产品配送中心模式

近年，随着连锁经营和电子商务模式的不断发展，以直接服务零售为主的农产品大批量中转物流体系成为一种新模式。农产品配送中心模式去除了中间的交易商、经纪人，直接服务于终端零售连锁商户或终端网购消费者。这种模式主要实现的是批发环节的物流功能，是剥离了商流交易功能的批发环节。

（二）农产品零售环节的组织运行模式

1. 城市农贸市场流通模式

农贸市场又称菜市场，是城乡社区服务功能的一种，主要服务于广大消费者便捷购买初级农产品及其简单加工品的需求。目前，农贸市场是我国大中城市和县镇农产品零售流通环节的重要形式。近年来，中国政府在适度的增建和改造了一些城市社区农贸市场，基本实现了入场交易、固定摊位交易，减少了一些零售交易环节的假冒伪劣和缺斤短两问题。

2. 农村集市或集贸市场模式

农村集贸市场是服务于部分乡镇、农村地区的零售流通模式。集贸市场一般约定周期性开放，经营的品类不仅包括农产品及其加工品，还包括农村居民的一些日用品。集贸市场中的经营者很多是农产品的直接生产者，他们在市场中出售自己生产的农产品，同时购买日常所需其他产品。因此，农村集贸市场或农贸市场也是农村居民商品互通有无的场所。

3. 超市卖场生鲜区以及社区连锁超市模式

大型综合超市卖场的生鲜农产品零售区、以食品为主的专业超市、兼营农产品的社区便利连锁店等流通模式正逐渐成为大中城市生鲜农产品零售的主要形式。目前，对于超市卖场和社区便利店，初级农产品的经营比重占其销售额的25%～30%不等。由于超市经营农产品要缴纳相对较高的增值税（13%），处理商品的损失及经营中的损耗也相对较大，超市经营的新鲜农产品价格一般比城市农贸市场高5%～20%左右。

四、中国大陆农产品流通模式：按流通区域划分

按照流通区域范围，我国农产品流通包括本地流通方式和异地流通方式，本地流通方式是指产地自销的流通，流通范围较小，所以往往被称作"小流通"；异地流通的方式是产地产品外销的方式，流通范围较大，所以往往被称作"大流通"。随着城市化进程加快和农村经济发展，小流通模式逐步减少，各大城市都以包含进出口渠道的大流通为农产品流通的主要模式。具体来看，我国农产品流通可以分为如下几类[①]。

（一）自产自销的小流通模式

即农民在短距离的生产地市场自行销售自己生产的农产品，如城市郊区和城乡边缘的农民种植农产品后到城市去卖。这种流通方式的优点是流通过程中的中间环节少，农民可直接面对消费者，销售收益及时兑现。这种流通模式在现代食品流通中所占比例很小，只零星分布在部分小城镇和城乡结合部。

（二）中间商参与的小流通模式

由经纪人、个体运输商户等中间商参与的小流通模式在中国城市区域依然

---

① 焦志伦. 食品封闭供应链运营模式及其政策研究[M]. 北京：中国物资出版社，2012.8.

较为常见。这种模式下，中间商集农产品采购、物流功能于一身，他们一般直接去农村向种植的农户收购农产品或从产地集散市场收购农产品，并运送到城镇销地批发市场、加工企业，然后由零售商出售给消费者，赚取其中的差价。这种中间商参与的小流通模式虽然仍相对缺乏规模效益，但是却与我国家庭联产承包的分散式农业生产相适应，因此目前仍是我国初级农产品流通的主要模式之一。但由于小流通本身的规模限制，这种流通模式的规模比例也不高。

（三）批发市场主导的大流通模式

批发市场主导的异地销售大流通模式，即依托有一定规模的农产品批发市场，由生产者自己或由中间收购者将分散的农产品集中到产地批发市场，再由批发商收购，通过物流公司转运到销地批发市场或由零售商采购。如山东寿光蔬菜批发市场。山东寿光蔬菜批发市场是全国主要的批发市场之一，以其规模大、档次高、品种全闻名全国。"买全国，卖全国""没有买不到的菜，没有卖不出去的菜"，寿光市场上聚集了大量的商贩、物流企业和大型采购零售商，形成了典型的批发市场主导的大流通模式。这种流通模式是目前我国初级农产品流通集散的主要方式，也是全国食品流通的重要方式。

（四）加工企业或超市主导的流通模式

由加工企业或超市主导的流通销售模式是促进农业产业化的一种方式，加工企业主导的流通即通常所说的"龙头企业＋农户"形式，超市主导的流通即通常所说的"农超对接"形式。在"龙头企业＋农户"形式下，龙头企业与农户签订合约，规定农产品的规格与类型，农户按照合同约定进行生产。最后，龙头企业收购农户的产品，经过制造、加工、包装成自有品牌后，再配送给零售商销售。"农超对接"形式与之类似，由超市与农户签订合约或直接到田间采购，形成农产品从田间直接进入超市。目前这种大流通模式在初级农产品流通中比例在逐步增加。

第四节　中国大陆农产品流通的典型渠道

我国食品流通的具体渠道灵活多样，存在各种各样的上下游关系。具体可见图 4.13。图中横线表示食品流通关系，箭头表示食品产品流通方向。本小节重点解析相关农产品流通渠道具体形式。具体包括农户直销型渠道、农产品市场集散型渠道、农超对接型渠道、以龙头企业为中心的合作型渠道、农民合作经济组织为中心的合作型渠道以及电子商务六种主要模式①。

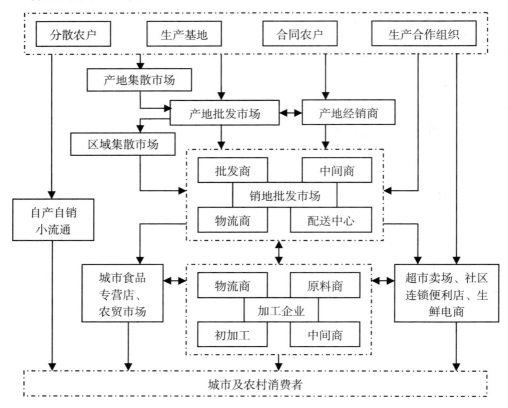

图 4.13　我国食品流通模式

资料来源：焦志伦. 食品封闭供应链运营模式及其政策研究[M]. 北京：中国物资出版社, 2012.

一、农户直销型流通渠道

这是我国农产品流通最传统的形式，主要是指由农户自己闯市场、找销路、搞运销。具体分为三种形式：一是农户直接进入产地批发市场与农产品批发商直接交易。二是贩销大户上门收购，然后运输到城镇零售市场并转移给零售商，再由零售商出售给消费者；或者收购农产品后运输到销地批发市场后再逐级销

① 冯伟. 我国农产品流通模式与体系建设分析[J]. 农村金融研究. 2011（11）.

售。三是农户直接向消费者销售农产品（图4.14）。

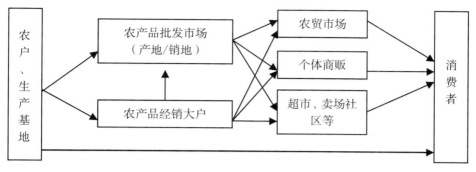

图 4.14　农户直销型流通模式

农户直销型流通模式具有自主性、积极性、灵活性的特点。农户可以直接面对消费者，去除了流通中间环节，销售收益也可以及时兑现。但由于农户规模小、专业性差、信息不足，只能成为市场价格的接受者，经营风险大。同时，这种渠道的流通半径非常有限、流通量和销售量较少，致使单位商品的运输成本、销售时间成本等交易成本较高。

二、农产品市场集散型流通模式

农产品市场集散型流通模式主要是指以农产品批发市场为中心，将农户、生产基地、批发商、零售商、运输商、加工企业等流通链条串联，实现农产品从产地到销地的集散。农产品市场有两个层次：一是分布在农村乡镇的农产品产地批发市场中心，其主要功能是为农产品生产者、加工者、批发商建立一个交易平台；二是分布在城市或城市周边的农产品销地批发市场中心，其主要功能是为农产品批发商、加工者、分销商、零售商、运输商建立一个交易平台（图4.15）。

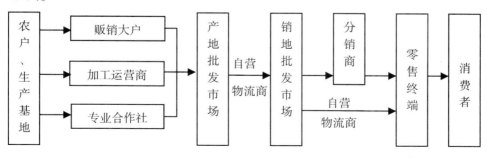

图 4.15　市场集散型流通模式

这种模式通过整合各个流通主体、服务商，形成产品集散、信息发布、价格形成、物流服务、流通加工等功能，搭建了农产品流通交易的实体载体和平台，丰富了交易各方的选择性，降低了交易成本。但这种多级流通模式下，农产品流通环节多，市场的服务功能不足，提高了市场价格和产品物流损耗。目前，国内较多农产品流通市场基础设施较为落后，交易手段落后，管理水平有待提升。

三、农超对接型流通模式

自 2007 年底，国家开始鼓励和实施农超对接工作以来，各大超市等零售终端不断创新与农户的联结方式，利用自身在市场信息、管理等方面的优势参与农业生产、加工、流通的全过程，为农户提供技术、信息咨询、物流配送、产品销售等一整套服务。这种从农业生产方直接与零售终端超市配合的农超对接流通方式开始加速发展（图 4.16）。

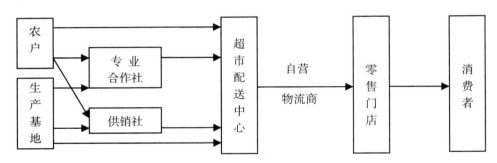

图 4.16 农超对接型流通模式

农超对接型流通模式也有不同形式，主要包括"农户+农民专业合作社+超市"模式（如家乐福超市）；"农户+超市自有或第三方农业生产基地+超市"模式（如沃尔玛超市）；"农户+农产品基地+农民专业合作社+超市"模式（如家家悦超市）；"农民或者基地农户+供销社+超市"模式（如物美超市采用）等。

农超对接模式的优势在于，一是促进产销终端的信息直接对接，提升运作效率；二是有利于实施流通全程监管，增加农产品的可追溯性，保障安全；三是减少中间环节，降低流通成本、物流成本和交易成本；四是稳定了农民的销售渠道，一定程度上弥补了农民对市场需求信息的不确定。但是，超市与农户的地位不对称，为获得利益最大化，超市可能采取多种方式侵害农民的利益，如压低收购价、拖欠货款等，农户也缺少保障自己利益的有效手段。

四、以龙头企业为中心的加工型流通模式

大中型农业企业通过合同订单，向农民收购农产品，再配送给零售商或者消费者，或者经过加工包装后再销售，即企业与农户或合作社之间通过契约形式加以联接，农户或合作社提供农产品，由龙头企业负责进入市场（图4.17）。

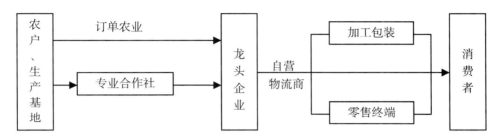

图4.17　以龙头企业为中心的加工型流通模式

从农产品流通角度来看，龙头企业有更充分的市场信息和技术信息，可以对农户的生产进行指导，帮助农户调整产品结构、提高生产技术水平。但农户处于市场话语权较弱的个体，利益容易受到侵害。同时，企业与农户之间的契约关系比较松散，存在续约困难和毁约、违约等问题。

五、以农民合作经济组织为中心的合作型流通模式

为适应市场需求，转变分散式农业生产条件下规模效应的缺失，大量专业的农业合作经济组织不断出现，这些农民组成的合作组织，服务内容涵盖生产、销售、运输、仓储等产业链的多个环节（图4.18）。其中，流通领域的农民专业合作社是较为普遍的。

农民专业合作社通过直接从事农产品流通、组建大型农产品加工流通企业和兴办各类农产品批发市场等形式创新农产品流通方式和途径。不仅向农民提供新型技术服务和市场信息，也通过规模的组织农民，获得了一定程度的市场议价权，并比较容易与下游批发、加工、零售商获取长期、稳定的购销合同，保障了农民利益。同时，合作组织还能对分散农户的机会主义行为进行监督和约束，保证农产品质量安全，制约龙头企业的违约行为。

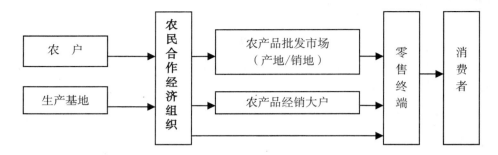

图 4.18   以农民合作经济组织为中心的合作型流通模式

当前，我国农民合作经济组织发展还不成熟，存在着一系列的问题，如合作紧密性不强、规范性不足、产权和财务关系不透明、内部治理不健全、行政干预和大企业控制严重、缺乏民主管理和监督机制等。

六、电子商务流通渠道

随着中国电子商务经济的蓬勃发展，生鲜农产品领域的电子商务企业也开始大量出现，并逐步形成较为独立的流通渠道。生鲜农产品电子商务平台组织流通渠道是一种直销型渠道，直接沟通生产基地、农户等生产者和终端客户，最大程度地缩短了中间代理环节，降低了流通成本和农产品损耗。同时，电子商务渠道可以形成独特的订单农业模式，即通过网上 C2B 形式，对尚未采摘的农产品进行预售，保证了农产品供需信息的衔接，有利于生产基地集中力量安排采摘，也有利于物流服务商合理组织物流活动。目前，电子商务流通渠道也尚在发展过程中，由于冷链物流发展的不完善，生鲜电商的产品损耗和服务水平都有待提升。

第五节   中国大陆农产品流通的主要特点

大陆现有农产品流通主要呈现出流通规模大，区域跨度大；流通渠道多样，批发市场为主导；长链短链并存，直销模式不断出现等特征。

一、流通市场规模大，供求区域跨度大

中国人口众多，是世界农产品生产和消费大国，农产品总量位列世界首位，每年参与流通环节的农产品规模巨大。2010年，我国稻谷产量占世界总产量的30%以上，花生占世界总产量的38%左右，蔬菜占世界总产量的49%以上，苹果占世界总产量的40%以上，猪肉占世界总产量的65%以上，水产品占世界总产量的1/3左右。全国蔬菜的流通量达5.85亿吨、水果1.08亿吨、肉类5548万吨、禽蛋1936万吨、奶类2624万吨、水产品3756万吨，流通总量巨大，而且多数为农产品初级形态，对农产品流通的要求也相应较高。

同时，农产品受自然条件的制约影响大，农产品优势区域的分布总体上比较分散，与人口聚集、农产品主要消费地的空间距离相对较大。目前我国40%左右的农产品实现跨省流通，在国内已形成"区域集中生产、全国跨区流通""南品北运""北品南运""西品东运"的农产品流通格局。农产品流通格局的空间分布广，而且对农产品流通的时空需求衔接有明确要求。

二、流通渠道多样，批发市场主导

国内农产品已形成多渠道流通的特点。正如我们在上文介绍的，大陆农产品流通有多种主体参与，多种流通模式和流通渠道。其中，批发市场主导型占支配地位。目前，我国有超过70%的蔬菜、水果、水产品要经由农产品批发市场，终端环节通过农贸市场销售的在80%左右，进超市销售的比例约10%。农产品通过农业合作组织销售的比例较低。相比之下，美国、法国、日本通过合作组织销售的农产品比例分别达到60%、70%、97%。在批发市场为主渠道的流通格局中，少数品类流通有所不同，例如，肉类产品在大中城市的流通中，有70%左右是通过厂场挂钩在销售环境较好的超市或相关零售店内流通的，30%左右是通过农产品批发市场或农贸市场流通。

三、流通环节偏多，直销模式不断涌现

在较大空间范围解决农产品小生产与大市场之间的流通问题，在交通、物流和信息技术水平不发达的背景下，发挥批发市场为主的多级集散功能十分重要。这就决定了长期以来，农产品流通需要经过批发市场为主渠道的多环节流通成为主导模式。如上文分析，目前我国农产品流通依然以多环节流通为主，多级代理、成本偏高的问题依然存在。

但是，随着市场体制的作用逐步发挥，以及信息技术、物流技术和企业流通组织管理能力的提升，直销型的模式大量涌现，如联通农业基地和城市超市的"农超对接"模式，联通农业生产企业与消费者的生鲜电商流通模式等。流通环节的不断缩短符合农产品流通发展的大趋势，是大陆农产品流通的发展方向。

四、卖难买难问题突出，流通价格波动大

大陆现有的多级流通为主的体系中，农业生产者与市场需求信息存在脱节，造成农产品生产趋同、集中上市、价格波动大等问题，季节性、局部性的生产者"卖难"和消费者"买贵"现象时常出现。首先，大陆农产品品种产地相对集中，农业生产容易受旱灾、水灾等自然灾害的影响，造成供给不稳定。其次，农户经营多以上一年市场价格的情况进行生产计划安排，种植、养殖品类集中扎堆，形成上市农产品趋同、供应集中和价格下降。再次，一些生产集中、容易储存、消费弹性较低的农产品，如大蒜、生姜、绿豆等，也会被投机商人用来囤积居奇，待涨牟利。从总体上看，卖难买难问题和价格波动问题主要是农产品市场信息不透明引起的，与流通体系的现状特征息息相关。

五、物流技术落后，食品安全问题突出

中国生鲜农产品的物流技术水平和物流效率亟待提升。生鲜农产品具有易腐性特征，中国农产品流通环节多、流通空间跨度大，亟待建立高效的物流体系。目前，相比发达国家，中国生鲜农产品物流基础设施和技术水平落后（表4.4），冷链物流体系在第一公里（采摘后预冷、分级）和最后一公里（城市配送）环节存在"断链"，造成产品损耗严重。

表 4.4 国内外生鲜农产品物流状况比较（以果蔬为例）

项目	美国	日本、韩国	中国
冷链流通比例	95%以上	95%以上	5%
保鲜量占总量的比例（%）	>50	>50	10~20
腐损率（%）	1~2	<5	20~30
物流成本占总成本的比例（%）	≈10	≈10	30~40
经营毛利率（%）	≈20	≈20	0~10

资料来源：国家发改委经济运行局，南开大学现代物流研究中心. 中国现代物流发展报告（2011）[R]. 中国物资出版社，2011.

同时，食品质量安全也成为大陆农产品流通的问题，这个问题部分来自农产品生产领域，如过度施肥，空气、土壤和水的污染等；也有一部分来自流通环节，如保鲜、包装技术水平落后，使用违反质量安全规定的加工材料和加工技术提高产品的外观，以次充好，假冒伪劣等。此外，缺少市场认可的食品安全认证和准入制度也是原因之一，优质农产品与低质农产品混合流通，经过认证的产品也无法获得消费者信任等等。

六、农产品进出口总量增加，进出口水平和结构有待改善

从 2001—2011 年 10 年间，我国农产品出口额增加了 278%，进口额增加了 702%。进口额增速快于出口额增速。2004 年，中国农产品对外贸易首次出现 46 亿美元的逆差；之后逆差程度不断加大，2011 年贸易逆差为 341.2 亿美元，同比扩大 47.4%[①]。

我国农产品进出口水平和结构有待改善。从品类上看，我国农产品进口以大豆、食用植物油、谷物和食糖为主，出口的主要品种是果蔬及其制品、水产品，原料性质的农产品在进口中占有主导地位。从渠道上看，农产品进出口经常受到一些国家的贸易保护主义政策影响，高关税、配额和技术性壁垒常常严重影响我国农产品出口。从出口地区上看，我国农产品进出口贸易集中在沿海省份，2011 年中国东部地区农产品出口额 422.4 亿美元，占中国农产品出口总额的 69.5%。从进出口目的国来看，亚洲是中国农产品第一大出口市场，2011年对亚洲农产品出口 367.0 亿美元，同比增长 24.2%，占中国农产品出口总额的 60.4%。欧洲、北美洲分列第二和第三位。

七、中国大陆农产品流通的其他特点

大陆农产品流通还具有其他一些特征。例如，在农产品流通中，批发市场98%以上交易以传统的现货、对手交易为主，代理结算还不普遍，其他的信用支付模式也较少适用。又如，大陆初级农产品的流通一般是保持其收获时的状态，产品包装率和深加工措施应用较少。再如，农产品流通体系中缺少公开的竞价机制，市场价格的发布机制也不健全，造成产品价格透明度不足，等等。

---

① 杨艳红，熊旭东. 加入 WTO 十年我国农产品进出口贸易的国际比较分析[J]. 世界经济研究，2011(12)：40-43.

第五章　中国台湾地区农产品流通发展现状

本章主要从发展历程、市场规模、流通模式、主要特征等方面概括性论述台湾地区农产品流通的发展现状。第一节梳理台湾地区农业的发展历程，并结合台湾地区不同时期的政治经济情况分析农产品流通的阶段性特征；第二节从产品供给和需求角度讨论台湾地区农产品流通的市场规模；第三节分析台湾地区农产品流通的主要形式和流通渠道，并具体讨论各流通渠道的特点；最后总结台湾地区农产品流通的主要特征。

第一节　台湾地区农业与农产品流通发展历程

第二次世界大战以后，台湾地区现代农业的发展主要经历了恢复、发展、停滞、调整和"三生农业"快速发展等几个时期[①]。

一、台湾地区农业的恢复时期（1945－1953 年）

第二次世界大战之后，台湾当局实行了一系列关于恢复与发展农业的重大措施。具体包括：①大力兴修和改善已经破坏的水利设施。②加大供应与推广农业所需的化学肥料。③积极进行农业技术（比如耕作技术）的改进与推广，不断向农户提供改良的品种。④对农户组织进行不断改革，扩大了农渔会在农业发展中的推广、供销及信用等业务[②]。

同时，台湾当局加快了土地改革步伐，主要改革措施有：①1949 年，对耕

---

① 蔡天新，陈国明.现代台湾农业发展模式的历史考察[J].中国经济史研究，2008，（1）：129-137.
② 单玉丽，刘克辉.台湾工业化过程中的现代农业发展[M].北京：知识产权出版社，2009.

地实行三七五减租的改革。②1951 年，推行了"公地放领"①的改革。③1953 年，"耕者有其田"的土地改革措施在台湾获得全面实行。通过实行一系列的土地改革，台湾的自耕农所占的比例获得了大幅度提高，由改革前的 1/3 快速增加到改革后的 2/3。

到这一时期末，台湾的农业生产水平迅速得到恢复，已达到第二次世界大战前的最高水准。

二、台湾地区农业的发展时期（1954－1968）

在这一历史时期，台湾当局为了促进农业进一步的发展，又采取了以下主要措施：①推行进口替代农业机械计划。由农委会统一组织从美国进口大量先进的农用机械，并采取一定的优惠低价卖给农户。②进行农地重划试点和土地平整运动。即由农委会创办农地重划示范区，并在台南县仁德乡、屏东县万丹乡进行试点；1960 年后，从台湾南部地区开始实施大规模的耕地平整运动，并对机耕道路、灌溉水渠和自动喷灌设备进行了修建和完善。③对重点领域优先供应农用化肥。重点领域的选择曾集中于稻谷、甘蔗、经济作物等。④学习发达国家先进技术，进行农业技术创新。即每年派人赴美国、欧洲、日本学习先进的农业技术，通过建立农业试验、研究及推广体系不断进行技术创新②。

这些政策提升了农业生产效率，引导了农民的种植方向选择，台湾单位面积产量得以大幅提高，农户的经济收入增加，同时也推动了农村经济的发展。

三、台湾地区农业的停滞时期（1969－1979）

这一时期，台湾经济开始由进口替代模式向出口扩张模式转变。为了引导农业资本向工业领域转移，台湾当局开始对农业采用一系列具有挤压倾向的措

---

① "公地放领"，是指将以前租给农民的公有土地拍卖给富农，是台湾的土地相关规定之一。其主要内容有：①拍卖土地。岛内土地中，除公共事业必须保留的土地外，全部的水田、旱田、池塘、牧场和农业设施。②买地人的优先顺序：长期耕种应购买土地的人、被雇佣的农民、因耕种面积过小劳力过剩的农民、耕地不足的半自耕农、有耕种能力而没有土地的人、希望务农并有耕种能力的人。③购买面积的限制。按耕地种类的等级和农民耕作能力规定限额。④拍卖土地的价格。以主要农产品年收获价值 2.5 倍的金额作为土地价格，不得超过市场价。⑤地价的偿还期限。全部地价，无息，十年偿还，即每年偿还主要农产品收入的 25%。所以农民每年支付的地价，等于买地前的租金。另外，地价的支付，可以每两年一次以现金支付。由于天灾减产时，可采取减少当年偿还金额的措施。希望缩短偿还期的，有特殊优待措施。⑥其他。农家从接受耕地当年开始，由支付租金转为偿还地价额，与此同时，还需负担田赋和地价税。

② 杨德才.工业化与农业发展问题研究——以中国台湾为例[M].北京：经济科学出版社，2002.

施，导致台湾农业陷入缓慢发展甚至停滞的状态。这一时期的规定、措施包括：①强制农业资本直接转为工业资本。一个明显的例子是，在土地改革时期，台湾当局付给地主土地补偿金时，明令地主必须无条件地领取 30% 的工业股票，以支持工业的发展。②区隔工、农业资本投资收益差异。为了将投资引入工业领域，台湾当局通过加征农业税、人为控制价格等政策，促使投入农业的资本收益明显低于投入工业的资本收益。这种措施的直接后果是，1950—1969 年，台湾有多达 43.4 亿元新台币的农业资本流向工业领域。继而造成耕地废耕和农民收入减少的现象。

这一阶段是台湾的农业资本向工业资本快速转移，台湾基本实现从农业社会转变成了工业社会。但是，这一时期台湾地区农业的发展基本陷入停滞状态。

四、台湾地区农业的调整时期（1980 – 1990）

20 世纪 80 年代，台湾当局开始推动台湾经济的整体转型和解决台湾农业发展所面临的现实困难，开始推动农业提升质量，向现代新型农业转变。具体的措施包括：①开始进行第二次土地重划，并通过把农地重划与推行农业专业化、共同经营和兴办合作农场等相结合。经过持续 10 多年的第二次土地重划，客观上扩大了农户的农场规模，改善了台湾的农业基础设施，并在很大程度上提升了农业机械化程度和劳动生产率[①]。②开始重视发展新型农业，推动农业向科技密集、设施先进、品质优良、有市场潜力、能维护生态环境等方面转化。这一阶段台湾农业部门发展新型农业的重点，是大力发展设施农业和观光农业，实现传统农业与旅游业有机的结合。③设立农业科技审议相关部门（原资料为"农业科技审议委员会"），以推进农业科技管理制度创新，强化农业技术发展规划，加强农业科技研究发展计划的执行、管制与运作，推动台湾传统农业向现代农业转型。

五、台湾地区农业的开放时期（1991 至今）

这一时期，台湾农业朝向开放和自由化发展，农业在加入世界贸易组织的谈判中成为谈判筹码，农业相关规定也经历了多次调整。

1991 年，台湾当局制定了《农业综合调整方案》，论述了发展"农业生产、

---

① 孙兆慧.借鉴台湾经验，促进大陆农业产业化[J].国家行政学院学报，2006（4）：48-50.

农民生活、农村生态"农业（又称"三生农业"）的重要性，并从土地、人力、市场、福利、技术等方面提出了相应的推动措施。1995年7月，这一方案开始在台湾全面实施。之后，台湾当局出台一系列文件，以"三生"平衡发展为前提，大幅度加快农业生产产业化、农民生活现代化和农村生态自然化的建设步伐，进一步加速了台湾现代生态农业的发展进程①。

为了适应世界贸易组织政策，加上进口农产品的冲击，台湾农业朝向自由化调整：①削减农业生产：1994年台湾农业主管部门（原资料为"农委会"）提出关贸总协定的农业发展对策，包括为放弃农业的农民提供"离农离牧"补贴，畜牧业随之减产；1997年起实施水旱田利用调整计划，要求水稻和杂粮种植减产、休耕。②引导农业资本向外投资，发展资本农业，包括加强跨地区合作与农业对外投资，加强农业生物技术投资等。③放宽农地使用限制，台湾1995年推行农地释放方案。打破只有自耕农才能拥有农地的限制，农地农用的惯例被悄然打破。

1998年，台湾当局提出了《跨世纪农业建设方案》。该方案确定了台湾当局对农业发展的施政目标，即高效与安定的现代化农业，富裕与自然的富丽农渔村，有信心与尊严的农渔民福祉。该方案同时制定了十二项具体策略，包括安全与均衡并重的粮食生产制度、提升农业产业竞争力计划、建立农业经营管理指导制度、农渔会的区域直销网络的整合、建立重要农产品或具有价格敏感性的农产品的产销预警制度、重视农业科学技术的研究、推动农渔村人文自然建设、和谐永续的农业经营与推广、合理利用和配置农业资源、重塑本土农业在消费者心中的形象、加强互惠互利的跨地区农业合作、加强两岸农业交流与合作②。

进入21世纪，台湾秉承三生农业的理念，进一步发展新农业。2001年3月，台湾成立了"农业科技绩效评估委员会"。加入世界贸易组织之后，台湾农业开始开放与振兴的新阶段。2010年6月29日，台湾地区与大陆签署《海峡两岸经济合作框架协议》（ECFA），两岸的农产品市场开始逐步对接。

---

① 蔡天新，陈国明.现代台湾农业发展模式的历史考察[J].中国经济史研究，2008，（1）：129-137.

② 陈文强.台湾现代农业发展的模式、道路与思考[M].成都：西南交通大学出版社，2010.

第二节　台湾地区农产品流通的市场规模

台湾位于中国大陆的东南沿海，大陆与台湾距离最近的省份是福建省，最近的城市为平潭市。台湾与大陆的最近距离大约 130 公里（72 海里）。台湾土地面积中，山地约占 33%，丘陵地约占 38%，平原约占 29%。台湾从南到北跨热带和亚热带两大气候带，雨量充沛、热量充足、光照时间长，现有耕地面积 87 万公顷（1 公顷=0.01 平方公里），农业的发展条件十分优越。

一、台湾地区农产品供给状况

（一）农业总产值与主要农产品产量

从农业生产和农产品供给来看，台湾呈现如下总体特点：一是多雨的气候适合水稻的种植，因此台湾稻米的供应比较充足；二是甘蔗和茶叶等经济作物种植业比较发达，例如茶叶供应充足，花卉大量出口；三是台湾的气候和土壤也适合生长各种水果，水果的种类和产量都比较可观；四是四面环海造就的绵长海岸线加上寒、暖流交汇的洋流环境，使台湾水产品资源丰富，渔业养殖和捕捞作业条件也相对较好。但是，台湾农业容易受到自然灾害影响，尤其台风对产量影响较大，使得台湾的农业总产量经常呈现波动性。

2000—2011 年，台湾地区农业 GDP 增速处于波动状态，农业产值在全岛经济中的比重呈逐渐缩减态势，外贸方面也改变了以往净出口赚取外汇的局面。2011 年，台湾农业 GDP 达到 2405.26 亿新台币，同比增长 7.54%，占台湾全部 GDP 的 1.75%[①]。2006—2011 年台湾农业 GDP 产值及其增长情况见图 5.1 所示。2000—2011 年，台湾农业总产值波动情况见图 5.2 所示。

---

① 台湾农业管理部门（原资料为"台湾农业委员会"）. 台湾农业统计年报 2011 年.

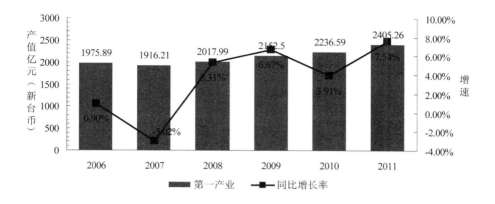

图 5.1　2006—2011 年台湾农业生产总值

资料来源：根据台湾农业统计年报相关数据整理。

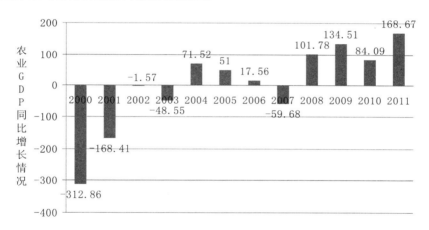

图 5.2　2000—2011 年台湾农业增加值（单位：亿元新台币）

资料来源：根据台湾农业统计年报相关数据整理。

　　台湾地区种植的农作物分为粮食作物（农艺作物）、经济作物（特用作物）与园艺作物三大类。从各主要农产品产量来看，根据台湾农业统计年报，2011年，台湾的稻米、杂粮、、特用作物、畜产产量基本保持稳定，菇类、蔬菜、花卉等产品的产量实现不同程度的增长，渔业产量同比下降（表 5.1）。

表 5.1　2008—2011 年台湾地区主要农业产品产量（单位：吨；花卉单位为"打"）

种类	2008	2009	2010	2011
稻米	1457175	1578169	1451011	1666273
杂粮	397812	431003	410296	417955
其中：玉米	118097	133560	115788	123232
花生	55075	56941	65036	68231
甘薯	212816	229038	209191	205868
高粱	2532	719	4411	3416
大豆	141	220	204	105
特用作物	833842	727982	782610	750030
其中：甘蔗	765502	664272	712483	688560
茶	17384	16780	17467	17310
蔬菜	2640695	2666726	2752906	2912398
菇类	8184	7910	7689	8813
果品	2577568	2467485	2690366	2797736
花卉（打）	149127	157390	163900	181843
畜产	9056643	8981771	9474084	9525874
其中：牛	5683	6099	6343	6169
猪	861836	857155	845464	864792
羊	3183	3000	2694	2438
渔产	1339291	1087814	1167080	1222568
其中：远洋渔业	828427	614614	688288	702133
近海渔业	132594	145596	128289	172973

资料来源：根据台湾地区农业统计年报相关数据整理。

（二）粮食供给情况

1. 主要粮食产量稳定

根据台湾农业管理部门（原资料为"台湾农业委员会"）的统计，2011 年台湾粮食总产量为 169.40 万吨[①]，比 2010 年增加 12.48%。从 2002 到 2011 的 10 年间，台湾粮食产量有所波动，平均产量约 160.82 万吨。从收获面积来看[②]，台湾粮食收获面积 2004 年以后相对稳定，基本处于 27 万公顷以上（图 5.3）。

---

① 粮食统计包含的作物包括稻米、玉米、甘薯、高粱、红豆。

② 台湾农业统计年报中有收获面积和种植面积的区别，由于种植面积与产量的关系容易受到自然灾害等不可控因素的影响，我们选用收获面积反映农业情况。

2011 年，台湾的粮食收获面积 27.99 万公顷，比 2010 年增加 4.56%。其中，稻谷、玉米、高粱和红豆的收获面积都有增长趋势。

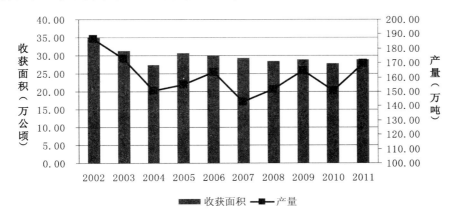

图 5.3　2002—2011 年台湾粮食生产收获面积及产量情况

资料来源：根据台湾农业统计年报相关数据整理。

2. 粮食作物单产稳步提高

2002—2011 年的 10 年间，台湾主要农产品的单位面积产量均基本保持平衡，并呈现总体增长的趋势。2011 年，台湾粮食作物平均单产 5325.18 公斤/公顷，比 2010 年每公顷增产 471.84 公斤，同比提高 9.7%。其中，稻谷、玉米每公顷产量分别达到 6554 公斤、6773.22 公斤，分别增产 604 公斤和 293 公斤（图 5.4）。

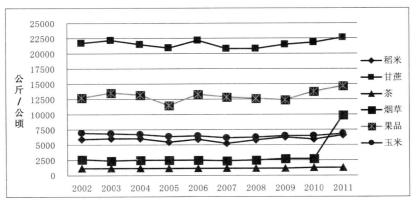

图 5.4　2001—2011 年台湾粮食及其他主要农产品单位面积产量

资料来源：根据台湾农业统计年报相关数据整理。

3. 稻米是台湾第一大粮食品种

台湾的水稻一直是主要粮食作物，在产量、种植面积方面都比其他作物要高出很多。台湾的稻米种植一度产量过剩，所以政府鼓励农民种植其他农作物代替水稻。总体上，台湾的水稻产量一直控制在 100 万吨以上，能够做到自给自足。随着台湾加入世界贸易组织，花卉、菇类等经济作物种植比例开始增加，稻米的种植面积总体呈下降趋势。2011 年全岛稻米产量 134.78 万吨，比 2010 年增产 17.98 万吨。与稻米相比，2011 年台湾玉米产量只有 12.32 万吨，同时，玉米种植产出的 60%～70% 是用来做饲料使用。与稻米类似，台湾玉米的产量也有逐年下降的趋势（图 5.5）。

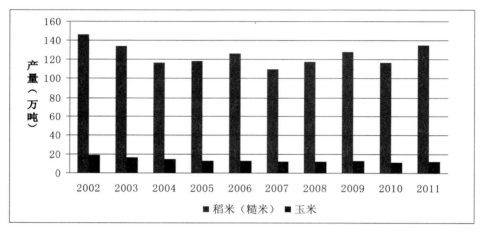

图 5.5 2002—2011 年稻谷、玉米产量

资料来源：根据台湾农业统计年报相关数据整理。

4. 粮食零售价格持续上扬

2002—2011 年的 10 年间，台湾稻谷和杂粮的价格总体保持震荡上升趋势。2009 年稻谷、杂粮价格有所下降，降幅为 23.3%，2010—2011 年恢复增长。与粮食价格的上升趋势相比，台湾经济作物的价格波动相对平稳（图 5.6）。

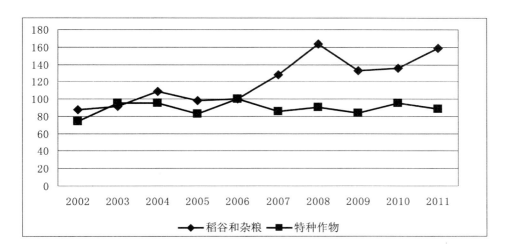

图 5.6　2001—2011 年台湾稻谷、杂粮与经济作物批发价格指数

资料来源：台湾农业统计年报（以 2006 年价格=100 计算）。

注：稻谷和杂粮包括稻谷、玉米、甘薯、花生、高粱、红豆、大豆等，特种作物包括甘蔗、茶、烟草、胡麻等。

（三）花卉供给情况

1. 供给总体增长

台湾的花卉产业是近几年发展较快的产业，虽然种植面积比较少，但是产值比较高。台湾加入世界贸易组织以后，传统的农产品渐渐失去竞争优势，作为附加值比较高的经济作物，花卉成为一个大量出口的品类。2012 年台湾花卉批发市场的交易量比 2011 年微幅下降，达到 72136 千把（表 5.2），较去年减少 30 千把，降幅为 0.04%；但花卉总体交易额提高了 4.86%，平均每把交易价格 56.08 元，较去年 53.46 元上涨 2.62 元，涨幅 4.9%[①]。近十年来，台湾的花卉收获面积总体处于增长趋势，2011 年收获面积达到 12752 公顷，比 2002 年增长了 9.9%（图 5.7）。

---

① 此处参考 2012 年批发市场年报数据。

表 5.2　2009—2012 年台湾花卉市场花卉交易情况

交易数量 ＼ 年份	2009	2010	2011	2012
交易量（千把）	65000	70519	72166	72136
交易量增长率	−6.01%	8.49%	2.345%	−0.04%
交易额（千元）	3507770	3747981	3857971	4045485
交易额增长率	−1.68%	6.85%	2.93%	4.86%

资料来源：根据台湾 2012 年批发市场年报数据整理。

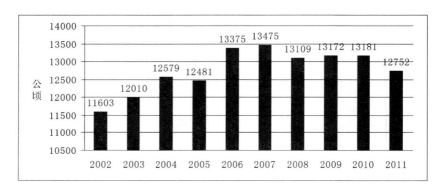

图 5.7　2002—2011 年台湾花卉收获面积

资料来源：根据台湾农业统计年报相关数据整理。

　　台湾的花卉以彰化县、台中市及南投县等地区为主要产区，三个产区的花卉供货量占批发市场全部供货量的 64.43%，其中彰化县占 32.47%，台中市占 14.30%，南投县占 17.66%。2012 年花卉批发市场主要交易中，大宗花卉排名前十名及其所占比例依序为火鹤花 17.59%，香水百合 11.67%，小菊 8.87%，非洲菊 7.83%，玫瑰 4.88%，大菊 4.19%，康乃馨 2.68%，麒麟草 2.63%，洋桔梗 2.07%，葵百合 2.06%。

　　2. 价格状况

　　从近几年台湾花卉的批发价格来看，台湾花卉价格总体呈现上升趋势，2011 年台湾花卉批发物价指数达到 127.41，相比 2003 年的 95.59，增长了 31.82 点（图 5.8）。

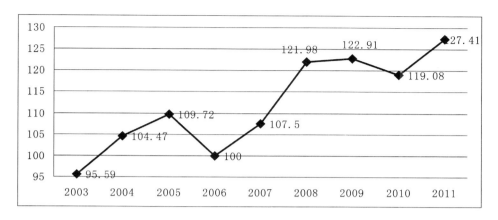

图 5.8　2003—2011 年台湾花卉批发价格指数

资料来源：根据台湾农业统计年报相关数据整理（以 2006 年价格=100 计算）。

（四）油料供给情况

以台湾地区大豆和花生的产量来衡量，台湾地区油料作物收获面积基本处于稳定状态，总体产量有小幅波动。从产量上看，2011 年产量达到 68336 吨，比 2010 年的 65240 吨增长了 4.75%。从收货面积上看，油料作物收获面积 2002 年最高，为 25567 公顷，2011 年降到 23421 公顷（图 5.9）。

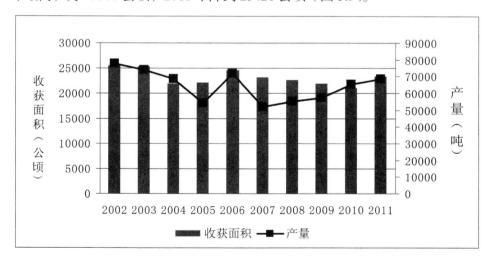

图 5.9　2002—2011 年台湾油料收获面积及产量

资料来源：根据台湾农业统计年报相关数据整理。

（五）糖料供给情况

以台湾地区的制糖甘蔗来计算，2002 至 2011 的 10 年间，甘蔗作为传统作物在台湾的生产大幅下降。制糖甘蔗产量也从 2002 年的 17.20 万吨降到 2011年的 5.20 万吨，降幅为 69.77%。图 5.10 中甘蔗的收获面积只是制糖甘蔗。

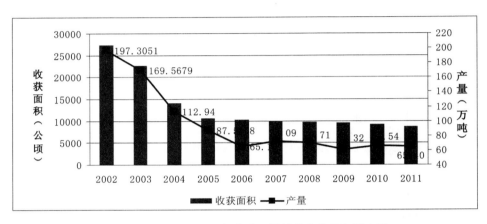

图 5.10　2002—2011 年台湾制糖甘蔗收获面积及产量

资料来源：根据台湾农业统计年报相关数据整理。

（六）茶叶供给情况

早期，台湾茶叶是主要的外销经济作物，曾经销往日本、中国香港、马来西亚、新加坡和美国等地区。近几年，随着生产成本的提高，加之茶叶的产量受环境影响比较明显，产量和出口额一直处于下降趋势。加入世界贸易组织以后，台湾茶叶市场受到了较大冲击，台湾茶叶转而扩大内需，目前，台湾茶叶在岛内消费量大约占总量的 30%～40%。2011 年，台湾茶叶产量为 17310 吨，比 2002 年的 20345 吨下降 3000 多吨（图 5.11）。

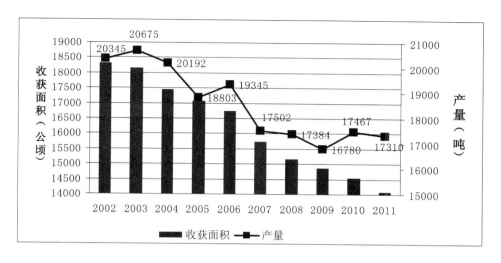

图 5.11 2002—2011 年台湾茶叶收获面积及产量

资料来源：根据台湾农业统计年报相关数据整理。

（七）水果供给情况

2012 年台湾主要批发市场中青果交易量约 99 万吨，较 2011 年减少 2 万吨，减幅 1.98%。平均交易价格每公斤 31.07 元，较去年 28.32 元上涨 2.75 元，涨幅 9.71%。根据 2012 年批发市场年报数据可知，2012 年台北市等 17 个主要市场统计的全年水果交易量约 88 万吨，其中台南市供应最多占到全部供应量的 13.5%，其次为屏东县 10.2%，高雄市占 10.1%，台中市占 9.7%，云霖县占 8.2%，嘉义县占 8.0%，彰化县占 7.5%，南投县占 6.5%，新北市占 4.7%，以上九县市共占上列交易量 78.4%。青果在蔬菜、花卉和青果三者的批发市场的交易中，交易量排在第二，交易值排在第一，并且远远超过花卉的交易值。

2002—2011 年的 10 年间，台湾的水果收获面积一直处于减少趋势，水果产量容易受到天气的影响，波动较大（图 5.12）。

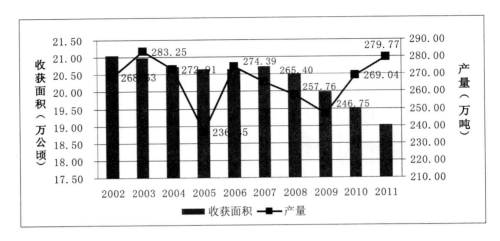

图 5.12 2002—2011 年台湾水果收获面积及产量

资料来源：根据台湾农业统计年报相关数据整理。

（八）蔬菜供给情况

台湾蔬菜产地主要是以中部彰化县、云霖县为主要地区，据 2012 年台湾批发市场数据显示，台湾全年蔬菜交易量 117 万吨，云霖县占 29.75% 为最多，其次是彰化县 20.3%，嘉义县 9.5%，屏东县 9.4%，南投县 7.9%，高雄市 4.7%，台南市 2.6%，台中市 2.3%，新北市 1.9%，以上九个市场交易占总交易量的 88.35%。其余县市大多为当地消费，很少大宗供应其他县市。2012 年蔬菜平均交易价格为每公斤 21.22 元，同比有所上涨。

2011 年，台湾蔬菜的收获面积为 14.86 万公顷，比 2002 年的 17.85 万公顷下降近 3 万公顷。相比于 2002 年，2011 年台湾蔬菜产量也有所下降（图 5.13）。

二、台湾地区农产品需求状况

国民党到台湾以后，大力发展农业，实现了台湾农产品的自给自足。随着台湾人民生活水平的不断提高，居民饮食结构和偏好也随之变化，台湾的农产品需求在总量、结构等方面发生了较大变化。

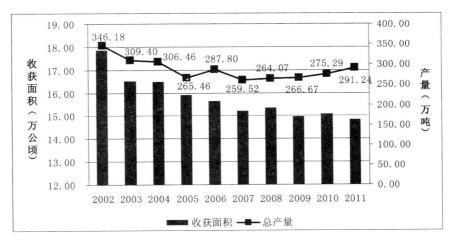

图 5.13 2002—2011 年台湾蔬菜收获面积及产量

资料来源：根据台湾农业统计年报相关数据整理。

（一）消费量

表 5.3 估算了台湾人均每日农产品消费量的变化。可以看出，在 1981—2005 年的 25 年间，岛内居民对不同农产品消费需求的总量在发生变化。其中，居民每人每天的谷类消费呈现减少趋势，近五年来稳定在 250 克左右，比 1981 年的 353 克下降了 30%左右。奶类产品消费在逐年增加，到 2001 年增长了 100%以上。蔬菜、水果、肉类、油脂类农产品的消费均呈现增长态势。1981 年岛内居民消费的前三大类农产品依次是谷类、蔬菜和水果。到 2005 年蔬菜和水果都超过了谷类的需求，肉类的需求和谷类几乎持平。

表 5.3 台湾人均每日农产品消费量

（单位：克）

种类	1981	1986	1991	1996	2001	2003	2004	2005
谷类	353	305	273	266	245	249	248	251
奶类	68	97	137	156	149	—	—	—
肉类	118	155	178	206	210	211	214	211
蔬菜类	317	255	260	295	301	308	309	287
水果类	221	288	380	380	368	393	379	338
油脂类	31	48	65	71	64	69	66	72

注：本文"每人每日农产品消费量"是以台湾农业主管部门（原资料为"台湾农业委员会"）农业统计年报统计资料的"毛供给量"×"食用率"＝"纯供给量"计算得到，视为台湾人均粮食消费量。

资料来源：2000 年台湾农业普查分析研究报告之《国民饮食消费》。

（二）消费结构

2001—2010 年的 10 年间，台湾农户的平均可支配收入存在一定波动，但是恩格尔系数降低了很多，有可能是由于农产品的价格波动导致的。2008 年到 2009 年，恩格尔系数由 25.48% 下降到 17.73%，可见农民对食品等基本消费在总消费中占比降低了，农民的生活水平提高了。

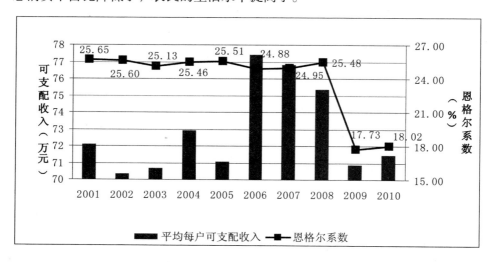

图 5.14　2001—2010 年台湾农户每户可支配收入和恩格尔系数

资料来源：根据台湾农业统计年报相关数据整理。

三、台湾地区农产品供求特征

从整体趋势来看，从 20 世纪 70 年代以来，台湾居民的农产品消费大致经历了三个不同的发展阶段。

一是 1970 年到 1980 年的谷类消费下降期。谷类消费的下降原因在于居民收入和生活水平的提高，饮食结构和偏好随之发生改变。这一时期台湾的水稻消费一直在下降，岛内稻米出现了供大于求的状态。

二是 1980 年到 1990 年的消费结构调整期，这一时期台湾岛内生活水平持续提高，人们对农产品的消费结构不断变化，具体体现在奶类、肉类、蔬菜类和水果类消费的增加，对糖类和谷类的消费开始下降。

三是从 1990 年开始，人们对农产品的消费开始注重绿色、健康和营养均衡。具体表现在：①台湾从 1995 年开始推广有机农业种植和养殖，例如水果、稻米等都注重有机生产，有机农产品消费开始增加。②台湾茶叶早期是以外销为主，目前岛内消费比较大。③对高糖农产品消费减少，对高蛋白的肉类和富含维生素的蔬菜、水果、菇类消费开始增长。

第三节　台湾地区农产品流通的主要形式

一、台湾地区农产品流通的参与主体

台湾地区奉行"以农入商"的措施，各种形式的农业组织在农产品生产和流通过程中起到主导作用。目前，台湾地区的农业组织主要有农会、渔会、水利会、农业合作社以及近年来兴起的农民产销班[①]。除了农业组织之外，台湾的农产品批发市场、农业超市、菜市场等流通载体也较为普遍。

（一）农会

台湾农会组织最早成立时间在 1900 年，主要是仿照日本建立的农业组织。1945 年以后，台湾当局对农会进行了改革，使农会在促进农业发展过程中发挥了更大的作用（农会的发展历程可见表 5.4）。目前农会是台湾最大的农民团体，遍布全台湾地区，几乎所有农户都是农会的成员。农会提供农产品的生产、运销、信用、保险等生产流通需求，为农业提供各种服务。农会是公益性组织，不以营利为目的，但是采用的是公司制的管理机构。

台湾农会分为三级结构，最大的是台湾岛内总农会，其次是县市农会，最基层的是乡镇农会。农会的组织机构包括成员代表大会、理事会、监事会、总干事、农事小组等。乡镇农会一般设有供销部、信用部、推广部，主要是为农民的生产活动提供各种农业生产资料、农业相关贷款等金融服务。

农会在台湾农业中发挥的作用包括推广农业技术、普及农业有关规定和教育、农业金融活动、农产运销流通组织等。在农产品流通的上游，农会充当着集货商，使分散的小规模经营的农户可以发挥规模效益，为农民降低流通成本；

---

① 毛育刚.台湾小农经济下农民组织之角色任务[J].西北农林科技大学学报(社会科学版),2001,(6):62-65.

在农产品流通的下游，农会也开设自己的量贩店、零售店，组织农产品物流和交易，有的农会甚至有自己的加工厂。总之，农会充当着一个农业资源整合者的角色，与台湾农业生产分散的现状相适应。可以说，台湾农业发展的稳定与否，与农会有很大关系。

表 5.4　台湾地区农会组织发展阶段表

时期 （年）	重大纪事与演变
1900	第一个台湾农会在台北三角涌（今台北三峡镇）组建。
1907	当时的台湾总督府公布《台湾农会规则》及施行细则。
1908	农会改组为法人团体，合并十个厅农会。
1920	农会改组为五州三厅农会，各种农民组织有 2038 个单位。
1938	岛内总农会成立，岛内总农会以州、厅农会为会员。
1943	颁布《台湾农业会令》，合并其他各种农业组织。
1946	第一次土地改革，农会与合作社划分为二组织。
1952	实行公地放领、耕者有其田政策，主管部门颁行台湾各级农会暂行办法。
1974	颁布农会有关规定及其施行细则。
1975	施行农会财务、农会信用、农会人事等管理法令。
1981	农会辅导推行农场共同经营及委托经营。
1986	农会发展高经济作物，辅导"一乡一特产"运动。
1989	农会辅导观光农园、农场和休闲农业的发展。
1992	农会辅导设置农业产业文化教室及推动农业产销班。
1993	农会辅导都市农业、市民农园。
1995	发放农民年金，开始两岸农业交流。
1997	调整传统产业结构，整合产销班，扩大农场经营规模。
2000	修正公布农业发展条例，删除农地由自耕农使用制度，开放农地自由买卖。

资料来源：陈建良. 彰化县及台中县农产品生产及物流作业成本之研究[D]. 逢甲大学交通工程与管理系硕士班，2008：9-10.

（二）农业合作社

台湾的农业合作社（场），是指依据合作社相关规定而组织起来的专业性农民组织。农业合作社组建的目的是，依照平等原则，在互助的基础上，以共同经营的方式谋求社员经济与生活的双重改善。合作社的职能包括农产供销、技术推广、公共设施建设等。合作原则主要包括：①门户开放，自由自愿加入；②民主管理，即一人一票制；③限制股息，即年息不得超过10%；④盈余回馈，即合作社盈余除支付股息外，工作人员工资、公积金各10%，公益金5%，其余盈余按社员交易额之比例回馈社员；⑤发展教育，辅导农业活动；⑥开展合作社之间的合作等。

1949年，台湾把农业合作社与农会进行合并，大大减少了农业合作社的数量和规模。在已有的农业合作社中，仅有青果合作社与合作农场规模较大。1952年，台湾当局规定：农会统一经营农村中的有关农业业务，不得经营青果合作社办理的业务。此后，在农会未经营的业务范围中，新设了林业、茶叶、花卉、园艺生产合作社，鳗鱼、蜜蜂、蚕丝等产销合作社以及蔗农消费合作社和蔗农农业生产合作社等。这样，农会与农业合作社形成了比较明显的分工，在台湾生态农业产业化过程中起到了相辅相成的作用。

在台湾农业合作社中，青果运销合作社为推动农业产销的发展起了重要的作用。青果运销合作社的主要业务，就是为入社农户办理香蕉、柑橘等水果在岛内外市场的运销。青果合作社从生产技术指导到产品销售，为入社农户提供一系列周全的服务。

在台湾，合作农场的数量较少。早期的合作农场的设立就是为配合有关部门的"公地放领"政策。20世纪60年代，台湾因安置退役官兵从事边际土地开垦而设立了很多合作农场。

表5.5 2007年台湾地区农业合作社的情况

（单位：处）

种类	农业生产合作社	运销合作社	供销合作社	利用合作社	合作农场	合计
登记数	457	215	15	18	202	907
营运数	87	47	3	8	39	184

（三）农业产销班

1992年11月，台湾颁布了"农业产销经营组织整合实施要点"，成立了蔬菜、水果、花卉、毛猪、肉鸡、鸡蛋和水产养殖等七个专业的产销经营班。农业产销班主要功能是为农户提供技术培训，组织蔬菜的销售，办理小包装的产销一体化业务，辅导产品展示、促销以及开拓市场。依据"农业产销经营组织整合实施要点"，参加产销班的农户必须经营同类农产品，一户一个代表。组织产销班的条件为：蔬菜产销班要求有十公顷以上面积；水果产销班要有同种类果园，面积 10 至 20 公顷；花卉产销班要求至少有五名班成员，且栽培面积达一公顷以上。

为推进产销班的发展，台湾当局对产销班有一定的辅导内容及优惠措施，主要包括：辅导产销班改善生产环境及公共设施；提供最新市场动向及市场机会等信息；协调农产品市场，优先协助办理共同运销及直销；协调农业发展基金，提供优惠贷款。近年来，为了提高生态农业产业化的经营效率，减少和避免中间商的垄断和剥削以及增加农户的经济收入，台湾在同一地区生产同一种生态农产品或同一类生态农产品的农户也自发组织起来，成立了农业产销班①。

一般来讲，台湾的农业产销班常常以地名与产品种类来命名。比如有苗栗卓兰果菜产销班、台中大坑花卉产销班和南投水里茶叶产销班等等。农业产销班的班员人数可以 5～10 人，也可以 20～30 人不等，以 10 人上下的产销班为多②。这种农业产销班，由于规模不大，班员都具有相同的理念与目标，很多产销班是亲朋好友之间的互助组织，因此，农业产销班能够较为灵活的运作，也具有凝聚力，对农业生产流通效率的提升起到了积极作用。

在台湾生态农业产业化经营过程中，农业产销班的主要职能有：

（1）制定生态农产品的生产计划，主要包括产品品种、栽种面积、生产期间和预期产量等方面的生产计划。

（2）统一规定生态农产品的生产技术与田间管理，确保生态农产品质量规格的整齐统一，逐步打造生态农产品品牌。

（3）对生态农产品实行分级、包装及共同运销，并对出售生态农产品的收入和费用进行合理分配和公平分担。

（4）共同采购班员所需的农用资料，以降低生态农业产业化的经营成本。

（5）购买和设置活动场所、集货场、冷藏库、分级包装机、搬运车及各种农机具等产销班的共享设施。

（6）为了获得资金及技术支持，农业产销班与农会、研发机构开展密切的

---

① 吴小丁，范苗苗. 台湾生鲜农产品流通中的农民团体作用及公共政策[J]. 商业时代，2012（12）：21-22.
② 许茂林. 农业产业一体化经营中的台湾农民合作组织[J]. 台湾农业探索，2003（3）：5-10.

合作。

（四）批发市场

农产品批发市场是台湾农产运销过程中的重要环节，一般的批发市场都具有集中、分散和均衡产品供需的功能。在台湾，农产品市场交易相关规定及《农产品批发市场管理办法》对批发市场的市场组织、经营主体、市场设备、交易方式、供应人及承销人资格、管理费标准及用途、收付货款手续、检验、包装、冷藏以及环境卫生等进行了规定[①]。批发市场的硬件由台湾当局投入，建好后由民营股份公司作为独立的市场法人进行经营运作，服务产销双方，其他部门和机构不得入场干预，避免了多头管理。

1987 年，台湾当局为维护批发市场交易秩序，有效取缔农产品场外交易，制定了《台湾地区取缔农产品场外交易行为作业要点》，从法律的角度保障了批发市场的重要性和合法性。截至 2012 年，台湾各类批发市场有 57 处，其中大多数是果菜批发市场（表 5.6）。

表 5.6　2012 年台湾地区批发市场数量　　　　（单位：处）

市场类别 ＼ 地区类别	综合农产品批发市场	果菜市场	花卉市场	合计
台北市	—	2	1	3
新北市	—	1	—	1
台中市	—	3	1	4
台南市	1	5	—	6
高雄市	—	9	1	10
新竹市	—	1	—	1
嘉义市	—	1	—	1
宜兰县	—	1	—	1
桃园县	1	1	—	2
新竹县	—	1	—	1
苗栗县	—	1	—	1
彰化县	—	7	1	8
南投县	—	5	—	5
云林县	—	5	—	5

① 2012 年台湾批发市场年报。

地区类别 / 市场类别	综合农产品批发市场	果菜市场	花卉市场	合计
嘉义县	—	2	—	2
屏东县	—	4	—	4
台东县	—	1	—	1
花莲县	—	1	—	1
澎湖县	—	—	—	—
合计	2	51	4	57

资料来源：根据台湾2012年批发市场年报整理。

目前岛内农产品交易大部分都在批发市场进行。台湾批发市场具有公益性质，批发市场土地通常由台湾当局低价租让给批发商场的经营者，并给予财政补贴。财政对批发市场建设的支持比例在50%左右。批发市场租赁后，由当局对承租人收取管理费用，费率为成交金额的4%以下，大多数批发市场收取的管理费用在1.6%～3.9%之间。批发市场的经营主体中以公司经营比较多，2012年的数据显示，57家批发市场中，农会或者合作社经营的批发市场占21家，公司经营占36家（表5.7）。

表 5.7　2012 年台湾地区批发市场经营主体类别　　（单位：处）

经营主体类别 / 市场类别	合计	农会或合作社经营	公司经营
果菜市场	53	19	34
花卉市场	4	2	2

注：本资料已将台南市综合市场纳入果菜市场项目中。

资料来源：台湾地区2012年批发市场年报。

从农产品批发市场的交易主体类型来看，2012年的数据显示，蔬菜产品比例数据为：贩运商占45%，农民团体33%，农民18%，进口商4%。青果产品的比例数据为：贩运商占26%，农民团体21%，农民42%，进口商11%。花卉产品的比例数据为：农民团体67%，农民30%，进口商2%，其他1%。

（五）超市、菜场等城市零售终端

在零售市场，台湾主要的农产品零售终端包括量贩店、大型超市和卖场的生鲜区、生鲜超商专卖店以及传统市场等。其中，传统市场一般通过批发市场进货，是城市和乡村较为普遍的农产品销售市场终端，价格相对较低，新鲜度相对不高（如蔬菜、水果可能是隔天的，一般隔夜蔬菜会降价30%～40%左右）。传统市场也有部分产品的进货渠道是产地直接供货。

大卖场一般包括大型超市的生鲜区、大型农产品超市等。大卖场以及农产品专卖店等一般与生产合作社达成合作，由合作社辅导农户分别直接对口供应，卖场的产品一般取决于合作的供应商，由农户和合作社设定规则，即农民的种植类别决定卖场的销售品类，台湾的大型超市卖场包括COSTCO、大润发等。农产品专卖店主要包括水果超商和蔬菜超商等。在台北市内，传统市场与大卖场的农产品市场销售份额基本持平；在台北市以外，农产品零售一般以传统农贸市场为主。

台湾的发达的便利店、夜市也是直接面对消费者的农产品销售终端。台湾便利店遍布大街小巷和居民社区，主要提供简单加工农产品。台湾的便利店主要有四大品牌：7-Eleven，全家（Family Mart），莱而富（Hi-Life）和OK Mart。截至2011年，7-Eleven在台湾有4800余家，营业额1227亿新台币，依照人口密度计算，相当于每5000人就拥有一家 7-Eleven，店铺密度全球第一。2011年全家便利店在台湾店铺数量也达到2800余家，营业额超429亿新台币，市占率达 28.8%。台湾发达的夜市也是农产品面向本地消费者的重要终端形式，成为台湾流通体系的一大特色。

（六）展售与电子商务零售商

随着信息互联网技术的发展，台湾当局对信息技术在台湾农业产业化领域的应用非常重视，在农产品流通方面，具体体现在利用信息技术和电子商务发展高端、生态农业等方面。但是，与大陆情况类似，台湾地区生鲜农产品的电子商务仍处在起步发展阶段。

随着台湾精品农业、生态农业的发展，台湾农产品流通模式也逐步多样，以特色农产品的展示销售模式开始发展。尤其在两岸农产品市场对接过程中，台湾农产品在进入大陆市场的初期，一般都采用的展会销售的形式。

二、台湾地区农产品流通组织运行模式：按产品划分

与大陆农产品流通类似，台湾地区农产品在流通模式上，不同的产品类型、不同的流通环节也存在不同的流通组织运营模式。从不同产品类型上看，农业作物、经济作物、水产品和畜牧业产品等流通组织模式有所不同。从流通环节上看，台湾的农产品流通的产出运销、批发市场、零售市场三个主要环节也有不同的组织运营特点。

（一）农艺作物流通组织运行模式

对于粮食和果蔬等农艺作物的流通组织，台湾奉行"以农入商"的模式，即鼓励和辅导农业从业者发展农业流通，从事农产品的运输、销售等商业领域。这与大陆"以商入农"的模式有较大不同。目前，台湾的农产品流通几乎全部是农业相关者在管理，管理领域覆盖产地、运销、配送等。农民管理农产品流通主要通过农会、供销社和产销班的组织形式。

对于果蔬产品，按照产品分级主要分为 ABCDE 五级[①]，只有前三级能够进入流通市场，后两级直接进入加工体系。进入流通的前三级产品中，A 级品直接由农民在网上直销卖掉，B、C 级农产品则大部分进入批发市场和传统市场，采用批发、零售等多级分销模式流通。

（二）经济作物流通组织运行模式

台湾主要的经济作物（特用作物）是茶叶和花卉。茶叶在台湾是卖方市场，产地和产量都十分有限，买方需要直接到产地进行购买。茶叶在全岛的流通组织形式主要是茶农通过批发市场环节进行分销。

花卉种植在台湾较为发达，主要在台湾中部种植，品类如玫瑰、百合等。台湾花卉以外销为主，全台湾只有台中一个拍卖批发市场。台湾很多花卉以订单生产为主，其他花卉经营批发市场进入大卖场中流通，例如台北的"建国假日花市"。另外，批发市场也成立了花卉出口公司，主要出口日本。目前，台湾地区正在与大陆谈判两岸花卉交易，计划采用的主要形式是，由配送中心中转（同时进行 45 天隔离检疫），然后直接进入超市大卖场进行销售。

[①] 台湾果蔬产品分级标准是市场公认的，如水果以甜度（用甜度测量器测定）、外观、尺寸、颜色、重量等为标准进行定级。

（三）畜牧业产品流通组织运行模式

台湾的畜牧业禽肉类产品主要种类是鸡肉和猪肉两大类，对于畜牧业产品，台湾基本没有单独的肉类拍卖市场，只在大型综合批发市场中，存在少数针对个别养猪户的猪只、禽只（活体）拍卖。拍卖过程的买家也很少，主要是大型的食品加工业者。大量的猪、鸡等畜牧业养殖都采用订单生产，由买方控制数量，并供应幼崽、饲料、防疫药物等，养殖户基本属于完全代工性质。

以猪肉为例，台湾的猪肉流通包括温体猪肉[①]和冷冻猪肉流通。温体猪流通只有传统城市农贸市场才有，冷冻猪肉则主要由大型食品加工企业采用订单生产和统一收储。台湾猪肉流通链条体系较短，养殖户较为集中，属于合作社合作养殖，个体养殖户较少。订单生产方式降低了生产波动，在疫情出现时，也利于养殖者集中捕杀，台湾当局会为出现疫情的养殖业者提供补助。

（四）水产品流通组织运行模式

渔业分为远洋捕捞和养殖两大类，台湾养殖业规模不大，主要采用池塘边产地交易形式，水产品加工企业将运输车直接开到养殖场进行现场购买。目前台湾养殖渔场多以休闲观光渔港为多。

对于远洋捕捞鱼类，则主要经由渔港加工，而后进入鱼市场（渔业拍卖市场）拍卖，卖方主要是大型渔业加工业者。台湾水产品零售主要通过大卖场和传统市场的生鲜区进行。台湾远洋渔业也是卖方市场，买鱼需要先交订金，以确保捕捞后能够买到鱼品，这些订金也为渔船补助了先期的燃油费用。

三、台湾地区农产品流通组织运行模式：按流通环节划分

台湾农产品的主要的流通环节包括农会、批发市场、传统零售市场和城市超市卖场，不同环节的行为主体有多种不同的组织运营模式。

（一）农户的组织模式：农业合作组织

台湾的农业合作组织都是为了进行集约化生产或者运销而成立的，农会、农业合作社和各种农业产销班这三种农业组织是岛内最常见的农业组织。从规模上看，一般来讲3～5户农民就可以组成产销班，3～5个产销班就能组建合作社，3～5个跨乡镇的合作社就可以组成县级的联合合作社，各县市联合社又组成农业合作联合社（农联社），农联社负责整个农业的农产运销体系。

---

① 温体猪肉是指当天屠宰、没有经过冷冻的生鲜猪肉。

从职能上看，台湾农业组织的职能广泛、作用突出。一是，为农业的生产提供生产资料服务。台湾岛内总农会通过其所属的饲料厂、农药厂、包装容器制造厂等，向各地乡镇提供农业生产和发展生态农业所需的生产资料。同时，各地乡镇农会设有供销部，负责将肥料、农药、饲料及农机具等分销给农民。其他专业性质的农会，例如岛内的渔会也会向渔民提供并销售渔网、鱼饲料及渔具等；青果运销合作社也向种植水果的农户提供相应的生产资料服务等。二是，为农业生产提供金融支持服务。一般而言，台湾各乡镇的农、渔会都设有信用部，为需要资金的农户提供小额金融服务。包括向农、渔民提供农业生产所需的存款、贷款，为农产运销经营活动提供资金融通服务等。三是，在农产品物流方面，提供运输、仓储等各种服务。四是，台湾的一些农会、合作社有自己的加工厂或者量贩店、超市等机构，可以为农民的农产品提供销售和加工服务，比如台湾苗栗县农会设有牛乳加工厂，嘉南养羊合作社设有羊乳加工厂等。不仅如此，各级农会还协助台湾当局推动各项政策，如公粮征购、田赋征收、项目农贷、农民健康保险、休耕补贴等等，也在推广农业技术、加强农民教育、提高农民的知识素养和技能方面发挥重要作用。

按照不同职能，台湾的农业组织又可以具体细分，以合作社为例，合作社可分为生产合作社（专司生产）、运销合作社（物流、车辆管理）以及合作农场（生产+休闲农业）等。其他种类农产品（如花卉、鱼类等）的合作社也类似。目前台湾的合作社虽然也是股份制，但一般属于非营利组织，采取公账管理，只服务于股东，一般不对外服务。因此，台湾合作社、产销班的家族成分比较明显。

（二）批发市场的交易组织模式：拍卖和寄售模式

台湾的农产品流通体系是经过长期的发展形成的，并与台湾农业生产方式相适应。目前台湾农产品流通机制比较完善，相比大陆由农业经纪人、商贩和农贸企业主导的流通体系，台湾的农产品流通体系以农民、农业协会、批发市场为主导。其中批发市场是重要的流通节点，并形成了特色的交易组织模式，即拍卖制度。

台湾批发市场交易方式分为四种，分别为拍卖交易、预约交易、议价交易，以及标价交易，其中以拍卖交易为主。拍卖是一种公开竞价的制度，是通过一系列明确的规制和买者竞价所决定的价格来达成交易的模式。拍卖交易可使价格形成过程更加透明。拍卖交易首先由市场拍卖人员大声喊价，买方出价后，拍卖员连喊三次而无人加价时，即以现有最高出价人为成交人；如所出最高价有二人以上相同时，以最先出价者为成交人。出价人所出价格若低于卖方设定的最低成交价格，则宣布拍卖不成立，除非卖方在场且当场同意成交。

在台湾，批发市场是公营的，土地是台湾地方当局所有的土地，市场建筑建设经费来自农委会基金，由农业合作组织负责建设和运营，各方均占有股份。批发市场实施的拍卖交易向所有市场主体开放，单个农民可以直接到批发市场进行拍卖交易。

批发市场一天全部的交易过程分为两个阶段。凌晨 1～3 点为一级拍卖，即大拍卖商（购买量大）交易阶段，只购买一种或几种品类，购买后再销售给自己的小档口（分销商）、餐厅、超市卖场等。凌晨 3～5 点为二级拍卖，由各分销商、档口进行普通拍卖，服务于小超市、小食堂、个人买家，特点是少量多样。

拍卖交易的模式和流程为，晚上 11 点左右卖家进货、排队，按进场时间进行拍卖，先进先出，由第三方的市场管委会派人监督整个运营流通。价格由生产者自定，自行开价，拍卖交易过程由有资质的拍卖员组织实施。买方依照产品品级、质量做价格增减，加价时不需通知卖方，减价时需要与卖方议价。整个拍卖过程公开进行，公平竞争，信息通畅透明，网络信息及时，价格实时查询。

对于进场较晚的农民或在二级拍卖中没有出手的产品，卖家一般会采用寄售模式。寄售是不同于拍卖的议价交易模式，由于当天的拍卖已经结束，主要购买方已经离场，卖家会将农产品交给批发市场的合作档口代卖农产品。这些档口是常年在批发市场进行交易的，晚到的购买者，如餐厅、一般消费者到档口去买。

在台湾，批发市场场外交易很少发生，只在抢购（比如台风爆发）的时候会有出现；更多的时候，如果产品供应紧俏，购买方会直接到产地进行购买，即在产品收货时就有买家直接联系农户包下全部或大部分产品。台湾农产品交易也常常采用订单农业（契作）模式，即在种植之前就签订购买合同。

第四节　台湾地区农产品流通的典型渠道

台湾地区农产品流通经历了不断发展的过程，从早期本地化的简单交换为主逐步发展出多种流通渠道配合的综合流通模式（图5.15）。其中，以批发市场为主导的流通模式是目前水果、蔬菜、花卉、渔业等多种农产品主要的流通渠道。随着现代观光农业和冷链物流体系的发展，依托冷链加工配送中心的直销型流通模式在农产品流通中的比例或将不断增长。

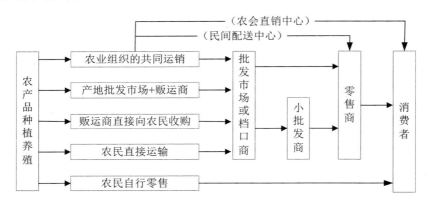

图 5.15　台湾农产品流通渠道示意图

资料来源：谢俊雄. 农企业经营与管理（第二版）[M]. 台北: 前程出版社, 1995.

一、传统直销流通渠道

台湾流通农产品的产品特性包含季节性、易腐性、产销规模小、质量差异大等。农产品是民生必需品，早期人们是围绕农产品产地定居的，由于经济社会发展和人类聚集区域的扩大，市中心逐渐远离农产品主产区。

早期的农产品流通形式是农户直送和乡村市集。最常见的是乡镇街区需要的农产品大都由附近农村农民以贩卖形式直接供应。例如农民挑着蔬果进入市区街巷逐户售卖。需求更加集中的大城市（如台北市）所需农产品则经由商贩收集乡村农产品，通过机器三轮车或搭乘火车运送至大城市，通过定点农贸市场销售。具体如图5.16。

图 5.16　第一种传统流通渠道

随着农产品生产、需求量提升，传统渠道中出现了地方性商贩或经纪人，商贩从农户那里收购农产品的方式包括三种：一是统一购买农民运送至农村集货场售的农产品；二是以"卖青方式"贩卖，即农产品未采收前，经由贩运商至生产地看货后，买卖双方谈妥价格，约定出售条件；三是商贩自备车辆至产地沿途收购农产品。商贩获取农产品后，统一运到批发市场或城市零售市场进行贩卖（图5.16）。

图 5.16　第二种传统流通渠道

　　传统模式下，市场主要围绕产地渠道发展，产地集货市场都位于生产地，产地批发市场开始逐步发展；城市零售市场则零星散布在城市中，以路边摊、小商店形式出现。传统的流通运销方式，在早先具有初步整合生产消费的功能，但运销过程中劳动强度大、产品损耗也较大、效率不高。

二、批发市场集散型流通渠道

　　批发市场在台湾的农产品流通中占主要地位，在上游小农生产和下游分散零售的"两端分散"条件下，农产品流通中间批发商环节需要进行有效的集散。批发市场集散是台湾主要的农产品集散模式（图5.17）。在批发市场集散性流通渠道运营中，农户或产地集货商将农产品运送至产地批发市场，并由批发商完成收购、运销，实现产品在消费地汇集，转向各类零售商、加工业者、餐饮业者和出口商，最终送达消费者手中。

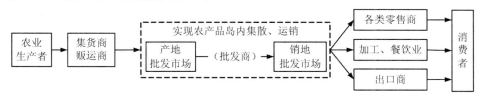

图 5.17　批发市场集散型流通渠道

　　其中，活跃于各大批发市场的批发商主要包括各类农会组织构成的中间商，批发市场中的中间商一般包括大型贩运商、大宗采购商、大宗出口商等。中间商从事批发环节的运销服务具有一定优势，具体包括[1]：①个别生产产量

---

① 许文富. 农产运销学[M], 台北：正中书局，1997.10.

不多，自营运输常不能满载，成本偏高；②产地离市区远，农民缺乏专业交通工具；③农民缺乏市场需求信息，而中间商更加灵活；④中间商的在城市内部的销售网更加发达，农户自营运销成本高，很难与专业的中间商竞争。台湾有些批发市场已实行数据支持下的拍卖制度，如台湾最大的农产品批发市场台北市滨江路果菜批发市场和台北花卉产销股份有限公司。

此外，台湾大力发展农会共同运销。共同运销通常由农会、农业产销合作社和合作农场等农民团体承办，在产地集货后运到批发市场批售。这一方式有利于降低运销成本，提高农民的议价能力，从而增加农民收入。

批发市场是很多大宗农产品的主要交易渠道。以果蔬为例，1997—2006年台湾水果批发市场交易量如表5.8所示。可以看出，本段时间台湾水果和蔬菜在批发市场流通的比例总体大约达到40%。

表 5.8 1997—2006 年台湾地区果蔬批发市场交易量占比

年度	水果批发市场交易情况			蔬菜批发市场交易情况		
	生产量（吨）	市场内交易量（吨）	市场内交易量比例(%)	生产量（吨）	市场内交易量（吨）	市场内交易量比例(%)
1997	2624966	1077576	41.05	3056290	1306470	42.75
1998	2368527	1130138	47.71	2911734	1235774	42.44
1999	2659132	1061261	39.91	3513788	1328867	37.82
2000	2447115	1061272	43.37	3262194	1304513	39.99
2001	2567851	1091904	42.52	3045605	1335881	43.86
2002	2686264	1138687	42.39	3461803	1385554	40.02
2003	2832491	1111882	39.25	3093970	1361925	44.02
2004	2729116	1016184	37.23	3064607	1311884	42.81
2005	2363469	957870	40.53	2654613	1194601	45.00
2006	2743890	1003756	36.58	2877990	1294967	45.00

资料来源：僅志於. 农产品流通基地建置地点关键评估因素之研究——运用模糊理论[D]. 东海大学食品流通学研究室，2008 年 7 月 25 日。

三、产地直接采购型流通渠道

批发市场运销方式中间环节过多，中间商的委托代理费用较高，影响了农民和城市终端消费者的社会福利水平。随着现代信息技术和农业运销组织水平的提升，各类直销型农产品流通渠道也逐步发展壮大。本部分所指的产地直接采购，包括农户通过农会、供销社和产销班等农业组织将产品直接销售给零售商、加工业者和其他客户的模式，具体流程见图 5.18。

区别于传统简单、非规模化的直销渠道，也区别于产地批发市场、销地批发市场的流通渠道，产地直接采购是一种直销型流通渠道。这种直销型流通渠道是由买方直接与卖方形成对接，形成具有一定定制化服务和产需对接的农产品流通渠道。具体模式包括：①各类零售商与生产端的直接采购，比如大型零售卖场与农产品生产者的对接，连锁零售超市和社区便利店与生产端的对接，量贩店、超市生鲜区、农产品专卖店等与生产商的直接产需合作和订单生产等。②大型餐饮和食品加工业者与生产端的直接采购，这里还包括军队、当局机关食堂，学校、企业食堂等大型消费团体等。③大型出口商在生产端的直接采购。

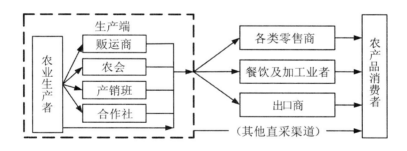

图 5.18　现代直销型流通渠道

从 20 世纪 80 年代中期起，台湾就开始直接销售模式的探索。农户、农业组织等与零售业和消费大户的直接规模化产需对接，通常需要农民团体在产地建立具有集货、小包装处理等功能的配送中心，在销地建立农产品分拨配送中心等农产品物流基地，从而优化物流作业，达到在减少运销层次的同时不降低运输规模经济的作用。

随着城市零售节点的规模化扩张，台湾农产品直销量与日俱增，目前已占市场份额的 30% 以上。直销型模式迅速发展的优势在于：首先，直销具有经济效益，例如减少流通环节从而降低流通成本。其次，直销模式有利于形成订单农业的契约生产模式，稳定农业生产价格和需求。再次，一些品类的农产品已经形成消费者主导的买方市场，直销模式有利于生产者直接获知客户需求，提升服务水平。此外，对于产量较少的优质农产品，直销的渠道也是保证农产品"优质优价"、增加农民收入、减少优质农产品损耗和提升产品质量的有效途径。例如，彰化县的绿纯有机农业试验场，是"绿纯牌"有机果蔬专业生产区，拥有自己的包装场、冷藏库等场区设备，产品统一包装后直接送超市和消费团体，品牌形象极佳，产品供不应求。还有汉光果菜合作社，开展了宅机配送业务，即采用会员制的营销方式，将新鲜的蔬菜经过调配营养后直接配送到会员家中，让消费者不出门就能享受到高质量的新鲜有机农产品[①]。

四、电子商务流通渠道

互联网技术的发展为台湾农产品流通提供了新的模式。基于互联网的农产品 B2B、B2C 模式在台湾获得了发展机会。

B2B 电子商务流通是指在农会等农业组织的辅导下，农户通过电子商务平台将产品直接销售给各类商家。例如，目前台湾农产品将水果分为五级，其中最高级的 A 类农产品一般通过电子商务平台实现线上销售。采用电子商务平台销售生鲜农产品需要强大的冷链物流和运销能力支持，这也推动了台湾农产品冷链物流基地的建设和发展。

B2C 的电子商务流通模式是农户、农业组织和一些商家通过生鲜电子商务平台将农产品直接卖给各类最终消费者的流通模式。台湾目前的大型综合性电子商务平台如 PChome 在线购物、Momo 购物网、Yahoo 购物中心、Gohappy 快乐购物网、UDN 买东西、东森购物网等一般都提供生鲜农产品和食品的网络销售，也有一些主营农产品电子商务的垂直型网站，如"黑猫探险队"等。一些合作社、产销班的农产品品牌都在网上销售，例如 Momo 购物网的果蔬农产品供应商包括"鲜到家""果之家""阿洲水果""农家鲜果""台北滨江""桃仙子"等农业品牌。

生鲜农产品的电子商务流通需要冷链物流的支持。依托线下发达的连锁便利店体系，以及较为发达的冷链物流企业本地化服务能力，台湾的冷链物流一

---

① 祁胜媚，杜垒，封超年，蒋乃华. 台湾地区农产品运销体系的建设经验与启示[J]. 世界经济与政治论坛，2011,9（3）：21-24.

般采用"宅配入户"和"店配自提"相结合的方式提供服务，形成了较为适应台湾本地发展的冷链物流服务体系。

第五节　台湾地区农产品流通的主要特点

一、相关规章制度体系较为健全

台湾地区农产品流通规章制度较为健全。例如，为了确立农产品的运销秩序，促进供求平衡和公平交易，台湾地方当局先后制定出台了《改进农产运销方案》《农产品市场交易法施行细则》《农产品批发市场管理办法》等规章制度。内容涉及农产品批发市场、分级包装标准、农民团体的共同运销、贩运商、农产品零售交易等，各项规定也十分详细、明确，对违反相关规则的行为处罚严格。

同时，台湾当局也针对具体问题及时、快速出台相关对策，如为继续兴办农产品批发市场而核定《农产运销改进方案》，完善了《改进农产运销方案》，使之更加适应当时情况。订定《台湾地区取缔农产品场外交易行为作业要点》，有效取缔农产品场外交易，维护农产品交易秩序。发布《屠宰牲畜管理办法》，应对屠宰税废除后肉品卫生管理遇到的新情况，并促进肉品运销现代化等。

二、交易信息化水平相对更高

台湾农产品流通交易信息化水平高，主要表现在其果菜和花卉批发市场的计算机拍卖方面。台湾的农产品拍卖交易普遍采用现代化的电子设备，最大程度实现信息透明，降低了"行霸"操控市场的可能性，防止了拍卖者、管理者与交易者的"暗箱操作"，对维护市场秩序起到了积极的作用。比如台北农产运销股份有限公司的果菜批发市场，为了保证果菜的迅速集散，突破占地面积局限，研制和使用了技术先进的计算机拍卖系统。

此外，台湾农产品流通的信息化还体现在农业组织的信息建设方面。包括建构农业信息社群网络、农业产销班信息服务网、台湾农产品贸易网、农产品进出口贸易查询系统、农业营销商务和电子商务网站，如农业资产交易网、农产品网络商城、真情食品馆、农会超市联采、花卉电子市集等。

三、质量认证和安全机制相对完善

台湾农产品质量安全认证机制和管理制度相对完善。从 1993 年开始，台湾开始推行 GAP 规范，对合格农产品认证"吉园圃"标志，此外，台湾还推行优良农产（CAS）认证。这些认证已成为台湾消费者认可的蔬果农产品安全标志。各类认证对农产品种植过程合理使用农药、安全采收、用药记录等做出了规定。这些认证一般在农业产销班自检自律基础上，向认证部门提出申请，获得认证也有有效期，有效期内还要接受认证部分的不定期抽检。

除了安全认证外，产品履历制度、农会共有品牌制度、包装业发达、严格的市场检验等都是食品安全的保证。①产品履历制度方面。2004 年开始，台湾实行农产品履历制度，对市场销售的农产品进行统一的编码，附带完备的资料，清楚供货商的基本情况和商品来源，实现产品可追溯。②共有品牌制度方面。由于申请各类安全认证的基本单位是农业组织，认证的品牌为产销班、合作社或农会共有，具有一损俱损的连带效应和相互监督效应。③包装方面。台湾进入市场的主要农产品均依据标准进行分级包装，在产品包装上注明相关详细信息，这一方面利于优质产品品牌和信誉的形成，也容易对发现问题的农产品进行责任追溯。④市场制度方面。批发市场都会对产品进行批次抽检，有问题的产品要扣留、销毁，征收处理费，对责任方进行罚款甚至禁止进场；对承销人实行严格的资格审查，要求承销人有良好的信用。

四、大力支持公益性农产品批发市场

台湾的农产品批发市场属于公益性事业，当局在市场土地利用、财政补贴、税收减免等方面给以支持。同时，市场建成运营后，当局会明确由独立的市场法人统一进行市场管理，避免多头管理问题。在批发市场经营主体方面，市场会建立统一的登记管理制度。批发市场经营交易主体限定 6 种：农民团体，农民团体共同出资组织的法人，官方与农民团体共同出资组织的法人，农民及贩运商共同出资组织的法人，官方出资组织的法人，官方与农民团体、贩运商共同出资组织的法人。在交易方式方面，批发市场实施拍卖、议价、标价和投标相结合的方式，提升交易效率。

目前，台湾的农产品批发市场也面临一些问题。①直销等场外流通体系快

速发展，批发市场数量逐渐下降。②部分果菜批发市场建筑、设备老旧，也没有预留进一步扩展的土地空间[①]。③批发市场限定主体类型，对于经营绩效较好的其他类型主体也排除在外。④公开拍卖制度也没有在全部批发市场普及，一些市场议价交易形成了市场价格不透明和供销双方的固定合作，不利于市场化的竞争[②]。

五、共同运销模式发展迅速

共同运销泛指收集个别农民农产品后，将货品运送到批发市场拍卖，或是运送到大型零售单位销售。台湾农政部门从1973年便开始积极倡导农产品农民团体共同运销，主要由乡镇农会和农业合作社（场）办理。台湾当局规定，农产品共同运销的集货场地一律视为农业用地，并优惠房产税。批发市场优先办理农民共同运销业务，农民共同运销团体出售农产品免征印花税和营业税。

从整体看，共同运销在台湾农产品流通中的重要性不断增强，适合传统大宗农产品的销售。1950年开始，台湾开始办理生猪共同运销，20世纪70年代开始果蔬共同运销。近几年，花卉批发市场大量采用共同运销，目前已逐渐推广到其他农产品上。2012年，蔬菜的共同运销达到42.15万吨，青果达到17.86万吨，二者在台湾果菜批发交易中占比达到25.7%，呈现明显增长趋势。

表 5.9　2000—2012 年台湾地区批发市场果菜共同运销交易情况　（单位：万吨）

年份	共同运销交易量			果、菜总交易量	共同运销占比（%）
	合计	蔬菜	青果		
2000	44.68	27.72	16.96	239.96	18.6
2001	45.59	28.15	17.44	242.78	18.8
2002	49.20	29.80	19.41	252.42	19.5
2003	49.75	30.43	19.32	247.38	20.1
2004	49.67	31.07	18.59	232.81	21.3
2005	42.34	27.61	14.73	215.25	19.7
2006	50.64	32.51	18.13	229.87	22.0

① 僅志於. 农产品流通基地建置地点关键评估因素之研究——运用模糊理论[D]. 东海大学食品流通学研究室, 2008-7-25.
② 罗婉容. 农产品批发市场关系质量的前因与结果——以高屏地区为例[D]. 台湾屏东科技大学农企业管理研究所, 2007-5-31.

年份	共同运销交易量			果、菜总交易量	共同运销占比（%）
	合计	蔬菜	青果		
2007	51.74	32.80	18.94	230.46	22.5
2008	52.01	34.94	17.08	229.87	22.6
2009	56.58	39.06	17.52	239.98	23.6
2010	57.44	40.00	17.45	239.89	23.9
2011	60.63	41.62	19.01	245.36	24.7
2012	60.01	42.15	17.86	233.27	25.7

资料来源：根据台湾批发市场年报整理。

台湾共同运销发展也面临一些问题[①]，主要包括：①风险较大。大多数共同运销组织采用委托运销方式，运销过程中所产生的风险全由出货农户自行负担，使得参与共同运销的农户社员风险较大，流动性也较高。②品质差异。货品分级包装多由农民分散自行作业，但共同运销出货时以个别农民名义进行，因此同一批产品质量差异较大。③价格决定。农民参加共同运销是一种间接销售的形态，无法直接参与价格形成的过程，因此实际交易价格，要在交易完成才能获取。这就造成产地贩运商人收购的价格可能低于农民预期的价格，农民因此对共同运销制度产生不信任感。④资金周转。共同运销延长了农产品售卖过程的时间，农户回笼资金的实效性不高。

---

① 陈建华.台湾蔬菜流通构造与消费行为之研究[D].东海大学食品科学研究所，2003.

第六章　两岸粮食作物流通模式比较

自古以来，有关国计民生的重大问题之一就是粮食问题。孙中山先生在《上李鸿章书》中云："国以民为本，民以食为天，不足食胡以养民？"粮食作为一种具有特殊意义的商品，一直都受到人们的关注与重视。世界各国都相当注重有关对粮食问题的看法。粮食是人们生存的物质基础，是国家安全的保障。

第一节　两岸粮食生产与消费分析

一、中国大陆粮食生产情况

中国大陆是世界粮食的主要产区，其粮食作物主要分为谷类、豆类与薯类等三大类，具体包括水稻、小麦、玉米、高粱、小米、大麦、大豆以及其他杂粮等。其中，习惯将稻米和小麦称为细粮，玉米、高粱、薯类等称为粗粮。按照用途区分，可将供人食用的粮食称之为口粮，用于养殖之用的为饲料粮，用于工业品原料及酿造之用的称作工业用粮。目前，大陆的耕地面积不断减小。在大陆东部地区，因工业化、城市化建设大量占用了耕地；在西部地区，因生态保护用途而退耕还林则是耕地减少的主要原因。在中国的城市化进程中，居住用地、商业用地、工矿企业和交通等建设用地不断增加，城市不断向外扩张等因素，都已经或正在导致大量耕地被占用。据国家统计局资料预测，到2050年，非农用建设用地将达4800万亩以上，其中估计要占用耕地1300万亩，农村耕地面积不断减少。

由于不同粮食品种产量的不均衡，导致某些品种的粮食需进口。例如，1996年以前大陆进口小麦的原因是单纯追求弥补国内小麦数量不足，且进口品种多为价格便宜的软质小麦。目前，小麦的国内年度供给量，包括生产量和库存量，基本能够满足需求，所以进口小麦品种主要为国内生产不足的品种，主要有加拿大硬质红春麦、澳大利亚硬质白麦、美国硬红冬麦和美国软红冬麦等。大陆小麦进口的来源国主要集中在加拿大、美国、澳大利亚、法国和阿根廷等国家。据联合国世界粮食计划署公布的"2010年粮食安全风险指数"，中国排名第96位，在全球163个经济体里排名中等偏后，被列为"中度风险"的国家。

大陆粮食生产的主要原则是"生产与消费就近"。由于大陆幅员辽阔，纬度跨度大，地形复杂，气候各异，大陆各省市自治区出现了不同重点的粮食生产。按主要粮食类布局，水稻主要分布在华东、中南和华北地区，以长江中下游与成都平原为主；小麦主要分布在山东、河南、河北等省份；玉米分布在东北、华北和华东地区，以吉林、山东、黑龙江三省为主；大豆主要分布在东北及华东地区，其中黑龙江与山东占第一、第二。从供需平衡总量看，余量和缺粮的省份交错产生；从粮食品种供需平衡角度看，则几乎每省区各有余有缺，造成长江中下游大米由南向北运销，东北的大豆、玉米、小麦向长江流域等地运销。大陆现有耕地呈逐年缩减趋势，复种指数也已不低，粮食播种面积呈现年际间少量波动，主要是由于粮食作物与经济作物间此消彼长所致。多年来大陆粮食的增产，主要依靠提高单位面积产量与提高复种指数等方式。

二、台湾地区粮食生产情况

相比于大陆，台湾地区则是四面环海的岛屿。全岛总面积36万平方公里，岛内现有人口2337万左右，耕地面积基本在84万公顷左右。岛内粮食作物以稻谷（早稻、晚稻两季生产）为主，稻谷产量基本能保证岛内供给，略有盈余。小麦、大豆产量较少，消费完全依赖于进口。台湾面临问题与大陆相似，即如何以有限的耕地生产出满足需要的粮食品种与产量。台湾稻米产量一直过剩，直至1984年及1991年推行稻米生产与稻田转作计划后，稻米产量才出现明显下滑现象。玉米为台湾第二大粮食作物，玉米产量在台湾的"稻米转作"政策下有所增产。大豆生产则呈下滑趋势，小麦产量占大宗谷物的比重较小。

根据公开资料显示，台湾稻米年种植面积约26万公顷，年产量约120万吨。由于台湾岛内稻谷价格高于国际市场价格，为此，台湾采取对农民进行补贴，鼓励土地休耕，对稻谷品质进行改良，推动绿色、有机和休闲农业发展等措施，以防止因稻米市场放开后，岛内稻米价格下跌过度导致农民利益受损。

随着国际燃油价格的攀升，美国、欧盟、巴西等农业发达国家生物质能源技术发展迅速，台湾也逐渐启用休耕土地，鼓励种植玉米、向日葵、大豆等作物，适当发展生物质能源。台湾岛内除稻米能做到基本自给外，其他谷物基本都依赖于进口，台湾粮食的总体自给率维持在约31%左右。台湾粮食如玉米、大豆生产主要集中于中南部，稻米主要产区为桃园、彰化、云林、嘉义、台南等地。由于台湾气候不适于小麦种植，小麦面粉等消费主要依赖进口。台湾主要从美国和加拿大进口，同时通过谈判来整合美加与其他国家对台湾的输出，以限量进口的时间策略换取生产转型空间。地形土质加上气候等因素，使得台湾粮食生产依然有区域差异，更加显示粮食进出口运输及流通便捷化的重要性。

对比两岸粮食生产状况，台湾稻米生产过剩但不稳定，其余粮食品种几乎都依赖进口供应；而大陆粮食生产面临着人口耕地比的压力，虽然生产量居世界之冠，却仍为净进口国。

三、两岸粮食消费情况比较

大陆的粮食消费状况现在已经进入明显的小康期，不论主副食品的消费量，均保持增加。现今状况是以畜禽类肉食消费增加之后导致粮食的消费减少，2006年大陆肉类产量达8051万吨，连续16年居世界第一位；其中猪肉产量达5197万吨，占世界总产量的49%。从肉粮比看，生产1公斤猪肉要用4公斤或更多的粮食，而生产1公斤鸭肉，也要3公斤粮食，未来的畜禽养殖业持续成长，会导致对饲料用粮的强劲需求，因此大陆粮食生产也面临需求压力。

台湾地区粮食消费以稻米为主，小麦面粉次之，其他如玉米、小米等所占比重皆小。其中，稻米消费量逐年减少，小麦面粉则呈微幅增长，稻米消费量的减少是因副食品消费量增加所导致。平均而言，台湾民众对粮食需求有微幅下降趋势，其中稻米需求下降的幅度最为明显，平均每年降幅达三个百分点左右；台湾玉米有九成多为饲料用，其中主要供生猪配合饲料用，影响玉米消费的主要因素，是生猪对配合饲料的需求变动；大豆主供榨油，榨油后豆饼、豆粉等更是禽畜饲料蛋白质主源，也供人们直接食用，也可加工制成豆腐、豆浆、酱油等加工制品。就其他杂粮消费结构来说，玉米消费比重占七成，大豆消费比重不高，但大豆关联产业广，较具有关键产品特质。

第二节　两岸粮食流通政策与模式比较

"民以食为天"，粮食是保证国计民生的重要资源，因此粮食产品的流通也分为国家收购和市场流通两个部分。国家收购的流通方式是政府主导的，主要与国家的粮食战略和收购政策相关；市场流通部分则更多地依靠市场机制和市场渠道。中国大陆和台湾都经历过粮食流通方面的体制改革，粮食流通的行政收购政策和市场化进程总体呈现保证战略储备和鼓励市场化、多元化发展的特征。

一、大陆粮食作物流通状况

（一）大陆粮食流通改革历程

大陆的粮食作物流通改革主要始自 20 世纪 80 年代，粮食流通改革开放按照市场化取向进行，主要包括：一是改变了计划经济体制和行政化指令性粮食价格的机制，建立了自由购销的市场经济体制和由市场为主形成粮食价格的机制，使粮食企业"自主经营、自负盈亏"；二是从单成分、单渠道、单形式、多环节等"三单一多"的经营体系，变化为多成分、多渠道、多形式、少环节的"三多一少"的经营体系；三是破除了粮食产供销分割的单一化组织经营方式，逐步建立以龙头企业为带动的连锁、配送、代理等现代业态形式和经营网络；四是把对粮食资源的粗放加工利用技术体系调整为对粮食资源精深加工利用技术体系；五是破除了完全封闭于国际市场之外的单一市场、单一资源的观念，逐步建立了与国际市场接轨的两个市场、两种资源的观念。经过粮食流通改革，全国基本构建起粮食市场经济体制和粮食批发市场体系，实现了粮食购销全面市场化。

（二）大陆粮食流通体系总体构成

随着粮食购销全面的市场化，粮食经营走向了产业化。目前，大陆已形成了由现货市场和期货市场、有形市场和无形市场构成的市场体系，呈现出粮食购销多主体、粮食流通多渠道、粮食企业多成分、粮食经营多形式、粮食流通多元化的新格局，涌现出一大批多种不同模式的粮食产业化经营龙头企业。同时，区域农业粮食日益发挥了地方特色化，从发挥本地自然优势出发，东、中、西部大力振兴区域特色农业经济，大大提高了农业和粮食产业的区域化、专业化水平，致使粮食主产区明显集中。目前，大陆已形成4大粮食主产区和3大粮食主销区。其中，国家级粮食主产区集中在东北地区和中部地区，粮食主销区则集中于东部沿海省、市。此外，粮食流通规模也不断扩大化。

大陆粮食流通主要由三部分组成：一是市场流通的商品粮；二是国家储备粮（含中央和地方储备粮）的收储和轮换；三是全国进口和出口的粮食。同时粮食市场主体日益多样化，大批农民进入粮食流通领域，形成了百万农村粮食经纪人大军。大陆粮食储备充足，布局和品种结构得到了改善，国家粮食储备的安全系数达到30%以上，远高于FOA提出的17%～18%的标准。

大陆粮食产销进一步国际化。目前，大陆是谷物净出口国，特别是大米年出口量保持在100万吨以上，同时也是杂粮、杂豆、粮食食品及制品的出口国。与此相对照，大陆又是大豆进口大国。我国是大豆的故乡，1994年以前大陆是大豆的净出口国，但从1995年开始大陆开始进口大豆，此后进口量急剧攀升。到2010年进口量突破5000万吨，2012年大陆进口大豆5838万吨，2013年达到6338万吨，进口大豆占大陆80%的大豆市场。

（三）大陆粮食流通政策体系

大陆粮食作物流通状况日益良好，政府的粮食政策起到了积极作用。一系列有力、有效的粮食宏观调控措施，帮助粮食市场经受住了国际金融危机、粮食危机、粮价大幅波动，以及国内粮食价格上涨压力加大、自然灾害多发重发的严峻考验，保证了粮食供求总量、品种结构的基本平衡和市场价格的基本稳定。

具体来看，一是多措并举做好保证供应和稳定粮油价格工作。以2010年为例，政府进一步加大了宏观调控的力度，安排销售政策性粮食813.3亿公斤、食用植物油50.2万吨；指导和督促做好中央储备粮油轮换工作，在市场粮价过高时果断停止中央储备粮企业入市收购，适时增加玉米投放数量；加强竞买企业资格审核，保证饲料和养殖企业的玉米需要；定向销售最低收购价小麦27.8亿公斤，指定大型骨干面粉加工企业按国家要求加工小麦粉投放市场。大陆各地按照国务院关于"把握节奏、保持力度"的要求，与国家调控政策相配合，对粮食主销区加大地方储备粳稻投放力度，有些省增加了大豆、食用植物油投放。这些措施的实施，有力地保证了粮食市场供应，维护了粮价基本稳定，为国家管理好通胀预期发挥了重要作用。

二是搭建平台产销对接，促进粮食区域平衡。为解决粮食日益凸显的区域供求不平衡矛盾，"十一五"期间共落实实施了政策性粮食跨省移库计划 214 亿公斤，充实了薄弱地区的粮食库存。不断健全产销衔接机制，深化产销合作，各种粮食交易合作洽谈会等产销合作机制不断发展，五年累计签订粮食购销协议约 750 亿公斤，促进了产区粮食有稳定的销路，销区粮源有可靠的保障。

三是加强粮食应急体系建设。粮食应急体系初步形成，各地已确定粮油应急加工定点企业 3521 家，应急供应定点企业 11142 家，有效地保障了各种灾害期间受灾地区的粮油供应，在抗灾救灾中发挥了重要作用。2010 年，国家专项安排向西南、西北旱灾地区调运粮食 14.2 亿公斤，指定企业限时加工中央储备粳稻 2500 万公斤投放云南市场，及时将 2671 万公斤救灾用粮发放到地震、泥石流灾区的灾民手中。由于北京、上海、广东等地精心组织安排，保障了北京奥运会、上海世博会、广州亚运会等重大活动的粮油供应和质量安全。

四是充实粮油储备优化布局结构。进一步加强中央储备粮行政管理，调整中央储备粮品种结构和区域布局，提高了中央储备食用油、大豆的比重，增加了西南、西北等地区的库存量。利用粮食连年丰收的有利时机，充实地方粮油储备，小包装成品粮油储备从无到有，并逐步充实，保障了应急供应需要。

（四）大陆粮食收购政策

在加强粮食宏观调控的同时，大陆粮食机构切实抓好粮食收购，有效地保护了种粮农民利益。首先是稳步提高粮食收购价格。国家综合考虑粮食生产成本、供求形势、价格走势和经济形势等因素，2010 年稻谷和小麦平均价格较 2005 年提高 25%～40%，到 2014 年早籼稻、中晚籼稻和粳稻最低收购价格分别为每 50 公斤 135 元、138 元和 155 元，比 2013 年分别提高 3 元、3 元和 5 元；2014 年生产的小麦（三等）最低收购价为每 50 公斤 118 元，比 2013 年提高 6 元。

其次是完善了粮食最低收购价预案和临时收储工作方案。认真研究粮食产需和市场形势，会同有关部门在新粮上市前研究制定并及时公布小麦、早籼稻、中晚稻最低收购价执行预案和玉米、大豆、油菜籽临时收储工作方案，扩大政策性粮油收购范围，完善启动、监管和补贴机制，根据粮油市场情况适时在主产区启动最低收购价和临时收储，稳定了市场价格，保护了农民利益。

第三是切实落实粮食收购各项政策措施。各级粮食部门把落实国家粮食收购政策、抓好粮食收购，作为工作的重中之重。指导和督促国有粮食企业带头执行收购政策，引导和规范多元市场主体有序收购，合理布局收购网点，不断提高服务水平，方便农民售粮。"十一五"期间，全国各类企业共收购粮食13143亿公斤（原粮，下同），其中国有粮食企业收购7106亿公斤，比"十五"时期增加23%，继续发挥主渠道作用；多元市场主体共收购粮食6037亿公斤，占46%，搞活了粮食流通。五年间，按最低收购价、临时收储和补贴收购政策共收购粮油2674亿公斤，有力地促进了粮食稳定增产和农民持续增收。

（五）大陆粮食流通市场体系逐步完善

由于各项措施的实施，大陆新的粮食流通体制基本建立起来了，各级粮食部门认真落实国务院的总体部署，结合各地实际情况，不断完善政策措施，加快推进政企分开，规范政府调控与企业经营之间的关系，粮食行政管理部门将工作重心转到了市场调控、监管和行业指导、服务上，使粮食企业真正建立了自主经营、自负盈亏的经营机制。

完善粮价形成机制。粮食价格主要由市场供求形成，在粮价过低时，认真落实国家粮食最低收购价政策，并采取临时收储、补贴收购等措施，保护种粮农民利益；在粮价过高时，通过批发市场公开竞价销售政策性粮食，稳定市场粮价。浙江、福建、广西、新疆等省区积极探索价外补贴的方式，通过订单收购掌握储备粮轮换粮源。形成了以国有粮食企业为主导、多元市场主体共同参与的粮食流通新格局。截至2010年底，国有粮食企业通过改制改组调整到16549家，企业结构和布局优化，市场竞争力不断提高，资产规模达到8291.6亿元，净资产达到936.7亿元。同时，其他多元主体获得了快速发展，到2010年底取得收购资格的多元主体达到7万多家。

粮食市场体系建设的步伐加快。粮食收购、零售、批发、期货市场稳步发展，经营规模进一步扩大，结构布局逐步优化，服务功能进一步完善。建立健全全国统一的粮食竞价交易系统，在配置粮食资源、服务宏观调控中发挥了重要作用。粮食安全责任进一步落实。广东、浙江、云南等地实行了粮食安全行政首长负责制考核制度，福建将落实地方储备规模纳入行政首长政绩考核内容。各地高度重视地方粮食储备建设，五年间地方粮油储备规模稳步增加，地方储备粮管理逐步完善，调控区域市场的能力显著增强。

粮食流通基础设施条件进一步改善。"十一五"期间，粮食流通基础设施建设由以国家全额投资为主逐步转变为以企业投资为主、中央和地方政府给予适当补助投资支持的新模式。五年间中央财政共安排资金约100亿元，地方和企业投资约 700 亿元，用于粮食仓库设施、物流设施建设和仓房维修改造。截至 2010 年末，全国粮食仓储企业有效仓容、罐容、粮食烘干能力、散粮中转设施接收能力分别达到 3.2 亿吨、1178.4 万吨、7.1 万吨/小时和 47.7 万吨/小时，分别比"十五"末增加 23.1%、145.3%、47.9%和 53.9%。"农户科学储粮专项"成效显著，累计为农户建设新型小粮仓约 200 万个，每年可减少农户存粮损失约 2.6 亿公斤。

粮食产业化经营快速发展。"十一五"期间，国家粮食局会同中国农业发展银行两次确认 1000 多家重点支持的粮食产业化龙头企业，在信贷资金上给予优先支持，各地还积极争取财政资金支持，推动粮食产业化龙头企业加快发展。目前，规模以上国有粮食产业化龙头企业达到 929 个，产业链条不断延伸和完善，促进了农民增收、企业增效和粮食流通产业发展。

（六）大陆《粮食法》制定工作加紧推动

加强依法行政和依法管粮，有效维护粮食流通市场秩序，积极推进粮食流通法制体系建设。粮食部门深入贯彻《粮食流通管理条例》和《中央储备粮管理条例》，积极修订相关配套制度办法，依法履行工作职责。各地加快粮食立法进程，出台相应的地方法规、规章和规范性文件，为推进粮食依法行政提供制度保障。2014 年 12 月 21 日，国务院法制办公布《粮食法（征求意见送审稿）》，听取社会各界意见。

征求意见送审稿明确我国境内的粮食生产、流通、消费活动适用于《粮食法》，并从我国国情、粮情出发，坚持了以下基本原则：一是坚持"以我为主、立足国内、确保产能、适度进口、科技支撑"的粮食安全战略，确保谷物基本自给、口粮绝对安全的原则；二是坚持国家宏观调控下省级人民政府行政首长负责制的原则；三是坚持发挥市场机制决定性作用与加强完善宏观调控有机结合的原则；四是坚持保护粮食生产者积极性与维护粮食生产者、经营者、消费者合法权益统筹协调的原则；五是坚持与世界贸易组织（WTO）等国际规则和国际惯例相符合的原则；六是坚持与现行法律法规相衔接的原则。

粮食安全实行国家宏观调控下的省级人民政府行政首长负责制。国家实行粮食安全考核问责制度，在粮食安全责任上，要求上级人民政府对下级人民政府在保护耕地和水资源、发展粮食生产、落实粮食储备制度、处置粮食应急状态、保障粮食供应和质量安全、监管粮食市场等方面的情况进行监督，并纳入政府绩效考核体系。征求意见稿规范粮食生产、收购、储存、加工、运输、销售、进出口等环节的检验、记录、出证、索证活动，建立健全粮食质量追溯体系。

粮食领域向社会开放，首次成为《粮食法》的原则之一。我国一直以来对粮食实行以市场调节为主、政府储备为辅的购销制度，同时对粮食收购实行保护价政策。

征求意见稿规定国家实行宏观调控下市场调节粮食生产、流通、消费活动的管理体制，粮食收购、储存、加工、运输、批发、零售等领域对社会开放，粮食行业组织应当加强行业自律和服务，维护粮食市场秩序。加强粮食仓储规范化和粮食安全生产管理，制订并实施《粮油仓储管理办法》，各地和企业积极建立和完善粮油仓储管理规章制度，开展粮油仓储规范化管理活动，规范仓储管理行为。

加强粮食收购资格审核和中央储备粮代储资格认定工作。截至 2010 年底，全国具有粮食收购资格的经营者 8.75 万家；具有中央储备粮（油）代储资格的企业 1906 户，资格仓容（罐容）9564.9 万吨，企业布局趋于合理。

粮食监督检查工作力度进一步加大。认真组织开展最低收购价和国家临时收储政策落实情况的监督检查，会同有关部门严厉查处损害农民利益、扰乱市场秩序以及"转圈粮"等违法违规行为，促进国家粮食收购政策落到实处。进一步加强对政策性粮食销售出库的监督检查，加大对"出库难"问题的查处力度。有效维护了粮食流通市场秩序。

二、台湾地区粮食作物流通状况

（一）台湾地区粮食事务管理协调部门

台湾地区的粮食主管部门是"农业委员会第二办公室"，该办公室下设四个科，分别负责公粮、粮食市场、粮食品质和质量标准、肥料和饲料等事务，办公室在各县、市下设办事处。

台湾地区粮食行政管理机构的职责是调节岛内粮食供需、稳定粮食价格、提高粮食品质、维护粮食生产者和消费者利益，主要负责全省农产品种植、加工、流通、规划、市场监管、收购、储藏等宏观管理事务。粮食行政管理机构（原资料为"农粮署"）组织中，与粮食流通管理职能相关的有粮食产业组和粮食储运组，相关科业务包括粮食管理科、粮食收购科、粮食储运科和粮食供销科等四个科，主要履行稻米收购、仓储管理、库存检查、仓房设施建设、粮食进出口、公粮（指政府所有储备用粮，包括军粮、供应学校机关及应急用粮）供销等相关职能。粮食行政管理机构（原资料为"农粮署"）在全岛设东、南、西、北四个区支机构。

粮食主管部门及其办事处的主要职责是委托各级有资质的农会和粮商收购公粮；策划粮食的产销，会同有关部门制定计划，以稳定粮食供需；办理粮食生产、消费、成本与市价间的调查和统计，建立农户耕地资料，作为制定粮食产销及管理的依据；限制粮食进出口数量，会同有关部门辅导农户进行优质米的生产和销售；掌握粮源，稳定粮价；粮商购进、售出、储存、加工、销售粮食的登记造册，并派人核实等工作。

作为台湾地区的粮食行政管理机构，粮食行政管理机构（原资料为"农粮署"）相关科室依照台湾粮食管理有关规定开展粮食宏观管理事务工作。台湾粮食管理有关规定根据粮食产需形势以及粮食进出口市场的需要，先后多次进行了修订。

（二）台湾地区粮食收购与流通相关规定

台湾保证岛内粮食作物流通及安全所采取的措施主要有：

一是确保不低于维持 3 个月的储备粮数量。为保证岛内粮食安全，台湾地区在粮食管理相关规定中明确规定"稻米安全存量标准"，于 2006 年 9 月 25 日通过相关主管部门发布实施，规定粮食行政部门应保证不低于至少维持岛内 3 个月消费的安全储粮标准，高于联合国粮农组织建议的 17%～18%的储备水平。依照该条款，粮食行政管理机构（原资料为"农粮署"）每年制定粮食收购计划，实施岛内稻谷保护价收购，并采购一定进口数量稻米，维持不低于 3 个月的安全储粮标准，基本能够满足应急及调控需要。据此推算，台湾储备稻谷库存水平基本维持在 30 万～40 万吨左右。台湾当局根据稻米价格情况适时拍卖公粮、进口稻米，达到调节岛内价格的目的。

二是实施公粮收购、指导收购和余粮收购三种收购方式。为保护农民的种粮积极性和利益，台湾从 1974 年起实行按保护价定量收购公粮和按指导价收购余粮的政策，公粮的粮权属于当局。公粮计划收购阶段的目的是增加稻农收益，该阶段收购数量较大，价格较高，公粮的保护价一般高于市场价格。指导性收购阶段是为了稳定市场价格和供需。余粮收购阶段则是在市场粮价过低时启动，目的在于支撑市场价格，避免粮食价格低于粮食生产成本，保护农民基本收益。余粮的指导价趋于市场价格。台湾对于公粮实行非强制性收购，农民视粮食市场价格和供需的变化，可以向当局出售公粮，也可以将全部粮食卖给粮商。

公粮收购由粮食主管部门委托具备资质的农会和粮商承担。公粮的收购数量依据农民水稻耕种面积进行限量收购，按保护价收购公粮数量，按指导价收购余粮数量。

三是在 20 世纪 80—90 年代建设了足够仓容的粮仓来保证公粮收购和储藏。台湾当局自 1975 年启动第一期"四年建仓计划"及第二期"新三年建仓计划"，到 1982 年，拨款补助各地农会建设的稻谷仓房达到 673 栋，仓容达 61.32 万吨。但随后由于粮食增产而外销不畅，且岛内稻谷需求减少，导致仓容不足，又于 1983—1986 年启动"新四年建仓计划"，补助各地农会建设粮食及肥料仓库 185 栋，仓容达 11.58 万吨。从台湾农业主管部门（原资料为"农委会"）2000 年统计数据来看，全岛农会总仓容达到 183.54 万吨，总仓容远高于台湾全年稻谷产量。2001 年之后，当局在仓房建设方面主要出资补助仓房提升功能，增加仓房的冷藏设备，进行技术改造，推广低温储粮技术。2006 年，当局继续在全岛实施了"粮食仓储现代化计划"，补助农会在平房仓中增加冷藏设施并充实库区内的仓储加工配套设施，推动稻米分级储藏，提高储藏品质，有效改进作业环境，提高公粮营运管理效率。

四是补助并指导各地农会设立稻谷干燥中心。台湾粮食行政管理机构（原资料为"农粮署"）指导农会在产区设立谷物干燥中心，接收农户收获的湿粮后直接分级干燥、输送入仓并分等级储存，建立稻米收获后机械化处理作业体系，以减少农民干燥稻谷的劳力及运费。2007 年，台湾地区 11 个县市补助 19 个乡镇设立了大量的烘干设施及低温中转仓等配套设施。

（三）台湾地区粮食作物流通模式

台湾稻米等粮食作物的流通主要包括收购与市场销售两种。粮食收购按照政府的收购政策进行。市场销售方面，粮食流通主要有批发和零售两种方式。以稻米为例，批发主要依托分布在各县市的米谷同业公会（简称米谷公会）来进行。米谷公会是一个民间组织，是稻米加工、采购、运销、批发、零售等企业在长期合作中形成的共同销售网络。该网络采取以信息化为基础、品牌为内涵，建立健全食用米的运销体系，发展企业化经营，降低经营成本。同时，根据当前消费群体的变化，逐步发展家庭配送、邮购或电子商务等，拓展食用米配送体系。零售方面，台湾粮食零售主要采用在超级市场、便利店、传统零售店销售。具体流通模式可见图 6.1。

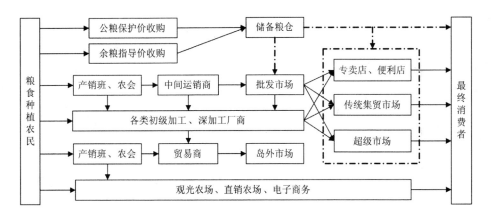

图 6.1　台湾粮食流通模式

资料来源：作者依据相关资料整理。

　　各种产销班、合作社和农会是台湾的粮食生产者组织，在台湾的粮食生产、流通中发挥着独特的作用。台湾各种农会组织遍布各县、市、乡、镇，农会往往下设信贷部、推广部和供销部等多个部门，为入会的农户提供服务，负责协助农委会推行农业及粮食的政策，推广新技术、新产品。农会在初期是农民自发的组织，以征收少量的会费作为开办费。经过不断发展，目前农会已发展成为财团法人，有自办的经济实体，可以独立经营农业生产资料、粮食等业务，农会有了稳定的收入。

　　台湾的粮食储存分为公粮储存和自营粮储存。公粮储存由粮食主管部门选择有资质的农会及粮商的仓库承担，与其签订委托书，并定期对储存情况进行检查，保管费用由当局承担。自营粮储存一般由农会组织运营，采用市场化机制运营。台湾粮食储存期短，一般是半年到一年，个别粮库也有储存两年的情况。台湾粮食的安全储备量 40 万～50 万吨（糙米），约 4～5 个月的销量。公粮（储备粮）的轮换一般是随新粮收购轮入，轮出的粮食主要用于学生午餐、军队用粮、外销、饲料和工业用粮等；私粮与市场需求对接紧密，储备周期更短。

　　台湾粮食储藏技术发展很不平衡。在当局的推动下，台湾粮食干燥技术达到了世界先进水平，采用先进的低温储粮技术，呈现出很好的发展势头，但就其常规储粮技术和管理而言则较粗放。台湾大多数粮商都有自己的仓库、加工厂、烘干设备。储存设施主要是房式仓或大跨度仓房，储粮方式主要是包装储存，包装定量多为 60 公斤（稻谷），近两年从美国引进了 1 吨装的集装袋储存方式。

三、两岸粮食物流运输模式及其比较分析

（一）包粮运输

该模式是传统的粮食物流方式，即将收获的粮食干燥后装入麻袋或塑料编织袋制成的包装袋内中运往当地的粮食经销商处，当地粮食经销商大量收购当地粮食，达到一定数量后分销到各买家。目前，包粮运输模式在大陆粮食流通模式中仍占有很大比例。

包粮运输模式具有如下优点：一是灵活性强，方便各种运输方式运输；二是粮食在物流过程中除装袋时混入少量灰尘外，在物流过程基本上不会再混入灰尘，有利于保证粮食的卫生安全；三是包粮运输有利于分等级储运粮食和多品种小批量运输；四是包粮运输以包装袋为载体，在流通过程中，粮食不用再装进装出，在某种程度上大大降低了粮食的破碎抛洒率。其缺点主要有：一是包粮运输需要使用大量的包装袋，增加了粮食物流成本；二是包粮模式需要仓库内留出主要通道，供粮食的搬运、储藏，导致仓库空间利用率低。

从大陆粮食运输的情况来看，在多品种、小批量运输以及稀有品种粮食运输和名贵品种的大宗粮食运输中，包粮运输模式依然大量存在，但其包装方式需要进行改进。从台湾粮食运输情况来看，包粮运输模式大多存在于品牌粮、粮食加工品的运销中。

（二）散粮运输

该模式是指粮食的散装、散卸、散储、散运，是目前国际上通用的粮食运输方法。与包粮运输模式相比，散粮运输模式在运输过程中不使用包装袋进行包装。在陆路运输中，粮食通过散粮专用车进行公路运输，或通过散粮专用火车车厢进行铁路运输；在水路运输中，粮食则通过散粮运输船进行运输。

散粮运输模式的主要优点有：一是不需要使用包装袋，节约了大量包装费用，规模经济效益较高；二是机械化程度高，大大提高了粮食物流效率，进而节省了大量的人工费用；三是有利于实现多式联运，提升物流效率；四是便于粮食的储存保管及其信息化管理。其主要缺点是：一是散粮运输过程中，每一个环节粮食都需要装卸移动，增加了粮食的抛洒、破损和产生粉尘的几率，不

仅对环境有污染，还有粉尘爆炸危险。为此企业还需购买防尘防爆设施，大大增加了投资成本。二是我国一些地区现有的粮食仓库不适合粮食的有效分等、分类以及贵重粮食种类的小批量储存。三是散粮的长距离运输主要依靠铁路网络，以及专用的铁路粮食车辆，需要较高的铁路运力和较高水平的调度能力，否则会造成铁路网络的运力不足以及空返现象。

目前，大陆稻谷、小麦、玉米这三个品种的总产量所占的比重合计超过粮食总产量的80%，东北地区主产玉米、大豆、水稻等粮食品种，品种流通量大，且东北地区铁路网络密集，粮食运输基础好，适合散粮运输。台湾地区在粮食产地集中收购和大宗出口中也会用到散粮运输。

（三）散粮集装箱化模式

散粮集装箱运输模式的具体流程是将收获的粮食积累到一定数量后直接装入集装箱，然后进行烘烤、防霉、除虫等一系列操作后将集装箱进行密封，随后在全程物流中都以集装箱为载体进行粮食运输，直到配送到消费地后拆箱进库。

散粮集装箱模式的主要优点有：一是散粮集装箱运输全程以集装箱为载体，可以实现公铁、铁海多式联运。运输方式灵活，具有很强的适应性。二是可以满足多品种、小批量的粮食运输要求，以及粮食的分等级运输。三是集装箱运输在我国发展已初具规模，各种集装箱运输的配套设施也已经建设得比较完善。利用集装箱进行粮食运输可以充分利用现有的集装箱运输装卸搬运设备，减少了基本设施的投资预算，提高了规模经济效益。四是散粮集装箱运输效率高、手续简单、费用低、作业相关限制条件少。集装箱运输机械化程度高，工作效率比包粮运输及散粮运输都要高，有利于大陆地区粮食物流作业整体水平的提高。其主要缺点就是粮食集装箱运输需要采购大量的集装箱作为载体，初始投资大。

在相关政策引导下，大陆地区粮食作物集装箱运输系统的发展已初见成效，具备了一定的规模，并具有广阔的市场前景。受运输距离和运输总量限制，台湾地区粮食作物的散粮集装箱运输相对规模有限。

第三节　两岸粮食流通合作模式及对策建议

一、加快两岸协商，促进两岸粮食贸易的直接往来

台湾人喜食粳米，粳稻耕种面积占 87%，同时很注重改良品种，推行优质米的生产计划。台湾人很推崇自产的优质米和品牌米，但是台湾的粳米，无论从外观、还是口感上都不如大陆东北的粳米。同时两岸大米价格一般相差 4 倍以上，因此东北的粳米在台湾具有明显优势，台商也十分看好物美价廉的东北粳米。台湾每年要拿出十几亿美元在国际市场上购买小麦、玉米、大豆等其他品种的粮食，而大陆的小麦资源丰富，玉米每年出口，还是非转基因产品，完全可以满足台湾市场的需求。为实现两岸贸易的直接往来，应加快促进大陆粮食直接销往台湾市场。

二、因地制宜地发展稻谷干燥技术

稻谷在大陆约占粮食总产量的 40%，因其自身的品质特性，其耐储、耐热性能都比较差，属于难储存的粮食品种。稻谷收获后，保持品质的第一关键是及时干燥。一般来讲，机械烘干会引起爆腰，增加破碎，增加费用，在大陆很少采用。对稻谷干燥大陆采取的主要是自然晾晒干燥，但往往由于天气、场地的原因，晾晒不及时，就会出现发霉、变黄，影响品质。

而台湾的粮商十分重视稻谷的烘干技术，多数米厂、干燥中心都建有稻谷烘干机组。据了解，台湾 95% 以上的稻谷都要经过机械化烘干。达到如此高的普及率，主要有以下几个原因：一是台湾一直推广"辅助烘干计划"购置烘干机。二是不断研究完善烘干技术。通过多年的发展，稻谷的低温、间歇式、循环干燥技术在国际上具有先进水平。大陆主产水稻的地区，应借鉴台湾的成功经验和技术，因地制宜地发展稻米烘干技术，以减少产后损失，提高稻米的品质。

三、重点发展稻谷低温储藏

在台湾除了粮食烘干技术外，还在使用谷物冷却机的低温储粮技术，即采用加保温层的钢板筒仓，配有谷冷机，能避免虫霉发生和保持品质的新鲜。低温储藏，是为适应消费者对大米品质、口感更高的要求而发展的。大陆发展低温储粮技术并不比台湾晚，但从实际应用的状况看不如台湾，其主要原因是缺乏市场机制。随着社会的发展和消费者的要求不断提高，人们对绿色、无污染、新鲜、口感好的食品的要求日益迫切，低温储藏技术会大有发展，大有作为。因此，大陆要加强对低温储粮技术的研究，不断培育有利于低温储粮技术发展的市场，以推动低温储藏技术在大陆的发展。

四、发挥粮食行业中介组织作用，进一步加强两岸粮食企业的交流与合作

"台湾粮食同业公会"在当局与企业和消费者之间扮演着非常重要的角色。台湾地区粮油市场开放较早，各粮食同业公会发挥着积极的作用，在保证行业整体利益和健康发展的前提下，引导和推动本行业的发展。"同业公会"了解行业企业的需求和利益，作为会员企业的代言人，积极向当局管理部门反映企业的要求，如向当局争取资助和优惠政策。同时，"同业公会"也组织会员企业贯彻当局的利民政策，如推广优质米和低温保鲜技术等。大陆的粮食行业协会、粮食贸促会也应随着粮食市场的进一步放开，注意发挥桥梁和纽带作用，引导企业健康有序地发展。特别是在两岸之间，粮食行业协会、粮食贸促会可以以民间的方式，在两岸粮食行业的交流方面发挥较大的作用。增强两岸粮食企业的相互了解，寻求合作机会，为两岸粮食贸易创造条件。

第七章　两岸果蔬产品流通模式比较

第一节　两岸果蔬产品供求特征比较

果蔬是人类膳食营养的重要源泉，为人类提供维生素、矿物质、纤维素等主要成分。水果是植物的果实，主要有苹果、梨、桃、杏、李、樱桃、香蕉、橙、橘子、葡萄等，蔬菜则包括植物的根、茎、叶、花、果等多个部分。它们直接或间接地为人类提供食物，据统计目前进入人类饮食结构的作物种类约有1000多种。

果蔬产品是指经过分选、分级、清洗、预冷、冷藏、运输等其中的一个或者几个阶段处理的新鲜水果和蔬菜，即通常意义上的新鲜果蔬。由于水果、蔬菜具有基本一致的化学成分性质及色、香、味、质地和营养，在流通过程中的品质保障、储藏寿命变化规律也基本相同，人们往往将它们合称为果蔬产品，经营果蔬产品的行业也统一称为果蔬产业。果蔬流通包括果蔬产品从生产出来一直到消费者手中整个传递过程中所涉及的一系列活动。由于果蔬具有独特的自然属性和供求特性，果蔬流通表现出明显的不同于工业品流通的特征：①流通量大，种类品种复杂。②流通网络分布广，流通线路长。③易腐烂，季节性强，保鲜技术难度大。④均衡流动，不间断。⑤运输手段多，温湿度变化大。果蔬的流通及其贮运保鲜是保障果蔬安全、卫生、新鲜、可持续供给的必然途径。

一、两岸果蔬的主要品类与产量

（一）大陆果蔬的主要品类与产量

中国大陆的水果和蔬菜种植面积和总产量居世界首位，是世界果蔬第一生产和消费大国。据统计，2013 年大陆的果园面积为 1237.1 万公顷，水果总产量 2.51 亿吨；蔬菜播种面积约 2089.9 万公顷，总产量 7.73 亿吨，销量也达到了 7.51 亿吨。

大陆的主要大宗水果有苹果、柑橘、梨、桃、香蕉、葡萄等，其他的如菠萝、龙眼、芒果、番木瓜等果品也有较大产量。目前大陆种植面积较大的前 7 位水果依次是柑橘、苹果、梨、桃、荔枝、葡萄和香蕉，占到果园种植总面积的近七成；产量居前 7 位的树种依次是苹果、柑橘、梨、桃、香蕉、葡萄和荔枝。产地方面则以山东、陕西、广东、河北、广西、河南、四川等省的产量居于前列。

大陆的蔬菜品种很多，种植规模居前 7 位的为大白菜、黄瓜、萝卜、番茄、辣椒、茄子和大葱，其产量占全国总产量的近七成，尤其大白菜生产最多。大陆的蔬菜种植区域主要划分为：华南与长江中上游冬春蔬菜区，黄土高原与云贵高原夏秋蔬菜区，黄淮海与环渤海设施蔬菜区，东南与东北沿海出口蔬菜区，西北内陆出口蔬菜区。种植面积高于 50 万公顷的省份有山东、河南、江苏、四川、河北、湖北、湖南、广西、安徽、福建、云南、浙江、贵州、重庆和江西等 15 个省份，占总种植面积的八成多。

（二）台湾地区果蔬的主要品类与产量

台湾地区属于热带与亚热带气候，周年皆能生产蔬菜水果，如每年 5～9 月夏季可生产暖季蔬果、秋冬季可生产冷季蔬果。由于地理环境与生产技术的优势，台湾生产的果蔬种类繁多，质量好、风味佳，且一年双收、三收及周年生产的蔬果种类众多。2012 年台湾农产品产出值约 2229 亿台币，其中水果占 35.5%，蔬菜占 27.6%。

目前产出的水果种类众多达 30 多种，产区遍布全省，水果主要种植面积约 19 万公顷、产量 267 万吨、产值 790 亿台币。年产值最高的 10 种水果品项分别为菠萝、芒果、梨、葡萄、香蕉、龙眼、释迦果、荔枝、番石榴、莲雾，每种年产值均超过 24 亿台币。水果主要产地多集中在台湾中南部，如台南县、屏东县、高雄县、台中县及南投县等。

蔬菜方面，因台湾气候高温多雨，适合蔬菜种植，加上每年秋末水稻收获后至播种前有农地空闲期，因此冬季蔬菜产量特别丰富。蔬菜主要种植面积约14万公顷、产量约270万吨、产值615亿台币。蔬菜种类繁多约有180余种，主要食用种类约100种。其中，年产值最高的10种蔬菜品项分别为葱、竹笋、甘蓝、西瓜、蒜头、洋香瓜、茭白笋、花椰菜、西红柿、结球白菜，每种年产值均超过12亿台币。台湾各县市均有蔬菜生产，但以中部彰化县及云林县为主要产区，按产量排序的前五名依次是云林县、彰化县、屏东县、台南县及嘉义县。

二、两岸果蔬加工品情况

（一）大陆果蔬加工品情况

大陆的果蔬加工业近年来取得了令人瞩目的成就，果蔬加工品在大陆果蔬产品贸易中占据了重要地位。目前，大陆的果蔬加工业已具备了一定的技术水平和较大的生产规模，外向型果蔬加工产业布局已基本形成。

从技术上说，大陆已普遍采用先进的无菌大罐技术、真空多效浓缩技术、高效榨汁技术、冷冻浓缩技术、无菌冷灌装技术等加工技术，果蔬汁加工业有了较大的发展。在果蔬保鲜领域，大宗果蔬如苹果、梨、柑橘、葡萄、番茄、青椒、蒜薹、大白菜等贮藏保鲜及物流技术的研究与应用方面基本成熟，冷藏技术、自发气调保鲜（MAP）技术、气调（CA）技术、各种新型保鲜剂等已在大陆主要果蔬贮运保鲜业中得到广泛应用。

从品类上说，根据加工原料、加工工艺、制品风味的不同特点，大陆主要果蔬加工品有以下几类：罐制品（糖水橘子、糖水桃、盐水蘑菇）；干制品（葡萄干、柿饼、萝卜干、笋干）；汁制品（苹果汁、柠檬汁、胡萝卜汁）；糖制品（果酱和蜜饯，草莓酱、苹果脯、蜜金梅）；腌制品（酸萝卜、糖醋蒜、酱黄瓜）；酒制品（葡萄酒、柿子酒、苹果酒）；速冻制品（速冻豆角、速冻荔枝、速冻草莓）。

从产量上说，大陆果蔬加工业不断发展，产量随之稳步提升。以罐头为例，目前水果罐头年产量130万吨，有近60万吨用于出口，出口量约占全球罐头出口市场的1/6，其中橘子罐头出口量占世界产量的75%；蔬菜罐头的出口量超过140万吨，其中蘑菇罐头和芦笋罐头分别占世界贸易量的65%和70%，番茄酱罐头出口量突破80万吨。此外，大陆脱水蔬菜出口量位居世界首位，品种包括干制香菇、银耳、竹笋、脱水洋葱、大蒜、胡萝卜、姜、青刀豆、花椰菜、萝卜条、葫芦条等20多种。

（二）台湾地区果蔬加工品情况

农产加工业在台湾经济发展过程中扮演举足轻重的角色。初期台湾生产蔬果多为生鲜食用，蔬果加工主要目的则为贮藏或改善风味。主要发展品项包括：果蔬汁、西红柿制品（整粒西红柿罐头、西红柿酱）、果酱、果糕、果冻、酸性蔬果罐头（菠萝罐头）、低酸性蔬果罐头（洋菇罐头）、干燥蔬果制品（萝卜干、柿饼、干燥糖渍菠萝、蜜饯制品）、腌渍品（盐渍梅、中式酸菜、榨菜、泡菜、荫瓜）。

近年来，台湾当局为提升农产品竞争力，加强食品科技研发，配合强调方便与健康之消费趋势，发展及改进蔬果制造加工新技术，改善质量，延长保存期限；同时开发本土农产品为特色的保健食品，提升产业水平及加工产品竞争力，更带动农业生产及农产品消费。

三、两岸果蔬产品生产的进出口情况

（一）大陆果蔬产品的进出口情况

大陆的果蔬产品种类多、数量大，大量销售到国际市场。2008年以来，虽然受国际金融危机影响，果蔬出口额仍然保持稳定。特别是通过完善高标准蔬菜基地建设和加强出口果蔬质量监管工作等手段，充分发挥了大陆果蔬产品比较优势，出口市场布局更加合理，部分产品开始具有一定国际竞争力。进口方面，东南亚和美洲的一些国家为果蔬产品的主要进口来源地。

1. 大陆水果的进出口现状

长期以来，大陆水果以内销为主，出口比重较小。我国加入世贸组织后，水果进出口贸易持续增长，出口总量和总额均大于进口。2012年大陆的水果出口额63.2亿美元，同比增2.3%；进口额41.6亿美元，同比增长10.5%，贸易顺差达21.6亿美元。主要出口产品为苹果、鲜柑、梨、葡萄、桃等。另外，荔枝、龙眼等具有中国特色的水果及其加工制品的出口量也开始大幅增加。水果出口的传统地区主要是东南亚、日本和中国港、澳、台等地，占出口总量的七成左右。加入世贸组织后，苹果开始向北美、欧洲出口，苹果汁、橘瓣罐头等加工制品也开始大量销往欧洲、北美等市场。值得一提的，2013年产自山东的首批大樱桃产品在台湾顺利通关，标志着大陆水果首次直接出口台湾市场，为今后两岸果蔬贸易打开了良好的开局。

进口方面，香蕉一直是大陆进口最多的水果，此外还包括高档苹果、葡萄、猕猴桃、火龙果等果类。进口主要来源地是东南亚和南美洲。

2. 大陆蔬菜的进出口现状

我国是全球蔬菜出口大国，进出口贸易发展非常快，贸易顺差也不断扩大。从1995年到2012年，出口额从21.6亿美元上升到100亿美元，增加了接近5倍，贸易总额增加了约3.4倍，贸易顺差增加了3.5倍。2013年，大陆蔬菜的出口额为115.8亿美元，同比增长16.2%；贸易顺差111.6亿美元，同比增长16.8%。

从产品结构来看，大陆的蔬菜出口品种丰富，鲜蔬菜、冷藏冷冻蔬菜、腌渍蔬菜、什锦蔬菜等加工保藏类蔬菜和干（脱水）蔬菜是出口主体。但近年来，随着我国蔬菜保鲜和初加工技术与条件的提高，出口蔬菜产品结构有所变化，在保持传统产品类型和品种优势的基础上，不断向国际蔬菜消费主流靠拢，产品结构也有所改善，主要表现为干蔬菜出口比例大幅下降，而加工保藏蔬菜出口量和出口额不断增长。目前，按照出口额计算，位居大陆前十大出口蔬菜的产品依次是鲜或冷藏的蒜头、番茄酱罐头、干香菇、姜、干燥或脱水的大蒜、小白蘑菇罐头、鲜或冷藏的洋葱、鲜或冷藏的胡萝卜及萝卜、干木耳、非用醋制作的酸竹笋及其他竹笋罐头。

大陆蔬菜生产和出口基地主要集中在山东、福建、浙江、江苏和广东等省份。这部分地区土地价格和劳动力价格上升较快，这也是近年来大陆蔬菜比较优势下降的部分因素。蔬菜出口的市场主要集中在以日本和韩国为代表的东北亚市场，以越南、马来西亚和印度尼西亚为代表的东盟市场，以德国、意大利和荷兰为代表的欧盟市场，以美国和加拿大为代表的北美市场以及俄罗斯市场。2012年我国蔬菜出口额排名前十位的国家或地区有日本、韩国、美国、马来西亚、泰国、越南、中国香港、俄罗斯、印度尼西亚和德国。

蔬菜进口方面，产品品类主要包括冷冻的马铃薯、番茄沙士、蔬菜种子、干辣椒、冷冻的豌豆、甜玉米等。美国和东南亚国家为大陆进口蔬菜的主要来源国，而近年来大洋洲、非洲来源进口量均呈大幅增长趋势。

（二）台湾地区果蔬产品的进出口情况

台湾地区2002年成为世界贸易组织会员后，农产品销售市场从以往的高度内销导向逐渐调整为以"内销为主、外销为辅"的营销模式。根据WTO统计数据显示，台湾为全球第十大农产品进口地区，属于农产品贸易的逆差地区。

1. 台湾水果的进出口现状

台湾以拓展出口市场，进而带动其产地价格来稳定农民收益为方向，选定芒果、香蕉、荔枝、柑橘、木瓜、菠萝（凤梨）、葡萄、番石榴、杨桃、释迦（番荔枝）、印度枣、莲雾、火龙果、梨等具竞争力的水果产品，设置外销供果园，加强产销国际供应链管理，提升果品质量以促进出口。出口国家和地区主要包括日本、中国香港和大陆，特别是从 2005 年 6 月 1 日大陆国台办宣布对台湾 15 种水果（凤梨、释迦、木瓜、杨桃、芒果、莲雾、番石榴、槟榔、柚、枣、椰子、枇杷、梅、桃、柿）零关税进口开始，台湾水果在大陆的市场逐渐增大，品种主要有柑橘、芒果、坚果、番石榴、凤梨等。

台湾主要进口大宗水果包含苹果、樱桃及奇异果等。依据台湾农业主管部门（原资料为"农委会"）统计数据显示，2012 年台湾水果及其制品的出口量为 9.6 万吨，出口值约为 1780 万美元；进口量则为 41 万吨，进口值约为 7700 万美元，其中以苹果、梨进口量最大。美国、智利及新西兰为其主要进口来源。台湾从大陆进口的水果则主要集中在不适于在台湾生产的水果譬如枣，以及易于保存的水果，如坚果、干葡萄、冷冻果、奇异果。

2. 台湾蔬菜的进出口现状

台湾蔬菜的主要出口品类包括毛豆、胡萝卜、姜、莴苣、竹笋等。2012 年出口量为 10 万吨，出口值约 1 亿美元。其中毛豆九成出口至日本，竹笋、西红柿、胡瓜则主要出口大陆。此外，早期台湾为国际芦笋及洋菇市场上最大的出口地区，但近年来洋菇和芦笋的出口市场遭遇激烈的国际竞争，产量和出口量已大幅缩减。

近年台湾蔬菜进口量产值逐年上升，2012 年蔬菜进口量约 48 万吨，进口值约 3 亿美元。根据海关统计数据库，该年包括生鲜、冷冻及干燥等进口蔬菜合计 31.1 万吨，较上一年同期增加 34.8%，其中以花椰、甘蓝、白菜类 7.2 万吨及干豆类 6.4 万吨为主。主要进口国家及地区和进口量分别为美国 8.4 万吨、中国大陆 6.5 万吨及越南 4.5 万吨，其中越南进口量较上年同期大幅成长 66.8%。台湾十大主要进口蔬菜种类分别为马铃薯、甘蓝、洋葱、甜玉米、豌豆、花椰菜等。

四、两岸果蔬产品消费需求的特点

（一）大陆果蔬产品消费的需求特点

随着人们收入和生活水平的不断提高，食物结构也在向价值高、营养丰富的方向调整，对果蔬品需求的增长成为必然。从国际发展的趋势来看，水果人均消费量的增长是人们的食物消费结构向健康、营养方向调整的重要标志，而蔬菜的人均消费量基本呈下降趋势。

1. 数量与结构

改革开放以来，大陆的水果消费量呈现快速增长的态势。从 20 世纪 80 年代初期开始到近年，大陆居民的粮食和果蔬消费都经历了一个先升后降并逐步趋于稳定的过程。总体来看，蔬菜消费量的下降速度低于粮食消费量的下降速度，这主要由于水果和肉类等食物的消费量增长形成的替代效果所致，蔬菜消费量平稳下降表明人们的生活水平在逐步改善，人们对植物性食物仍保持一定的需求。

2. 类型与品种

大陆果蔬消费需求的首要特征是以生鲜为主，加工果蔬类消费较少。消费者始终保留传统的消费习惯，即习惯于消费鲜果、鲜菜，而对净果、净菜、深加工果蔬的消费相对较少。如对鲜菜的消费量占蔬菜总消费量的 98%。消费较多的蔬菜品种有：白菜、油菜、菜花、洋白菜、菠菜、青菜、冬瓜、黄瓜、西红柿、韭菜、豆角、青椒、空心菜、萝卜、胡萝卜、茄子、土豆、西葫芦等。主要消费的水果品种有：苹果、香蕉、梨、柑橘、火龙果、哈密瓜、葡萄、冬枣、柚子、樱桃、草莓、西瓜、香瓜、猕猴桃、桃等。

3. 安全质量需求

随着城乡居民生活水平的不断提高，消费者对果蔬质量和安全性的要求也越来越高，从而对果蔬的生产、加工、管理也提出了更高的要求。人们越来越关注果蔬的生产、加工及流通过程，要求果蔬产品无毒、无害、无污染、无残留的呼声愈发强烈。为提高蔬果产品食用的安全性，20 世纪 90 年代，农业部成立了"中国绿色食品发展中心"，规定了绿色食品的标准。政府也更加重视农业生态环境的污染以及农产品安全消费问题，目前已启动"无公害食品行动计划"，并确立了绿色食品、有机食品、无公害农产品"三位一体，整体推进"的工作方针，以全面提升中国大宗农产品的安全水平和品质质量，保障城乡居民食品消费安全。

（二）台湾地区果蔬产品消费的需求特点

台湾地区和大陆人民生活方式和饮食结构比较接近，果蔬在饮食中占有重要地位。目前台湾地区果蔬产品消费趋向于安全、有机、新鲜的果蔬产品。

1. 数量与结构

台湾果蔬属于台湾居民的生活必需品，果蔬消费量随收入的提高不断增加，台湾居民的谷类消费量日益减少，但水果蔬菜的消费量呈不断增长趋势，台湾居民的蔬菜消费量也愈来愈多，据统计目前每人年蔬菜食用量高达 112.3 公斤，比十年前高出 14.2 公斤，水果食用量也高达 143.3 公斤。

2. 类型与品种

台湾果蔬消费需求除生鲜以外，营养、卫生、可口、方便、新颖的果蔬加工品成为重要的需求特色。台湾消费的蔬菜高达 130 多种，叶菜类主要有结球甘蓝、不结球白菜、莴苣、荠菜、菠菜、蕹菜、苋菜、葱、韭菜、茼蒿、芹菜、大白菜（结球白菜）、芥蓝和抱子甘蓝；根菜类主要有萝卜、胡萝卜、甘薯、牛蒡、山药和根用芥菜；茎菜类主要有洋葱、大蒜、竹笋、姜、芋、荸荠、莴笋、莲藕、茭白、慈菇、芦笋、球茎甘蓝、马铃薯和茎用芥菜；花菜类主要有花椰菜、金针菜和青花菜；果菜类主要有黄瓜、西瓜、香瓜（甜瓜）、越瓜、丝瓜、南瓜、冬瓜、梨瓜、节瓜、苦瓜、蛇瓜、茄子、西红柿、甜椒、豌豆、毛豆、豇豆、刀豆、黄秋葵和菱角；食用菌主要有洋蘑菇、草菇、木耳、香菇和金针菇等。水果方面，由于台湾独特的地理环境，特殊的海岛气候和科学的管理技术，使得台湾水果具有品质高、风味好的特点。台湾消费的水果包括柑橘、菠萝、香蕉、番石榴、杧果、梨、番木瓜、槟榔、葡萄、龙眼、柿、莲雾、荔枝、番荔枝、枣、梅、桃、椰子、李、杨桃、枇杷和苹果等。

3. 安全质量需求

台湾消费者对果蔬的需求，已由量的满足，转换为质的追求，尤其是注重卫生、安全、有机、健康的高质量产品。为此，台湾早期推广 CAS 优良农产品标章验证制度，其中的 CAS 标章代表产品卫生、安全及质量优良，作为人们日常饮食采购的重要参考指标。据统计，目前消费者对 CAS 标章的认知度已达到 82%以上。当局还持续推动吉园圃安全果蔬标章制度，鼓励农民安全用药同时生产安全果蔬供消费者选购。

第二节　两岸果蔬产品流通渠道比较

果蔬产品流通是关乎人们生活质量和身体健康的民生大事。随着社会经济的发展和人民收入水平的提高，消费者对果蔬的品质要求也在不断提高，决定其新鲜度和安全性的流通渠道也因此备受关注。本节从参与主体、市场类型、模式等方面介绍两岸果蔬产品的流通渠道情况。

一、两岸果蔬产品流通的参与主体

（一）大陆果蔬产品流通参与主体

目前，大陆果蔬产品流通主体呈现多元化成分的格局，主要包括农民运销队伍、产销一体化组织、国有及合作流通组织以及超市、便利店等新型企业等。

农民果蔬运销队伍的主要代表有个体农民、商贩、专业协会式的农产品运销组织、运销专业户及其联合体、依托社区的农产品运销组织、购销合作社、贩运合作社等。其中一些果蔬运销合作组织以自愿互利为基础把农户与市场衔接起来，形成风险共担、利益共享的经济共同体，对解决大市场与小生产之间的矛盾起到一定的积极作用。

果蔬产销一体化组织又称为农工商一体化组织，主要包含两种形式：一种由国合（国营及合作）商业企业牵头，采取贸工农一体化形式的经济实体；另一种是由原来的农村集体经济组织演变而来的贸工农一体化农产品经营联合体。果蔬产销一体化组织将从事专业生产的农民与果蔬经营单位、加工企业或各种服务组织，按照自愿互利的原则，通过契约关系的方式把分散经营的同类产品或专业产品的生产、收购、储运、加工以及销售等环节有机结合起来，具有广阔的发展前景。

果蔬经纪商包括划价、司磅、会计等，是伴随着农产品流通其他组织形式的发展，为适应市场经济的需要发展而来的，其产生和发展从一定程度上缓解了农产品小生产与大市场之间的矛盾。目前农产品经纪商主要集中于产地批发市场，可代替购方客商履行同产地农民洽谈购买、议价、质量检查、过磅、组织装卸以及结算等职能。

国合果蔬品流通组织主要包括国有专业商业企业和供销合作服务机构，长期以来一直是大陆果蔬流通的主渠道，对发展生产、搞活经济起到了很大的作用，但随着多元化市场流通主体的发展，市场占有率明显下降。

新型果蔬农产品流通组织主要包括超市、生鲜便利店（或果品蔬菜专卖店）和农产品物流配送中心等。这些新型果蔬农产品流通是在大陆改革开放之后出现的，具有品种齐全、运作规范、信誉保证等特点，已成为重要的果蔬产品零售商终端。

（二）台湾地区果蔬品流通市场主体

台湾地区果蔬产品流通过程中的市场参与主体主要有农业合作组织、批发市场和其他承销商、零售商等。

台湾的农业合作组织形式多样，其中最主要的包括农会和农业合作社（场）。农会诞生于20世纪50年代初，是具有综合性服务功能的农民团体，不仅可以为农户提供农资供应、农技培训与推广、农产品促销等一般服务，而且还提供农业信贷和保险等事业。农会按行政区域组织，共三级农会即乡、镇等基层农会，县（市）农会，省农会。经过几十年的演化，台湾农会已经发展成为台湾最重要的农产品流通主体之一，也是农产品批发市场的主要经营主体和货源供应者。台湾的农业合作社是指依据台湾合作社相关规定而组织起来的专业性农民组织，主要业务有供销、技术推广、公共设施建设等。台湾目前有各种农业合作社共400多个，按业务种类分为生产合作社、运销合作社、供给合作社、利用合作社、保险合作社等。在组织农产品进行共同运销的过程中发挥着重要作用。

批发市场是台湾果蔬等农产品最重要的流通场所之一，目前已建成较为完善的一整套渠道体系。台湾1973年开始建立批发市场运销制度，1975年台湾当局通过设立全台性农产运销公司方案，同年由台湾当局、台北市当局、各级农会、区农会、农产品贩运商、农产品生产运销合作社等合资成立了台北果菜运销股份有限公司，目前下属第一以及第二果菜批发市场。台湾的果蔬批发市场还有三重果菜市场、桃园果菜市场、台中果菜市场、高雄果菜市场、凤山市果菜市场、屏东果菜市场等。经营主体方面，果蔬批发市场中有42%是由农会和合作社经营，58%为公司经营，市场交易方式采取议价、拍卖与议价结合的方式。批发市场将来自各主要产地的果蔬运销到主要消费地区，发挥集中与分散的功能，由于很多批发市场是公司合营和股份制性质，除了追求获利外，还有稳定物价、透明公开价格，保障农民和种植基地权益等任务。果菜批发市场有产地和销地市场之分，前者设立在果菜的重要产地，一般每乡镇一处；后者则设在人口集中的大中城市。台湾南部是果蔬主要产地，而北部为主要消费市场，大型批发市场主要在大台北地区。

此外，随着连锁商业的发展，超市等零售企业也在20世纪80年代后成为果蔬产品流通渠道的重要主体。在这些主体的共同参与下，批发市场等传统运销方式和新型连锁零售直销方式并存发展的果蔬流通市场体系日益发展完善。

二、两岸果蔬产品流通的市场类型

（一）大陆果蔬产品流通的市场类型

市场体系是果蔬流通主体相互关系的体现，是果蔬流通企业经营活动的载体。改革开放以来，大陆逐步形成了以传统城乡集贸市场为基础、以新业态为主流、以批发市场为中心、以收购市场和零售市场为两翼的果蔬市场体系，和一个与"小生产、大市场"相对应的，以多种经济成分、多种经营形式、多条流通渠道为特征的果蔬产品流通体系。这个体系的市场类型主要有以下五类。

1. 集贸市场

集贸市场是我国数量最大、分布范围最广的交易市场形式，其发挥着产地收购市场、产地和销地批发市场以及销地零售市场的部分功能。在大陆农村，果蔬产品主要依靠集贸市场交易，但总体交易量较小，价格较低，一般仅限于当地居民消费。因此，常有一些蔬菜商贩到产地集贸市场收购低价蔬菜，再进行长途贩运或营销。在城镇，集贸市场是供应市民"菜篮子""米袋子"的主要渠道。这一变化趋势与改革流通发展历程、果蔬集贸市场的建立和水果、蔬菜市场放开政策有着直接关系。

2. 批发市场

批发市场是进行大宗商品交易的场所。目前，大陆的大部分水果、蔬菜通过产地和销地批发市场进入城市消费。据全国城市农贸中心联合会2013年7月发布的数据显示，近年来大陆批发市场交易总额逐年增加，全国亿元以上农产品批发市场已达1884家，亿元以上农产品批发市场占总数量的比例达到70%。排名前30名的农产品批发市场交易总额为3564.27亿元。其交易方式主要是通过现货协商确定价格的。

大陆果蔬批发市场主要分为三类：一类是集中产地批发市场，其功能是将果蔬生产基地的果蔬和部分外地果蔬进行集中，再销往消费城市。这些市场一般规模较大，如全国著名的蔬菜集散地山东寿光市九巷蔬菜批发市场，年经营额达几十亿元，辐射 20 多个省、自治区和直辖市，已成为全国最大的蔬菜产地批发集散中心、信息汇集传递中心和价格形成中心。另一类是销地各级城市的农产品批发市场，其设立在果蔬消费区，向该地区供应果蔬。例如深圳布吉蔬菜批发市场，其年交易额达数百亿元，辐射了整个珠江三角洲和港澳地区乃至东南亚一些国家。产地批发市场与销地批发市场之间联系较为紧密，产地批发市场的果蔬一般要通过销地批发市场进入零售领域。第三类是利用某一有利因素（如交通便利，临近果品产区或当地具有贩运传统等）提高服务质量创造出来的，也称为地产地销批发市场，如江西赣州的果品批发市场。

3. 零售市场

中国果品蔬菜零售市场遍布城市和农村，其主要的形式有农贸市场、超市、果蔬便利店等。其中，农贸市场以小商贩经营为主，也有部分公司设点销售。农贸市场的果蔬商贩一般在凌晨三四点钟就到达批发市场进货，随后运至零售市场销售，基本满足消费者对果蔬的一般需求。另一方面，大型超市是现代市场体系的重要组成，正在成为消费者购买农产品的重要组织载体。相对个体商贩来说，超市的优势是采取严密的经营管理体系和监管体系，在销售果蔬产品方面，具有更高的安全和品质保障。此外，随着城市生活节奏的加快，一些果蔬便利店开始经营经过简单加工处理的净菜、净果和其他果蔬加工产品，以方便消费者食用。

4. 城市近郊的自采市场

近年来，大陆城市近郊兴起的观光果园吸引城市居民周末到果园来买各种新鲜果蔬，品尝鲜果汁、家酿果酒和欣赏田园风光。种植户在公路两旁树起广告牌招揽顾客，购买者利用业余时间开车到果园自己采摘，这样购买价格大大低于市场价，园主也节省了采收费用，一举两得。目前较多的水果有草莓、葡萄、树莓等。

5. 电子商务市场

电子商务已成为现代商贸流通的重要形式。由于果蔬产品含水量高、易腐烂失鲜、难以标准化处理等特殊性，造成果蔬产品的电子商务发展速度远慢于其他各类产品。然而，随着电子商务技术的发展以及低温冷链配送技术的日益成熟，大陆的果蔬电子商务业务发展迅速，生鲜水果蔬菜电子商务销售额迅猛增加。目前大陆农产品电子商务平台已达3000家左右，全国性知名农产品和食品电商多达数十家，如我买网、顺丰优选、1号店、京东超市、淘宝网、甫田网等，均将生鲜果蔬销售作为其重要业务。此外，中国果品流通协会的"中国果品网"和中国蔬菜协会的"绿蓝网"也都分别开设了网上交易平台。

（二）台湾地区果蔬产品流通的市场类型

1. 批发市场

批发市场是台湾果蔬流通的核心市场，起着组织集中和分散销售的功能，并通过公开竞争、质量检测等机制保障形成公平、公正、合理的交易价格。台湾农产品批发市场通常由地方当局出面征地，购置市场设备，然后委托农会、合作社或民营公司经营，具有明显的民间性和组织化特色。市场上有固定的承销经纪人，为保证批发市场顺利运营，参与交易的供应人和承销人均需申请许可证，但不限制人数，并征收管理费和设备利用费。交易方式包括议价、拍卖、议价和拍卖结合的方式，视市场大小、发育程度不同而有所不同。同时，台湾建有完备的市场咨询报道系统，信息传递手段较为现代化，能够为生产者和消费者了解市场行情无偿提供信息服务。具体如图7.1所示。

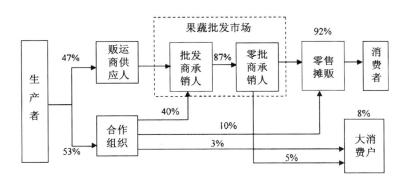

图7.1　台湾以批发市场为核心的果蔬流通途径（赵一夫等，2008）

台北果菜批发市场是台北规模最大、最具代表性的批发市场，下设第一和第二两个果菜批发市场，都是以拍卖为主、议价为辅的方式交易。批发市场对于农民来说能形成公平、公正的价格，而这在采用拍卖制的批发市场体制下更为突出。

2. 产品直销市场

产品直销市场是新近兴起的农产品销售形式，成为批发市场的有益补充。

产品直销是农民团体运销的一种方式。台湾从 1984 年开始推进农产品直销，通常是由农民团体投资建立小包装处理中心，对生鲜果蔬进行加工后供应连锁超市或机关、学校和医院等团体。由于直销不需要经过批发交易，减少了运销环节，成本低、价格便宜，对生产者和消费者有利，而且货品新鲜、卫生、竞争力强。直销可以看作农产品共同运销的一种延伸，即延伸到零售市场。目前，全台湾有农产品直销中心 100 多家，分布在 18 个县市，大多数是由各级农会筹办的，直销占市场份额的 20%。从长远来看，直销市场将不断发展壮大，市场比重不断增加。

3. 电子商务市场

台湾的果蔬等农产品电子商务发展较大陆为早，通常是由农会等农户合作组织经营，利用自己的产销网络优势，与信息科技、因特网的便利相结合，提供给消费者更便利、更有质量保证的果蔬购物渠道。如成立于 1998 年的联合农产品网络商城（www.efarm.org.tw），是台湾第一家成立之农渔会联合农产品网络商城。该商城由农渔会联合信息中心开发与经营，结合了台湾各级农、渔会及产销班的新鲜果蔬、农、渔特产品，由产地直接配送到指定地点，保证了产品的鲜度和品质要求。又如真情食品馆网路商城（http://www.ubox.org.tw/），是由台湾新北市农会经营管理，为消费者提供由产地生产加工的优良农产品和季节性时令果蔬。

三、两岸果蔬产品流通的主要模式

（一）大陆果蔬产品流通的主要模式

1. 产地自销流通方式

产地自销即农民通过集市销售自己的果蔬农产品。这种流通方式中间环节少，农民直接面对消费者，销售收益也能够及时得到兑现，但商品的附加值较低，物流半径有限，单位物流成本也较高。就当前我国果蔬的流通领域来看，农民大多是自发进入流通领域，缺乏有效的组织，因而规模一般较小。近年来，大陆城市近郊兴起的观光果园采摘，也是一种新兴的产地自销流通模式。这种方式减少了中间环节从而降低了销售价格，同时节省了园主采收成本，但也存在市场准入较为混乱、经营不规范、组织化程度低等问题。

2. 收购小贩+批发商+终端销售流通方式

这种模式是我国农村目前广泛存在的一种果蔬产品流通模式。在农村，存在着一些自发筹集资金而组织起来的果蔬收购小贩，向农户进行收购后再转卖给零售商来完成果蔬流通。这些果蔬收购小贩往往是头脑灵活、资金充裕、信息较为完善的零散中间商，他们与农户之间的关系十分松散，并不存在固定的有法律约束的契约关系。因此，这种流通模式不仅流通渠道较长，且由于缺乏相应的契约保障，果蔬收购者往往对于农户的产品百般挑剔，导致产品的价格难以得到保障，对于农户来说具有较大风险。

3. 合作社+批发商+终端销售流通方式

在这种模式中，农民合作社将分散的农户集中起来，并签订相应的合约，由合作社对农户的果蔬进行统一收购，然后组织销售。由于合作社是农民内部的非营利机构，其在销售方面，会与批发商形成相对稳定的订单供应关系，然后再根据订单要求组织农户生产，形成组织化的生产与销售。在和批发商交易的过程中，农民合作社作为一个组织与批发商进行谈判，话语权与谈判能力大大强于单个农户，可以通过谈判为农户争取到更高的收购价格和其他方面的权益。批发商组织到货源后，销售给零售商、配送中心等。配送中心再将农产品销售给终端零售机构。这种模式虽然有很大的优点，但是目前在我国农村，农村合作社的运作并不够成熟，运作规范性也较差，目前还处于发展的初级阶段。

4. 农户+超市模式

这种方式是目前出现的新型果蔬流通模式，也被称作"农超对接"模式。在这种模式中，大型连锁超市、果蔬流通企业直接与现代果蔬产地的农民或农民专业合作社对接，建立果蔬直接采购基地，由农户向超市等直供果蔬，从而减少了果蔬产品的中间流通环节，降低了流通成本，同时实现了果蔬从农田到餐桌全过程的质量监控。农超对接被认为是一个农户、超市、消费者三赢的模式，对于农户来说，由于其与超市签订供购合同，降低了因销售市场难以预测而给农户带来的种植风险，保障了农户的种植收益；对于超市来说，中间流通环节的减少也让超市节约了中间流通成本，且对农产品的质量控制程度更高，从而提高了超市在价格和品质双重层面上的竞争力；而消费者也可以在超市以较低的价格买到高品质的果蔬。由于以上优点，农超对接模式是政府大力推行的创新型流通模式，但目前也存在一定的障碍，需要在发展中克服和解决。一是超市直采的覆盖面积小，尤其是某些偏远乡村，基本上不可能成为超市直采的目标对象；二是超市在直采过程中，由于农户是分散经营，难以保证一家对超市供货，对果蔬的品质控制实际操作中比较困难；三是由于超市销售点距离农户比较远，对超市的采购和物流能力提出了较高要求。

5. 以龙头企业加工并负责销售的流通方式

这种方式一般是龙头企业根据合同收购分散生产的农户的产品，经过加工包装后再配送给零售商销售。龙头企业对初级农产品进行加工、包装、保鲜等作业，使农产品的附加值得到明显提高。这种模式的特点是以果蔬加工企业为载体，农户与企业之间建立紧密的产销关系，实现产销一体化经营。但是，这种模式的流通渠道公司与农户双方的契约约束相对脆弱，农民往往处在不利地位，难以保障自身的权益。

（二）台湾地区果蔬产品流通的主要模式

（1）直销模式。即农会等农民团体将果蔬产品包装或处理后直接供应给零售商或售予消费者，从而减少中间环节和流通费用，实现生产者和消费者的双赢。目前，台湾主要施行的直销模式为直供零售商方式。以水果为例，其直销作业流程是由农民团体的共同连锁集货场将水果采收、清洗、包装处理后，直接运送到零售业者或者连锁超级市场的包装处理中心，再由超级市场售卖给消费者。

（2）共同运销模式。共同运销是指农户基于共同的利益，利用农民团体组织力量，自生产开始至销售之各阶段，集合成一个经济运销单位，将货品运销到消费市场，以提高农民所得的一种一体化运作模式。根据台湾农产品交易相关的规定，农民团体可通过契约生产或契约供应办理共同运销，开展以供应给加工或再贩卖企业为目的批发交易，或以直接供给消费为目的零售交易。从1973 年开始，台湾农政部门就积极倡导农产品农民团体共同运销，目前已成为发展较为成熟的果蔬流通模式。

（3）计划运销模式。目前，台湾农产品计划运销主要以合同制为主，其目的在于更好地促进生产专业化和运销秩序化，保证供给稳定。合同制的实施步骤为：①决定核配原则和签订合同，遴选参加的农民团体，商定供应的品种、数量和期限等；②组织产销班和生产指导，实施共同运销；③调配集货和分级包装作业，与市场商定出货时间和数量等。为实施计划产销，台湾设置了果蔬保证基金，由当局和果蔬批发市场编列预算，用于实施最低保证价格的价差补贴，作为每日行情保价的价格补贴及有关业务所需经费。

四、两岸果蔬产品流通关键环节的运作模式比较

（一）产地收获与集中

由于历史文化原因，两岸农业生产都属于典型的小农经营方式，户均耕地和园地面积都较小。因此，果蔬产品在产地田间收获后和进入市场前的这段时间内，都要经过产品由分散到集中的过程。

大陆多是采用"批发商+农户"的传统模式，批发商或者中介组织从田间直接收购后物流运输到批发市场或者贮藏库。根据赵一夫等（2008年）对内蒙古巴彦淖尔市和福建漳州等地的调查显示，大陆果蔬农产品由批发市场（或代办人）直接到产地收购渠道进入物流运销的比例约占到60%～80%。因此，大陆农民在销售农产品时多以分散的个人去面对市场，谈判议价能力也相对较弱，同时也造成批发商对农产品的品质和卫生质量难以有效控制。

台湾地区的果蔬产品则主要由专业合作组织将产品集中后经过分级、包装处理后运至批发市场销售，经过农民合作组织进入市场流通的占到50%以上。这样，农民不仅可以从生产资料共同采购和统一生产技术中获利，而且在销售农产品的过程中可以通过共同运销的方式获得利益保障。

近年来，大陆采用农业合作社进行农产品销售的数量在逐渐增多，但实际生产中在预处理以及分级包装等流程的标准化方面仍与台湾有较大差距。

（二）批发市场

大陆和台湾地区的果蔬农产品批发市场在流通中的作用和地位有相似之处，都是连接生产与消费的最主要环节，在果蔬的流通中发挥着关键作用。尽管如此，两者在经营管理和配套制度建设方面还存在一定区别和差距。

在分布上，大陆的产、销地批发市场分布广泛，大中小型城市均有销地批发市场。而在台湾，销地批发市场主要分布在人口密集的大中城市。管理模式方面，大陆批发市场的交易主体是农户或普通的批发商，无论是买方还是卖方参与市场交易都没有严格的资格审定，进入门槛比较低，交费即可进入。市场内的摊位分为临时和固定摊位。临时摊位仅提供地面，固定摊位则多是由批发市场搭建一定条件的设施租给果蔬销售商。因此，除了个别大都市的大型综合批发市场有自己的果蔬等产品经营业务外，很多批发市场主要由所在地政府部门管理，靠租赁业务收取利润。相比之下，台湾对参与批发市场交易的从业者设置了严格的限制，不允许非交易者直接进入市场交易，且对市场交易主体有

明确的业务领域和业务范围划分。例如台北果菜批发市场规定了严格的供应人和承销人制度、拍卖制度、共同运销制度等。供应人制度规定凡农民、农民团体、农企业机构，或经省市主管机构核准的农产品生产者、贩运商、农产品进口商均可申请成为供应人，但承销人不能申请成为供应人。零售商、批发商、贩运商、出口商或加工业者等均可申请批发市场承销人，获得承销资格后，需按照承销规范交纳保证金，而且每年平均日交易量应达到 300 公斤以上。另外，批发市场还有严格的拍卖制度、共同运销制度等。这种批发市场管理制度既保证了批发市场内部的交易秩序，同时也有利于交易的规范化和公平竞争的实现，确保农产品的品质安全和优质优价。

交易机制方面，台湾主要的果蔬批发市场普遍采用了拍卖交易的方式。大陆虽然有拍卖方式试点，但应用较少，普遍采用购销双方议价方式进行交易。议价方式较缺乏公开性，价格因买卖对象而不同，可能耗费购买者较多的调研时间，而且议定价格可能有较大差异。

（三）零售终端

相较而言，两岸的果蔬物流运销在零售环节最具相似性，销售渠道都是以农贸市场摊贩和超市销售为主。但两者在零售果蔬的货源配送方式上存在较大差异，这与物流供应链上游农民的组织化程度的发展水平有关，同时也受到物流各环节对果蔬产品的质量安全控制与保障水平的影响。

大陆农贸市场和零售摊贩销售的果蔬大部分是由商贩从本地批发市场采购而来，也有部分是城郊农民自产自销，而大部分中小型超市销售的果蔬产品则是从批发市场采购配送。对饭店、食堂等大客户的果蔬配送，大陆也基本都是由配送商从批发市场采购完成。

台湾地区摊贩和农贸市场销售的果蔬，其来源渠道和大陆相似，其中来自批发市场的果蔬经过较严格的卫生质量监测，而由农民自产自销的果蔬卫生安全监测程度相对较低。相比而言，台湾超市果蔬产品来源渠道较为简单，有的是由超市生鲜配送中心直接从批发市场采购，也有的是农会和合作社等开办的果蔬直销超市，由产销班或合作社直接供货，经由这两个渠道的果蔬都有较高的卫生质量安全保障。大客户的果蔬配送则部分由合作组织配送，部分由零批承销商从批发市场采购后配送。此外，得益于其农民组织化程度较高，台湾果蔬零售直销渠道的发展速度很快，逐步成为果蔬零售商配送的主要形式之一。果蔬直销的形式是由农民合作组织设立配送中心或者供应中心，通过集货和调配，在配送中心按超市或消费大户所需的规格、品质、数量对果蔬进行加工处理，然后进行配送，而且有不少直销超市是由农民合作组织自己建立的。在这方面，大陆的发展相对缓慢。

五、两岸果蔬冷链物流状况比较

果蔬流通离不开冷链物流体系，主要包括预冷、贮藏、运输、销售和消费等环节。据估计，由于果蔬采后流通过程中处理不当，大陆果品损耗率占总产量的20%，蔬菜高达30%左右。而台湾地区由于整体技术水平较高，果蔬保鲜设备和技术完善程度高，损耗率只有10%左右。

（一）预冷和贮藏阶段

果蔬采收后的现场预冷至低温贮藏阶段关系到果蔬保鲜质量的起点，主要技术包括采收、分级、包装、预冷和冷藏，涉及的设施包括采收设备、分级设备、包装机、预冷设备、保鲜库等。总体上说，大陆冷藏库的数量和库的总容量远远多于台湾，果蔬的贮藏保鲜技术水平也得到较大发展，但仍需进一步加强冷链建设，在部分地区的采后、分级、预冷、包装和贮藏环节标准化应用和推广尚需提高。台湾水果主要是亚热带和热带水果，贮藏时间较短，以流通为主，且台湾的农业发展起步早，在果蔬采收、包装、预冷、贮藏等环节的标准化技术与应用方面较普及，整体水平较高。以下几个方面详细介绍大陆和台湾的冷藏保鲜发展状况。

在果蔬预处理方面，即采收、分级、包装、预冷、保鲜剂处理等环节，目前大陆已经制定了多种果蔬流通过程中各种预处理技术和方法的规范、标准等，规定了科学的参数，取得了极大进步。尽管如此，但在实践操作过程中，不同规模的生产者、经营者往往不采用统一的标准去执行预处理技术。例如，分级标准不明确，许多果蔬的分级销售仅在销售阶段进行；很多果蔬贮藏保鲜和经营企业没有专门的预冷设施，仅通过贮藏冷库预冷或不了解预冷的重要性，先进预冷方法的应用不普及；包装箱种类较多，泡沫箱、塑料箱、纸箱都有应用，规格也不统一，包装内产品的重量不均一，上下层质量不统一；保鲜剂处理不规范等。相比之下，台湾在批发市场的良好运行机制下，各类果蔬的标准、分级有良好的规定，并得到有效执行。与大陆不同的是，台湾的果蔬分级标准和监督权在批发市场，例如台北农产运销公司的网站给出了各类水果蔬菜的分级包装标准，要求产品为同一品种、成熟适度、果形完整、株形完整、色泽优良或良好、果面光滑、质幼嫩、果穗完整、质地坚实、无病虫害及其他伤害、净重、包装规格。另外，还要求附有标准分类编码和品名代号。此外，台湾在果蔬保鲜剂研究与应用方面，尤其是亚热带果蔬保鲜方面具有较强的实力。

在冷藏技术与装备方面，大陆主要是改革开放后才开始大规模发展。特别是近年来，国家对冷链物流日益重视，果蔬保鲜库发展很快，大宗果蔬冷藏率已经比较普及。到 2010 年，大陆冷藏库总量已达到 88 万吨，果蔬冷藏库约 140 万吨，有各类型果蔬保鲜库 3 万多座。例如，山东省 2011 年苹果产量 837.94 万吨，目前全省恒温冷藏库容量已经达到 600 万吨以上，专门从事苹果的冷藏库（含气调库）在 260 万吨以上。相比之下，由于台湾的果蔬多以短期保鲜和运输保鲜为主，长期贮藏技术较少，但在产地预冷和销地的冷藏库建设方面普及度较高。

（二）运输阶段

流通阶段的保鲜手段主要依赖于流通过程的冷藏运输，包括冷藏火车、冷藏汽车、冷藏船和冷藏集装箱等。大陆的果蔬的运输多是公路运输，目前保温车辆约有 3 万辆，冷藏保温汽车占货运汽车的比例仅为 0.3% 左右，果蔬冷藏运输率约为 15%，距发达国家还有较大差距。铁路运输方面，在车辆 33.8 万辆中冷藏车只有 6970 车，约占 2%，而且大多数是陈旧的机械速冻车皮，规范的保温式的保鲜冷藏车辆缺乏，冷藏运输量仅占易腐货物运量的 25%。

台湾的低温食品产业发展较早，且由于面积较小运输途程较短，因此对于冷链运输上的挑战，远小于美国与中国大陆等幅员广大之国家和地区。目前，台湾的冷链产业已发展出雄厚的实力，冷链运输率已达世界水平。如小包装蔬菜自中南部处理场包装、预冷后，以冷藏运输车运至北部超市，置于低温展示柜中贩卖。在质量管理与技术应用方面，涉及全温层物流中心、箱温与车温监控、门市验收；在系统管理方面，包括支持履历追踪管理、冷链运输全程监控管理、冷链规范与标准等。

（三）销售和消费阶段

从 20 世纪 90 年代初开始，大陆先后引进多家国外零售业先进冷藏设施的生产技术和设备，各种用途和各种形式的商用冷库不断推向市场，零售终端基本也配置了冷库和小冷库。但总体来说，销售过程中采用低温货架进行果蔬保鲜的比例依然较少，很多大型现代超市果蔬的销售采用低温货架的不到 10%，中小城市果蔬销售商、零售商贩基本不采用冷藏货架（除非是进口易腐水果）。

从消费端来看，大陆城市居民和部分农村居民已经普及了冰箱，家庭冷藏条件已经基本满足了冷链消费阶段的需要。

　　台湾地区经济发达，零售市场销售的果蔬采用冷藏货架的比例较大陆高，但仍有一定提升空间。另一方面，普通居民家用冰箱已经普及，消费阶段的保鲜已经充分达到。

第三节　两岸流通的主要政策比较

一、大陆果蔬流通主要政策

　　近年来，中央政府对果蔬的流通高度重视，各相关部门出台了一系列政策和规划等文件给予大力支持，果蔬农产品流通的政策体系逐步确立，果蔬农产品的"大生产、大流通"格局已经形成。

（一）支持果蔬产品市场流通供给

　　2009年，国务院把物流业列入十大振兴产业，下发了《物流业调整振兴规划》（国发〔2009〕18号）。该规划将农产品和农村物流列入振兴物流产业九大"重点工程"之一，明确指出"加强城乡统筹，推进农村物流工程，进一步加强农副产品批发市场建设，完善鲜活农产品储存、加工、运输和配送等冷链物流设施，提高鲜活农产品冷藏运输比例"。2009年4月22日的国务院常务会议提出，对农产品流通环节收费进行专项清理，推进在全国范围内免收整车合法装载鲜活农产品的车辆通行费。2010年8月18日的国务院常务会议要求，引导大型零售流通企业和学校、酒店等最终用户与产地蔬菜生产合作社、批发市场、龙头企业等直接对接，促进蔬菜产区和销区建立稳定的产销关系。2011年12月13日，国务院办公厅发布了《国务院办公厅关于加强鲜活农产品流通体系建设的意见》（国办发〔2011〕59号），着力建立完善高效、畅通、安全、有序的鲜活农产品流通体系。

　　为建立顺畅、便捷的鲜活农产品流通网络，从1995年起，先后建成了山东寿光至北京、海南至北京、海南至上海、山东寿光至哈尔滨等四条运输蔬菜"绿色通道"，穿越全国18个省（市、区），总里程达到1.1万公里。2005

年，交通部、公安部、农业部和商务部等多部门联合发布实施《全国高效率鲜活农产品流通"绿色通道"建设实施方案》，并不断扩大绿色通道范围和鲜活农产品的品种，为鲜活农产品运销节约了流通时间和流通费用，营造了良好的外部经济环境。2010 年 8 月，国务院常务会议明确要求扩大"绿色通道"政策覆盖的蔬菜品种范围。切实强化"菜篮子"市长负责制，建立健全相关考评体系。为此，"在特定时段为流动菜摊开辟专门销售区域。制定完善蔬菜市场供应应急预案，建立蔬菜储备制度，确保重要的耐贮存蔬菜品种 5～7 天消费量的动态库存"。2011 年 10 月国务院常务会议提出，落实和完善"绿色通道"，依法查处违规收费行为。进一步强化"菜篮子"市长负责制，切实提高大中城市鲜活农产品自给率；城市政府"要合理安排动态库存，保障应急供应，防止价格大起大落"。此外，从 2012 年 1 月 1 日起，蔬菜流通环节增值税实现免税，目录涉及 14 个类别 219 个品种的蔬菜，国税局采取多项措施，确保此项惠民政策执行到位。

（二）加强果蔬农产品冷链物流设施建设

2010 年 6 月，国家发展和改革委发布了《农产品冷链物流发展规划》，明确要求"到 2015 年，建成一批运转高效、规模化、现代化的跨区域冷链物流配送中心，培育一批具有较强资源整合能力和国际竞争力的核心企业，冷链物流核心技术将得到广泛推广，并初步建成布局合理、设施装备先进、上下游衔接配套、功能完善、运行管理规范、技术标准体系健全的农产品冷链物流服务体系"。

2011 年，《关于完善价格政策促进蔬菜生产流通的通知》《国务院办公厅关于促进物流业健康发展政策措施的意见》等政策相继出台，分别指出：对农副产品生产、流通和销售领域的蔬菜大棚和温室、冷库和平价商店等公益性基础设施给予支持，降低蔬菜生产流通费用；加大农产品冷链物流基础设施建设投入，加快建立主要品种和重点地区的冷链物流体系，推动农产品包装和标识的标准化，完善农产品质量安全可追溯制度。

2012 年，《国务院办公厅关于加强鲜活农产品流通体系建设的意见》《关于深化流通体制改革加快流通产业发展的意见》和《中共中央国务院关于加快发展现代农业进一步增强农村发展活力的若干意见》等指导意见发布，提出加强鲜活农产品产地预冷、预选分级、加工配送、冷藏冷冻、冷链运输、包装仓储等设施建设；支持建设和改造一批具有公益性质的农产品批发市场、菜市场、农副产品平价商店以及大型物流配送中心、农产品冷链物流设施等；发展农产品冷冻贮藏、分级包装，健全覆盖农产品收集、加工、运输、销售各环节的冷链物流体系。

二、台湾地区果蔬流通的主要规定

台湾地区农产品市场交易相关规定第二十一条规定"农产品第一次批发交易，应在交易当地农产品批发市场为之"，很长时间内果蔬农产品的批发交易基本上都是通过当地的果蔬批发市场进行。因此，台湾当局对以批发市场为核心枢纽的果蔬流通体系制定了严格的规定，以完善果蔬流通交易制度和治理结构，促进对果蔬产运销链条有效的衔接和组织。

（一）完善果蔬农产品批发市场建设和管理

在台湾，与农产品批发市场运作和管理紧密相关的规定比较健全，主要有农产品市场交易规定及其施行细则、《农产品批发市场管理办法》《农产品贩运商辅导管理办法》等。这些法规中有很多对于农产品批发市场和果蔬产品保护的规定。如农产品市场交易相关规定（2006 年 6 月 14 日修订）第十二条规定"农产品批发市场为公用事业，其设立及业务项目，由各级主管机关规划，并得编列预算予以补助"，第十五条规定"农产品批发市场所需用之共有土地，政府应优先出租或依公告现值让售"，第十七条规定"农产品批发市场之土地及房屋，减半征收房产税、地价税或田赋"，等等。农产品市场交易规定施行细则（2007 年 3 月 28 日修订）第十一条规定"果菜市场以每乡（镇、市，区）各设一处"；第十五条规定"农产品批发市场之经营，如有结余，除利息外，应以之充实设备、改善产销及经营业务，不得移作他用"，第二十三条规定"农产品批发市场管理费收费标准，蔬菜青果不得超过千分之五十"，等等。

作为果蔬运销物流中的主渠道地，台湾绝大部分果蔬批发市场具有很强的专业性，并且，批发市场的管理具体而细致。如，《农产品批发市场管理办法》（1990 年 2 月 14 日施行）也规定"果菜批发市场应具备基本设施为：交易设施、搬运设施、公共设施、水电设施及卫生设施等，以及清洗、冷藏、晒场、脱水、加工、分级、批零、包装、整理、农残检测等附属设备及其他必要设施"，"市场应主动配合省（市）主管机关办理农产品行情报道业务，并提供有关产销及市场情报予承销人及供应人"等。此外，在商品管理方面，要求对入市商品进行分级、包装，并在包装上标明供货商、品级、品名、数量等；在客户管理方面，对供货商有统一的编码，有完备的资料，能够清楚供货商的基本情况，并确切地知道商品的来源；对承销人实行严格的资格审查，要求承销人有较好的信用、较大的经营规模和较强的经营能力。这些管理机制上的不断改进和完善，大大提高了果蔬产品批发市场的运营效率，也增强了批发市场在果蔬等农产品产销物流中的主渠道作用。

（二）推行拍卖现代交易方式

台湾的果蔬批发采用拍卖的交易方式。其方式主要是采用现代化电子设备，改变了人工竞价方式，减少了"菜霸"等恶势力操控市场的可能，克服了管理者与交易者"暗箱操作"等人为因素的干扰，对维护市场秩序起到了很好的作用。此外，交易数据、农情信息和市场行情通过电子信息服务系统实时发布，一方面为生产者、运销业者和市场管理者之间能形成有秩序运销提供市场信息资料，另一方面可为决策提供依据，减少产销双方需求交易对象的成本，还可增加市场的竞争度，使价格更能反映市场的供需情况。

（三）积极推动冷链发展

台湾地区的相关部门也一直积极推动冷链的发展。如发布各种项目计划推动冷链体系发展，使得果蔬产品的产、储、运、销、配的每一环节都能保持规定温度，确保产品质量和食品安全。又如，2011年，台湾与大陆的厦门市和天津市实行"两岸食品物流产业合作试点城市"，围绕城市物流配送、食品冷链物流及信息化建设等主题开展对接合作。台湾地区的沿海优势，在果蔬冷链物流产业方面积累了雄厚的技术力量和丰富的发展经验，为大陆冷链物流发展提供了指导。相信在两岸的共同努力下，冷链物流长期合作定能达到前所未有的历史创举，同时也为两岸地区的果蔬冷链物流产业带来更多的收益。

第八章　两岸畜禽肉类产品流通模式比较

我国主要畜禽产品为肉类、禽蛋、奶类、绵羊毛等。其中畜禽肉类产品包括猪肉、牛肉、羊肉、禽肉以及其他肉类。本章主要比较大陆与台湾地区畜禽肉类产品流通的异同。第一节讨论两岸主要产品品类和供求特征，第二节到第四节对两岸畜禽肉类产品流通在参与主体、流通模式、物流作业、政策法规等方面的差异进行比较，第五节讨论两岸畜禽肉产品流通的其他差异。

第一节　两岸畜禽肉类产品流通的主要品类与供求特征

大陆与台湾地区同属中华民族，对于畜禽肉类产品的饮食消费需求基本类似，因此市场上流通的产品品类也大致相同。由于生产、需求上的体量存在差异，产品供求和进出口情况有所不同。

一、两岸畜禽肉类产品的主要品类与产量

（一）大陆畜禽肉类产品的主要品类与产量

从品类上看，大陆对畜禽肉类消费的主要品类包括猪肉、鸡肉、牛肉、羊肉，也少量消费一些其他肉类品种，如鸭肉、鹅肉、兔肉、鹿肉、驴肉、狗肉等。猪肉一直是城乡居民消费的主要肉类，鸡肉消费今年来大幅增加。

自 1990 年以来，中国肉类产量稳居世界首位，是世界第一大肉类生产国。从表 8.1 可以看出，我国畜牧业肉类产量增长迅速，1990 年比 1980 增长 137.02%，2000 年比 1990 年增长 110.50%。到 2012 年，肉类产量达到 8387.24 万吨，比 2011 年的 7956.10 万吨增长 5.3%，其中猪肉产量 5342.70 万吨，牛肉

产量 662.26 万吨，羊肉产量 400.99 万吨，家禽出栏 120.77 亿只。2012 年，全国畜牧业产值达到 27189.39 亿元。

从结构上看，1980 年我国猪肉产量占肉类总产量的 94.08%。牛肉、羊肉产量分别占 2.23% 和 3.69%。猪肉产量是全国肉类产量的主要组成部分。随着居民食物结构的均衡化发展，2012 年，我国猪肉产量占肉类总产量的比例降至 63.70%，牛肉、羊肉产量分别达到 7.90% 和 4.78%。猪肉仍是肉类产品产量的主要组成部分，鸡肉等禽肉消费的比例有所增加。

表 8.1　1980—2012 年中国（大陆）主要畜产品产量　　（单位：万吨）

类别	1980	1990	2000	2005	2011	2012
全部肉类	1205.40	2857.00	6013.9	6938.87	7965.10	8387.24
猪肉	1134.07	2281.10	3965.99	4555.33	5060.40	5342.70
牛肉	26.87	125.6	513.12	568.10	647.49	662.26
羊肉	44.48	106.8	264.13	350.06	393.10	400.99
禽类（亿只）	—	—	82.57	94.31	113.27	120.77
禽蛋	—	794.60	2182.01	2438.12	2811.42	2861.17

注：禽类数据为家禽出栏量，单位为亿只，1980、1990 年数据缺失；全部肉类产量数据不包含禽类。

资料来源：国家统计局网站. 国家数据部分。

（二）台湾地区畜禽肉类产品的主要品类与产量

台湾畜禽肉类消费的主要品类包括猪肉、鸡肉、牛肉，对鸭肉、鹅肉、火鸡、羊肉、鹿肉等也有少量消费。从产值来看，2011 年台湾畜产产值约 2100 亿元新台币，比 2010 年增长 9.6%，占全部农业产值为 33.48%。从产值结构来看，毛猪占全部畜牧业产值 47.22%，比例最大；家禽占 31.42%，比例仅次于毛猪。从产量来看，1997—2011 年，台湾猪肉产量较为稳定，2011 年为 86.48 万吨；牛肉产量有所波动但总体稳定，2011 年为 6169 吨；羊肉产量逐年下降，2011 年为 2438 吨。鸡、鸭肉产量也总体稳定。

表 8.2　1997—2011 年台湾地区主要畜产品产量

年份（年）类别（单位）	2007	2008	2009	2010	2011
猪肉（万吨）	91.38	86.18	85.71	84.54	86.48
牛肉（吨）	5548	5683	6099	6343	6169
羊肉（吨）	3548	3183	3000	2694	2438
鹿肉（万头）	2.23	2.30	2.26	2.33	2.35
鸡肉（万只）	11697.2	11161.1	11222.2	11073.0	10814.7
鸭肉（万只）	1.10	0.92	0.93	0.95	0.94

注：猪、牛、羊等肉类产量选用台湾农业统计年报中畜牧业统计，猪类采用屠宰指标中的"屠体重量"数据；鹿肉采用"年底头数"指标，单位为万头；鸡、鸭肉采用养殖总数，单位为万只。

资料来源：根据台湾农业统计年报相关数据整理。

从结构上来看，台湾地区肉类产量中，类似大陆，猪肉产量占绝对优势，牛、羊肉产量与猪肉相比差距较大。家禽产量仅次于猪肉，其中鸡肉产量又远远高于鸭肉、鹅肉等。因此，台湾畜牧业主要以养猪为中心，2009 年猪肉类产值占整个畜牧业的 58.64%。

二、大陆畜禽肉类产品供求和进出口特征

（一）大陆畜禽肉类产品供需总量变化

改革开放以来，中国畜牧业开始快速发展，畜禽肉类产品的供给也逐步从短缺发展为供求基本平衡。但是，畜禽肉类产品的供求稳定性不高，且容易受到各种突发事件冲击，部分地区、品类也因此常常出现相对过剩和供不应求的情况。如 2013 年上半年，大陆市场生猪供应充足，并出现产能相对过剩和价格波动；牛羊肉供不应求，价格大幅上涨；同时受到"速生鸡"传闻和 H7N9 禽流感病毒事件的影响，禽类食品产销大幅下降。

（二）大陆畜禽肉类产品供需结构变化

从结构上看，大陆肉类消费主要以猪肉和禽肉为主。2012 年，大陆城镇居民和农村居民人均猪肉消费量分别达到 21.23 公斤和 14.40 公斤。随着消费水平和健康意识的提升，大陆消费者对低脂肪、高蛋白的肉类消费理念正在形成，以猪肉为例，排骨和瘦肉消费在猪肉消费中所占比重越来越高，同时，肉类质

量、口感、营养、品牌等产品要素正在逐渐成为市场的主导，对冷鲜肉、小包装肉、熟肉制品等的消费也在逐步上升。从消费模式上看，越来越多的城镇消费者开始从超市和品牌连锁店购买生鲜肉和肉制品，消费少量化、多次化，重安全的特征日益突出。

　　未来受到禁牧政策推进和牧业生产利润不高的影响，牛、羊肉的供应量或将长期无法满足国内消费需求，禽肉和猪肉将进一步发挥替代品作用，凸显在大陆肉类市场消费的主体地位。牛羊肉或将重点供应包括穆斯林和刚性需求群体的特定人群，根据国际经验，清真认证的鸡肉是穆斯林替代牛羊肉供应不足的最佳替代肉类。

（三）大陆畜禽肉类产品进出口情况

　　随着中国大陆人口增长和农产品消费水平、消费结构的变化，大陆城乡居民对畜禽肉类产品的消费大幅增长。从进出口情况来看，大陆肉类产品呈现进口大于出口的贸易逆差，且逆差额目前仍处于增加状态。

　　从出口来看，据海关统计显示，2011 年大陆肉类出口总量达 89.4 万吨（含活畜禽出口折算 12.1 万吨），比 2010 年度的 88.4 万吨（含活畜禽出口折算 13 万吨）增加 1 万吨，增长 1.1%。出口总值 34.7 亿美元（含活畜禽出口值 5.3 亿美元），比 2010 年的 28.5 亿美元（含活畜禽出口值 4.1 亿美元）增加 6.2 亿美元，增长 21.6%。

　　从进口来看，2011 年大陆肉类进口总量 190.5 万吨，比 2010 年的 154.9 万吨增加 35.6 万吨，增长 23.1%；进口总值 34.2 亿美元，比 2010 年的 22.5 亿美元增加 11.6 亿美元，增长 51.8%。肉类进口总量大于出口总量，逆差 101 万吨，比上年逆差 66.5 万吨扩大 52%。随着国内肉类需求持续增长，肉价逐年攀升，今后增加肉类进口将成为常态[①]。

　　2013 年上半年，大陆肉类产品进出口贸易逆差明显。肉类及食用杂碎累计进口量和进口额同比分别增长 31.33% 和 54.27%，出口量和出口额同比变化不大；鲜冷牛肉、冻牛肉、鲜冷羊肉进口额同比分别增长 1379%、978% 和 136%，出口额呈不同程度下降；禽肉进口量和进口额同比分别增长 61.31% 和 37.96%；

---

　　① 中国肉类协会. 2011 年我国肉类进出口概要分析[EB/OL]. http：//www.fxmeat.com/index.php/trends/info/5537, 2012/8/29.

猪肉进口和出口都有小幅增长①。

三、台湾地区畜禽肉类产品供求和进出口特征

（一）台湾地区畜禽肉类产品供需总量变化

在 20 世纪 60 年代以前，台湾毛猪、家禽等畜禽肉类养殖生产是以家庭副业的方式发展。之后，随着人均收入提升和地方当局加速农村建设，各种综合性计划开始出现，台湾肉类产业开始进入规模化农牧场发展时期。经历了产销流通制度不健全所带来的价格大幅波动之后，到 80 年代，当局开始调整策略，推行稳定产销价格、建立农会组织、解决养猪污染问题，加强计划生产等政策。

从供给来看，由于土地资源限制，台湾以围栏牧场为主要牧业养殖形式。目前，台湾畜禽肉类生产方式主要是以企业化的大型畜牧场、家禽饲养场为主，配合部分农家副业饲养。台湾畜禽肉类供应地主要集中在中部和西南部地区，市场供应总体稳定，但其中畜牧业（不含家禽）也存在从业家数减少和饲养量减少的问题。根据 2010 年台湾农业普查的数据显示，2010 年农牧业家畜饲养家数为 12432 家，与 2005 年相比，除绵羊为本次普查新增之家畜外，各种家畜饲养家数均呈减少态势。其中以肉猪饲养家数减少最多，2010 年普查结果为 7633 家，占全部农家 61.4%，比 2005 年减少了 13.7%，共减少 1210 家。种猪减少次之，饲养家数 3956 家，占 31.8%，减少 25 家。肉羊饲养家数 1474 家，占 11.9%，减少 363 家。同时，2010 年平均每家年底饲养数量，除山猪、兔增加之外，其余家畜也呈现减少态势。2010 年肉猪平均每家年底饲养数量为 621 头，减少 160 头；种猪平均每家饲养数量 159 头，减少 60 头；肉羊平均每家饲养数量 68 头，减少 36 头。

从需求来看，猪肉和禽肉是台湾人日常消费占比最大的两种肉类，高雄、屏东两个主要养猪业产地年屠宰头数可达 1000 万头。台湾人均占有猪肉量为 60 公斤，人均消费猪肉量为 39.65 公斤②。在台湾地方当局推广"酪农业"的倡导下，台湾牧场也成为休闲农业的执行者，如味全埔心牧场、花莲瑞穗农场、台东初鹿农场、清境农场等。

---

① 中商情报网. 2013 年上半年我国畜禽屠宰及肉类加工行业发展特点分析[EB/OL]. http://www.askci.com/news/201309/22/2216484233771.shtml, 2013/9/2.

② 辽宁省丹东市动物卫生监督管理局. 我国台湾地区的畜牧业发展经验[J]. 中国牧业经济，2009（7）.

（二）台湾地区畜禽肉类产品供需结构变化

台湾地区消费者对畜禽肉类产品的需求结构较为稳定，猪肉、鸡肉、牛肉始终是台湾岛内民众消费量最大的肉类品种。近年来，台湾消费者注重肉类产品的"风味、健康、养生"理念，不断开发特色畜禽肉类产品。例如专门用香草、中药饲养的"自然猪""香草猪"，即便价格高于市场普通猪肉的4～5倍，依然受到市场欢迎。又如台湾消费者青睐的"土鸡肉"，烹饪调理考究，需求量也较大。

（三）台湾地区畜禽肉类产品进出口情况

台湾畜牧业产品的进出口历史上经历了较大的波动。如1990年到1995年，台湾畜产品出口一度从13.26亿美元上升到30.46亿美元，年均增速达到18.65%。这期间，在台湾农产品出口中，畜产品所占比例一直最大，1996年达到峰值，占到全部出口农产品比例56.35%。1996年之后，随着台湾口蹄疫疫病暴发，畜产品出口开始下降。水产品取代畜产品成为出口占比最大的农产品，畜产品在出口农产品中的比例占到约35%。畜产品中，活畜禽、肉类和皮革制品一直是畜产品出口的主力。同时，台湾的进口农产品中，谷类、油料和畜产品是重要的进口农产品。台湾注重支持地方良种选育，台湾地方猪种有桃源猪、顶双溪猪、美浓猪和南屿猪等，经过多年育种，目前台湾地区种猪出口超过进口，已经成为菲律宾、泰国、韩国及东南亚一些国家的种猪供应者。

海峡两岸签订 ECFA 和实现"大三通"后，台湾地区出口大陆的农产品总额从1997年的1456万美元，增加到了2009年的3.64亿美元，增长近25倍。大陆成为台湾地区农产品最大的出口市场。

第二节　两岸畜禽肉类产品流通的主要形式比较

畜禽肉类流通主要是活畜屠宰后，生鲜、冷鲜和冰鲜肉类的批发、零售等流通过程，多数畜禽肉类产品的流通都需要集中屠宰、分级、检疫、低温冷链等特殊过程。两岸对肉类产品需求量较大，畜禽肉类的流通关系到居民日常的餐食消费，是农产品流通重要的组成部分。

一、两岸畜禽肉类产品流通的市场参与主体

（一）大陆畜禽肉类产品流通的参与主体

大陆肉类农产品流通的主要参与主体包括养殖户、饲养场、经纪人、贩运商、屠宰加工点、批发市场、集贸市场、专卖店、超市生鲜区等，少量肉类产品也通过生鲜电子商务平台进行分销。大陆协会组织并不发达，部分地区有生猪、禽肉协会，为养殖户、经纪人、贩运商、批发商、加工商等流通环节提供协调服务。

养殖户方面，长期以来农户散养是中国大陆生猪养殖的主要形式，生猪、家禽养殖收入也是我国农村居民家庭收入的重要来源之一。散养模式符合大陆早期农村剩余劳力偏多、青粗粮食养殖饲料需要原地转化等现实情况，但存在管理模式粗放、生产效率低下、卫生检疫条件差等问题。随着时代的发展，虽然目前养殖户饲养的形式依然存在，但疫病防控措施相对完善、规模化养殖程度高的饲养场已经成为肉类养殖业发展方向。以生猪养殖为例，2009年，年出栏量小于50头的饲养散户提供的生猪占大陆生猪出栏总量的39%，年出栏量在50～499头的饲养户占30%，年出栏量在500～9999头的饲养场占出栏总量的26%，年出栏量在1万头以上的规模化饲养场占5%。总体来看，出栏量超过1万头的大饲养场所占比例仍较小，出栏量在50头以上的规模饲养户占总出栏的61%，散户饲养所占比例已经降低，相对成规模的饲养户和饲养场已经成为主流。

经纪人和贩运商方面，对于一些饲养规模较小的养殖户，通过经纪人和贩运商的共同收购、运销可以提升物流规模。由于大型畜禽屠宰加工企业一般不会向小饲养户直接收购活体，经纪人、贩运商等中间人能够在寻找货源、逐个收购和集中贩运方面发挥优势，集中售卖到批发市场或屠宰加工企业，从中赚取差价。当然，规模大型饲养场会通过自己的运销渠道直接送往屠宰场。但随着畜禽养殖的规模化，经纪人和贩运商在流通中所占比例有所降低。

屠宰加工方面，以猪肉为例，猪类屠宰环节的主体是各地的定点屠宰场，屠宰场每天会与生猪经纪人和大型养猪场联系，确定次日生猪收购数量，经过检疫和规范的屠宰操作后，生猪被加工成等级不同的片猪肉、分割肉和熟肉制品，销售到不同的渠道。其中，销往批发市场的片猪肉要通过大批发商将猪肉分割，再通过二级批发商达到各类零售商。销往超市、加工企业的猪肉被进一步加工成各类肉制品销售给消费者。目前，大陆屠宰市场有待规范，一些屠宰点存在交易行为不规范、屠宰方式落后、储运条件差、市场信息传递不畅等问题。部分网点还利用定点屠宰的垄断优势谋取暴利，进一步造成未经认证的私营屠宰网点大量出现。这些情况极大影响到生猪产业发展和食品质量安全。

市场和加工企业方面，批发市场仍然是肉类产品流通的重要节点。2003年至2008年间，大陆亿元以上肉、禽类批发市场从33个增加到111个，成交额从99.1亿元增至621.3亿元。批发市场提高了农产品交易规模和价格形成速度，为畜禽肉类产品流通起到积极作用。超市卖场、加工企业在肉产品终端流通中的比例逐步提升，超过城市农贸市场；专卖店、网上零售途径也在快速发展，比例逐步增加。

（二）台湾地区畜禽肉类产品流通的参与主体

台湾畜禽肉类产品流通的主要参与主体包括养殖户、养殖场、产销合作社、运销商、肉类加工厂、肉品卖场、传统市场（农贸市场）、超市生鲜区等。

靠近生产端，台湾早期也是采用以养殖户和小养殖场为主的肉类生产组织形式。经过农会、供销社和产销班的努力，以及台湾农业主管部门等的积极协调，开始大力整合养殖农户。农委会自1992年起就辅导养猪农民降低产销成本、提升生产效率，推行"台湾珍猪"品牌，实施养殖户共同采购等。1998年选定宜兰县毛猪运销合作社、花莲县肉品运销合作社等16个合作社进行整合经营示范，主要目的在于奖励屠宰加工厂、饲养场及农民团体的整合经营和契约产销，并协助畜牧业建立台湾品牌，与进口猪肉产生市场区隔、竞争。目前，台湾畜禽类农产品生产较为集中，很少个体农户养殖，合作社养殖的情况居多，生产方式也大多是契约养殖，并由农会、合作社等农业组织统一屠宰。

中间环节上，由于契约养殖居多，台湾畜禽肉类流通的中间环节也较少。如台湾较少有专门的猪肉拍卖市场，综合性农产品批发市场中也只有少数针对个别养猪户的猪只、禽只（活体）拍卖，市场上的买家也很少。在订单生产过程中，买方（大型食品加工业者、超市等零售商等）会控制养殖数量，并向农户提供幼崽、饲料、用药等，养殖户基本属于完全代工，因此中间的流通环节也相对较少。

末端环节上，台湾畜禽肉类销售主要是超市、卖场和肉品加工品零售商（超市、便利店等），超市里陈列销售的肉类主要是冷冻肉类，只有传统农贸市场上可以看到少量温体猪（生鲜猪肉）。

二、两岸畜禽肉类市场格局及其一体化特征

（一）大陆畜禽肉类市场及其产销一体化特征

大陆畜禽肉类产品市场的生产、流通组织化程度较低，具体表现在规模化、一体化程度不足。除了养殖方面规模化饲养场发展程度仍显不足、专业化程度低之外，养殖业的合作组织也还没有广泛地建立起来。已经建立的农业合作组织在协调生产、对接供需和开拓市场方面都有待发挥更大作用。以大型农业企业为龙头的订单农业产、供、销一体化模式有待进一步发展，公司与农户之间的风险共担、利益分配等问题也有待完善。

从不同细分行业来看，产销一体化程度较高的有肉鸡、奶牛行业，其中肉鸡产业是中国畜牧业中组织化、规模化程度最高的行业，大型农业企业数量也最多，一体化产供销企业占到50%以上的市场份额。随着饲料、屠宰加工等行业上下游服务企业的发展壮大，肉鸡生产的产业化集中程度仍在进一步提升。

从流通环节来看，大陆肉类产品实行定点集中屠宰，一些大型屠宰加工企业一体化程度较高。批发市场环节的整合化程度也在提升，但市场集中度依旧偏低。目前大陆肉类交易市场主要分为三个层次：第一层是专业批发市场。这类市场一般设在主要产地和主要销区，市场管理相对集中、规范，目前虽然交易规模在逐步扩大，但份额占肉类总流通规模的比例偏低。第二层是大型综合性农贸批发市场，是各类农产品混合交易市场，一般单设肉类交易区。这种市场流通方式肉类交易量大约占总量一半左右，该市场管理上属于混合管理，各类问题较多，管理相对困难。这类批发市场下游是一些小型副食店、肉联厂等。第三层是一些大型的卖场、超市生鲜区和肉类加工销售企业。这类企业一般与饲养场建立直营渠道关系，其流通量和市场份额也在逐步扩大。此外，一些大型冷链物流企业的基础设施设备如配送中心、冷藏运输车辆、冷库等不断发展，规模化服务能力不断提升。

从区域布局上看，供应市场方面，近五年来大陆肉类产品产量最多的省份主要有山东、河南、四川、湖南等（表8.3）。需求市场方面，根据生活习惯、饮食习惯以及地理环境，可以划分为南部地区、北部农区和西北部牧区。总体来说，南方居民消费猪、禽肉数量高于其他地区，西北牧区消费牛、羊肉数量高于其他地区。

表 8.3　近五年来中国（大陆）肉类产量十大省份　　（单位：万吨）

年份（年）地区	2008	2009	2010	2011	2012
山东省	660.31	684.13	704.36	711.05	764.16
河南省	584.83	615.01	638.37	641.65	677.35
四川省	591.52	632.81	656.64	651.17	670.23
湖南省	446.35	476.35	494.79	489.48	515.27
广东省	411.97	426.99	441.1	434.68	443.21
河北省	421.1	426.58	416.71	418.18	442.91
辽宁省	373.29	389.23	406.71	408.17	418.7
湖北省	340.01	367.01	379.35	381.93	412.27
广西壮族自治区	350.77	371.25	387.8	391.08	411.03
安徽省	343.92	362.55	376.94	375.47	397.74

资料来源：根据国家统计局网站数据整理。

（二）台湾地区畜禽肉类市场及其产销一体化特征

从生产、流通的一体化程度来看，虽然台湾地区畜禽肉类产品总产量不能与大陆相比，但其市场规模化、一体化程度相对较高，养殖业的农会、农业合作社和产销班已经广泛地建立起来，且在协调生产、对接供需和产供销方面发挥了积极作用。同时，台湾畜牧业生产流通组织以订单农业的产、供、销一体化契约生产为主，专业的肉产品批发市场较为少见，综合性农产品批发市场中的肉产品交易也仅占很小比例。

从不同产品种类来看，台湾肉鸡市场的一体化程度也高于毛猪市场，但总体来看目前肉类市场的产供销整合程度都在提高。台湾肉产品生产、流通一体化的形式主要是订单契约生产，如肉类加工厂主导拉动的，与饲养场、药品厂、饲料厂、种猪厂等纵向一体化合作的模式。肉类一体化产供销的诱因是质量安全问题，如台湾 1997 年爆发口蹄疫病之后，猪肉产品一体化生产程度大幅提升，目的是阻止来源不明、缺少生产监督的分散生产给加工、零售企业带来的风险。

从区域分布来看，生产市场方面，台湾从事农牧业者可耕作的土地有半数集中于台南市、云林县、嘉义县、屏东县及彰化县等 5 县市。从 2010 经济普查数据来看，超过 78.4% 的可耕作面积集中在中、南部地区。台湾的肉类产品供给市场主要集中在这些地区。消费市场方面，台湾城市在消费习惯、经济发展水平等方面差异不如大陆城市明显，因此肉类产品消费较为均衡，大城市人口相对集中，肉类消费也更多。

三、大陆畜禽肉类产品的主要流通渠道

（一）批发市场不参与的"短流通"型渠道

这种流通渠道主要有两种形成动因。一是畜禽饲养场的规模达到一定程度之后，在市场上的议价权逐步提升，因此会逐步自主扩展流通渠道，自营或控制屠宰环节，压缩流通环节，更大程度地调出中间商，直接与零售商甚至消费者进行对接，形成"短流通"型直销渠道。二是大型超市、卖场零售企业和大型肉产品屠宰加工企业会直接对接生产饲养场地，通过契约生产的形式形成"短流通"渠道。随着畜禽肉类市场的一体化程度不断提升，生产端、加工端和零售端的市场主导能力提升，垂直一体化的"短流通"渠道获得快速发展（图8.1）。

这种流通渠道下，流通过程是规模化的生产端和进口企业将产品直接提供给大型超市卖场、肉类屠宰加工企业和大型宾馆、饭店、企事业单位等需求集中的个体，最后以初级畜产品或加工畜产品的形式贩卖给消费者。其中，该渠道中的肉类屠宰加工市场一般为大型定点屠宰场，或是大型加工（如双汇、雨润、众品、金锣、龙大、苏食等）企业自营的屠宰场。这类屠宰场日屠宰量巨大，肉类交易模式也多为冷鲜肉交易。

这种流通渠道具有广阔的发展前景，符合成本压缩和效率提升的产业发展诉求。首先，该渠道流通环节上，各环节加价少，生产和流通成本低；其次，该渠道规模化、现代化作业程度高，流通渠道上下游的一体化整合程度高，作业流通标准化水平高，也有利于提升效率、控制成本；再次，该渠道产品作业环境、检验检疫、准入标准等监管比较严格，容易保证产品质量安全；最后，规模化的作业也有利于冷链物流的集中规模化运作和产业发展。

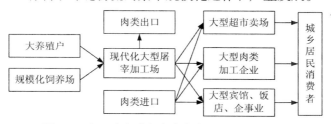

图 8.1　中国（大陆）畜禽肉类"短流通"渠道

（二）批发市场参与的"长流通"型渠道

与规模化的流通环节相对应，目前大陆畜禽肉类农产品也存在相当比例的分散经营和小规模流通节点。例如生产端小型农户饲养场、个体农户的副业饲养等，各种中间商包括贩运商、经纪人等，这种流通渠道一般经过批发市场的产品集散，包括活禽批发市场、专业的肉类产品批发市场，也包括综合性农产品批发市场。同时各类小型零售商包括农贸市场的经营个体、小型肉类加工厂、小型饭店、家庭等需求者（图8.2）。

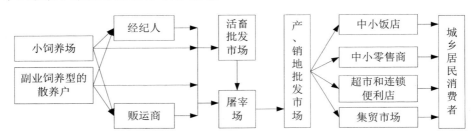

图 8.2　中国（大陆）畜禽肉类"长流通"渠道

这种流通渠道的中间环节较多，但是却为中小生产商、屠宰场、贩运商、零售商等提供了集货、销售的流通载体，其关键的环节就是产品批发市场，各个参与主体在批发市场上汇聚，实现产品在全国大范围的集散中转。这种流通渠道存在的问题在于流通效率低、流通环节多、流通成本高、物流损耗大、产品质量难以保证等。随着畜禽肉类产业的发展，很多国家的长流通渠道正在萎缩，订单化的契约生产正在取代这种分散、粗放的流通形式。

四、台湾地区畜禽肉类产品的主要流通渠道

台湾畜禽肉类农产品的流通环节已经大大缩短，批发市场基本已经不再承担流通中间环节的作用，经过批发市场流通肉类产品已经很少见到（只在综合性农产品批发市场见到针对大型业者的猪只、禽只活体拍卖）。台湾主要的流通渠道是，上游主要通过农会组织（合作社、产销班）等进行畜禽肉类产品的流通组织，也有一些公司组织（运销商）参与；下游主要通过肉类生产加工厂进行流通组织。由于台湾农场生产的畜禽产品数量不多，农业合作组织和运销公司一般通过共同运销的形式完成统一收购和规模化贩卖（图8.3）。

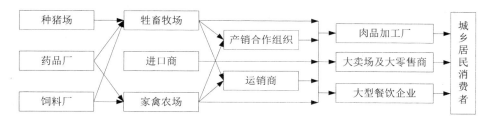

图 8.3　台湾地区畜禽肉类主要流通渠道

台湾畜禽肉类产品流通以契约生产为主，各类农产品产销合作组织主要按照大型食品加工厂、零售商的合同要求进行畜禽养殖，并使用加工业者和零售商指定的畜禽品种、饲料和药品。

五、两岸畜禽肉类产品流通的差异比较

（一）产品生产端整合的形式不同

两岸畜禽肉类产品的饲养环节都在走向规模化，单个养猪场、养牛基地、养鸡场出栏畜禽产品数量逐步增加。这是两岸畜禽肉类产品生产端整合的相同趋势。不同之处在于，对于大量存在个体农户副业饲养和小型饲养场，两岸在流通环节的整合模式不同。大陆主要通过商业领域的主体进行整合，包括通过贩运商、经纪人进行采购的方式完成集中，也有很多饲养场直接将畜禽产品送达屠宰加工场或批发市场。台湾地区则主要通过农业领域的主体进行整合，即通过供销社和产销班等农业合作组织实现产品集中，进而销售到下游。

（二）批发市场的地位作用不同

批发市场在两岸畜禽肉类产品市场都在发挥作用，但在大陆市场，订单农业的比例虽然有所提升，但生产端与销售端的一体化程度仍旧不高，批发市场对中小养殖业主来讲依旧发挥了产品集散和价格形成的作用；加之大陆地域面积广大，不同区域消费习惯和经济发展水平差异较大，因此产地、销地批发市场仍旧发挥着商流、物流集散节点的作用，是畜禽肉类农产品流通的重要环节。

相比之下，台湾地区的批发市场在畜禽肉类农产品流通中的作用较为有限，因为台湾订单农业已经成为畜禽肉类生产流通的主要形式，规模化的生产端整合（协会、合作社等）和下游企业促使批发市场的功能逐步退化，畜禽肉类产品较少在批发市场流通，批发市场仅起到流通辅助作用。

（三）流通主体市场信息获取程度不同

台湾畜禽流通参与主体获取市场信息的程度更高、途径更多。即使是小型家庭农户的分散饲养，也可以通过农民自己的协会组织——农会、合作社、产销班等来获取信息，实现共同出货。对于规模较大的饲养场，其市场信息的获取途径更加广泛、直接，各类大型零售商、肉类产品加工企业都会与饲养场直接建立联系，实现农业生产的前期介入和契约拉动式生产，产品的需求信息、价格信息都直接来自终端企业。除此之外，台湾各类批发市场都有完善的市场行情发布系统和信息平台，各类分散的小型饲养业主也能获取第一手的市场信息。相比之下，大陆小型饲养场和分散农户在市场需求信息获取上相对较为困难。

（四）物流和产品质量安全方面的管理模式不同

由于一体化生产订单农业和观光农业的发展，台湾在畜禽肉类产品的生产环境、生产过程、产品质量认证、物流效率等方面的运作更加容易受到监管，下游企业可以直接与一线生产农户和协会组织对接，更有利于生产过程管理和质量安全管理水平提升。

大陆在规模化饲养场与下游企业之间的订单契约农业流通模式也能实现相对较高的物流效率和产品质量安全管理。但是大量分散的农户饲养缺少农会等农业合作组织的联合运营，造成饲养过程监管缺失，质量安全难以保障。以批发市场为核心的大范围跨区域流通、长链条多环节流通模式，也难以实现信息透明。

此外，大陆在饲料、用药、屠宰等环节的组织化程度不同，行业发展水平和管理水平也相对落后。以生猪屠宰场为例，除了大型肉类加工企业的屠宰场外，大陆还存在大量产能过剩的中小型生猪屠宰场，许多屠宰点存在交易行为不规范、屠宰方式落后、储运条件差、市场信息传递不畅等问题。定点屠宰制度在某种程度上推动了屠宰业的价格垄断，同时造成没有资质的私营屠宰场长期得不到有效控制。

（五）产品标准化和零售市场超级化、连锁化程度不同

台湾目前的畜禽产品大多肉类产品采用超级市场及其连锁化方式实现零售。超市一般从产地直接进货，经过产销班、农会或超市自身的加工车间，完成分级、清洗、加工、包装、称重、贴标等工序，初级肉类产品的包装化、品牌化程度较高。相比之下，大陆畜禽肉类产品流通方式相对粗放，肉类产品的

"第一公里"标准化作业和品牌化程度不足，产品通过农贸市场流通的比例也较大。

（六）生鲜电子商务渠道发展模式不同

台湾肉类产品较少通过电子商务的渠道进行流通，在线流通的肉类产品也一般在综合型电子商务平台展卖，垂直化的农产品生鲜电子商务平台较少，专业的肉类产品平台基本没有。大陆肉类产品的电子商务流通近年来比例有所增加，一些专业的农产品生鲜电子商务网站上展卖大量畜禽肉类产品，包括初级肉类产品和肉类加工品。但是，不论台湾地区还是大陆，农产品的生鲜电子商务流通渠道都处于刚刚起步阶段，肉类产品的线上流通比例更低。

第三节　两岸畜禽肉类产品流通的物流特征比较

随着两岸畜禽肉类流通产业的不断发展，相应的物流业务也逐步独立，这体现了社会分工逐步深入的过程。畜禽肉类产品具有独特的鲜活、易腐性特征，完备的物流运作作为流通商流落地交付的支撑，在流通过程中占有重要作用。本节讨论两岸畜禽肉类产品物流的发展。

一、两岸畜禽肉类产品物流的主要环节

畜禽肉类产品物流是为了满足消费者需求而进行的畜禽肉类产品实体和相关信息流从生产者到消费者之间的转移的物理性流动过程。主要环节包括产品分级、预冷、运输、仓储、包装、加工、配送、超市陈列等一系列环节。

（一）预选分级

畜禽肉类产品生产过程不确定性程度较高，不同养殖场生产的同种肉类，甚至同一养殖场的同批肉类在瘦肉率、色泽、嫩度、脂肪沉淀、弹性、气味、水分含量等方面都会有差别，农药、兽药及各种残留水平也有显著差别。因此，成熟的市场需要有一套质量安全分级的体系，帮助消费者获得产品质量的基础信息，实现产品优质优价、以质论价，这也是满足市场需求的重要内容。例如加拿大将鸡肉按胴体分为A、B、C三级，将牛肉分为12个等级。

（二）产地预冷

人们在产地获取畜禽肉类产品后，为了延长产品的保存期，减少其在流通中的各种损耗，使消费者获得洁净的产品，则往往要进行一系列的初步处理，如挑选、去杂、清洗、预冷、包装等。预冷，即是将产品从初始温度迅速降至所需要的终点温度（0～15℃），这是冷藏运输和低温冷藏之前的快速冷却工序。它能迅速消除肉质自身带有的热量，抑制其残留的细胞呼吸以及微生物的分解作用，从而最大限度地延长肉质生理周期，减缓新陈代谢活动，降低运输和储存过程中出现的失重、变色等现象。

（三）控温运输

对于畜禽肉类产品，其运输过程产生较大运作成本，且不当的物流作业很容易产生产品损耗。同时，不同的产品需要的温度区间也有所不同，如冷冻肉类和加工肉类在运输时所需的保鲜温度不同。目前，按照温度需求的不同，肉类产品冷链运输可分为恒温、低温、超低温运输；按照产品运输距离，可以分为长途干线（专线）运输、中途干线运输和城市配送（"最后一公里"）运输；按照不同的运输方式，可分为空运冷链、铁路运输、公路运输和水路运输；按照畜禽肉类产品的特性，又可以分为鲜肉、冷藏肉、冷冻肉、热处理肉以及腌制肉等等。其中，产品特性是决定冷链运输方式选择的关键因素。

（四）"最后一公里"配送

随着消费者对冷链需求的提升，小批量、多批次、社区化的产品需求逐步增加，中小超市、卖场和专卖店的冷链服务需求不断扩大。具有低温运输能力的城市共同配送冷链物流企业也获得了发展机遇。这些冷链物流配送企业在城市周边设立"仓配一体化"的设施，使用中小型冷藏运输车辆，以精准的路线规划实现城市内部超市卖场和社区连锁零售企业的畜禽肉类产品冷链配送。此外，随着生鲜电子商务的快速发展，具有了"门到门"服务能力的生鲜宅配冷链快递物流企业发展迅速。这些企业经营思路灵活，与生鲜电商密切配合，打通了冷链干线运输的城市配送"最后一公里"渠道，提升了冷链物流网络的覆盖密度和服务深度。

（五）零售陈列

零售陈列是对农产品、货架、灯光和 POP 广告等要素进行空间布置和整合规划，通过视觉来达到打动顾客的效果。生鲜产品零售陈列是畜禽肉类产品的终端冷链物流环节，也是零售终端经营管理的重要内容。尤其随着畜禽肉类产品终端零售超市化的发展趋势，超市陈列成为"无声的推销员"，直接影响了顾客对产品的第一印象和购买决定。目前，大陆与台湾地区的超市、集贸市场、专卖店等零售终端的陈列柜都使用了冷链温控和保温措施，零售终端的货损率大大降低。

二、两岸畜禽肉类产品物流的发展现状和问题

（一）大陆畜禽肉类冷链物流发展

大陆冷链物流整体发展尚处于起步阶段，与发达国家相比差距较大，发展水平也不及台湾地区。畜禽肉类产品冷链物流更加薄弱，具体表现在如下几点。

首先，冷链物流缺乏体系，断链严重。畜禽肉类冷链物流具有短板效应，只有覆盖全部物流流程的冷链体系，才能最终实现肉类产品的质量提升和损耗降低。这一冷链体系应覆盖生产、加工、储藏、运输、销售等环节。目前，大陆尚缺少完整的冷链物流体系，具体表现在，一是缺少全程服务能力。目前大约90%的肉类基本上做不到全程冷链运作，冷链发展的滞后在相当程度上影响着肉类食品产业的发展。二是国内冷链物流发展重点还停留在运输与冷藏环节，在城市配送环节的冷链服务能力不强。三是各冷链环节缺少全网服务能力。目前拥有全国性冷库设施网络、全国性冷链运输能力的企业较少，冷链行业全网冷链运作能力不足，企业对市场冷链资源的整合能力不够。

其次，冷链基础设施设备相对落后。虽然近年来大陆地区冷链基础设施设备发展迅速，一批冷链物流中心正在抓紧建设。但整体来看依然相对落后。如肉类产品运输还存在使用棉被、塑料苫盖等"土保温"方法的情况。肉类加工方面，存在冷冻冷藏质量监控不严格、车间环境温度和洁净度不高、包装技术仍与国际标准有较大的差距、肉类深加工程度不够等问题。此外，国内很多仓储库龄较高、设备老旧，服务能力也无法适应现代冷链物流的需要。据统计，2012年大陆人均冷库占有量不足发达国家的5%。全国冷藏保温保有量仅相当于美国约1/5，日本约1/4左右。

再次，大陆畜产品冷链物流"第一公里"发展水平滞后。畜产品在屠宰加工之后，移交物流运输之前，为了提升流通效率、维持产品质量、延长保质期等，需要进行包括预冷、分级、切割、去杂、包装等一系列"第一公里"冷链作业。大陆畜产品在这些环节的冷链物流发展落后，相应的基础设施设备和标准法规体系不健全，产品分级简单，包装程度不高，影响了冷链物流的整体

效率。

　　除此之外，大陆肉制品冷链还存在缺乏上下游的整体规划、缺乏肉制品冷链综合性专业人才、缺少市场化的第三方综合物流服务商等，冷链物流标准也亟待进一步完善。同时，在产品质量方面，大陆畜禽肉类产品的检验检疫和认证认可流程有待提升，产品质量安全问题有待进一步完善。这一问题与肉类产品生产、流通环节的组织化、产业化运营程度相关，也对政府政策的进一步完善提出了要求。

（二）台湾地区畜禽肉类冷链物流发展

　　台湾地区畜禽肉类产品的现代物流发展较大陆地区早，早期一轮的基础设施建设也已经完成，目前正在致力于物流的延伸服务及经营模式的深化。台湾冷链物流发展存在一些问题，但整体水平高于大陆。

　　首先，台湾冷链物流企业有较强的冷链物流体系或冷链物流中心的规划能力，可以根据客户需要，融入客户的供应链体系，实现物流系统规划设计。其次，冷链物流企业都拥有比较完善的冷链物流业务信息系统，拥有庞大的物流系统开发和物流系统维护团队，利用先进的信息系统，可以对冷链物流全过程进行有效控制。再次，台湾物流技术较领先，整个台湾岛所有必需的物品通过全岛后勤低温物流支援系统，均能在 24 小时内运达。最后，经过多年的发展，台湾冷链物流企业在物流人才培养上积累了丰富的经验，培养了一定规模的冷链物流操作人员和冷链物流管理人才。台湾冷链物流存在的问题在于，由于经济衰退，台湾地区未来物流的市场发展空间有限。同时，一些地区的冷链物流基础设施也存在设施设备老化、亟待更新的情况。

三、两岸畜禽肉类产品物流发展比较

　　台湾地域相对狭小，全岛冷链物流体系类似大陆的城市物流体系，干线物流体系需要的节点较少，也不需要大面积覆盖的网络和多级物流转运体系，运输也以陆运为主，基本没有铁路运输，也只有在外贸时才涉及空运和海陆运输。同时，台湾的冷链物流设备、设施很少由本地生产，大量依赖进口，在进口设施设备的同时较早地引入了欧美和日本先进的冷链物流管理经验。经过 20 多年的发展，台湾的冷链物流从业者对岛内冷链物流体系非常明确，对新建冷链物流中心的规划能力和水平也较高。因此，台湾的肉产品冷链物流体系总体上规划合理，层次清晰、简单，运输方式单一，设施设备标准明确且与国际接轨。

受到地域特征和冷链物流体系建设起步较晚的影响，大陆物流目前正处于快速发展时期，各类物流体系在设施、标准、规划、人才方面都亟待建设，很多地方无法满足市场的冷链物流需求。社会化、全域化、系统化的冷链物流体系有待逐步建设、完善，很多制度、标准也亟待明确、整合。

在大陆与台湾地区相继加入世界贸易组织、以及海峡两岸经济合作框架协议（ECFA）实施的推动下，海峡两岸贸易交流与合作成为不可避免的大趋势，两岸畜牧肉类产品贸易有望进一步扩大。两岸物流业应充分利用大陆物流发展的机遇，推行可以在大陆操作的台湾发展经验，进行优势互补、资源共享，共同加强并完善畜禽肉类产品产地预冷、预选分级、加工配送、冷藏冷冻、冷链运输、包装仓储、电子结算、检验检测和安全监控等一系列设施、制度和运营模式。

第四节　两岸畜禽肉类产品流通的其他差异比较

海峡两岸在畜禽肉类物流中需要面对和解决的问题比较相似，但由于产业组织化与市场发育程度有所不同，两岸畜禽肉类产品流通也存在一些明显的差异。

一、两岸畜禽肉类产品流通中的扶持政策比较

（一）台湾地区畜禽肉类产品流通扶持政策

在畜禽肉类产品方面，台湾当局一直实行宏观调控与市场调节相结合，充分发挥农业合作组织的积极作用，并通过完善法制手段来干预农产品流通，保护农民利益。1963 年以后，台湾当局开始推动综合性养猪计划。1971—1979年设立专业区生产，毛猪产量迅速增长。但受到毛猪产销制度不健全的影响，猪肉价格出现暴涨暴跌，影响了农民收入，同时，养猪业的环保问题开始受到关注。1980 年以后，台湾开始调整养猪政策，这一时期的政策以稳定生产流通、解决养猪污染问题为核心。

1990 年以后，台湾当局开始制定畜牧相关规定，科学规范畜牧业发展。加入世界贸易组织后，台湾当局开始引领行业进行整合经营，应对来自国际市场

的冲击。整合经营政策主要分为生产资材的共同采购及"台湾珍猪"品牌的推行这两部分。1992 年开始，农委会开始大力指导养猪农民降低产销成本、增加生产效率。1998 年，台湾当局又选定 16 个整合经营示范区，实际补助经费 6000 万余元，推行"台湾珍猪"品牌，鼓励屠宰加工厂、饲养场及农民团体进行整合经营、契约产销，形成本土肉类竞争力。目前，台湾牧业政策围绕生态观光农业展开，一是推进全民造林运动纲领暨实施计划和多目标森林生态系经营及集水区整体规划。二是进一步加强野生动植物的保护和自然景观的维护工作。三是实行肥料政策调整方案。四是提高畜牧场污染防治设施比率。五是对养殖业的合理使用水土资源进行科学指导。

（二）大陆畜禽肉类产品流通扶持政策

与台湾地区相比较，大陆对农产品流通的干预机制主要集中在生产领域，主要包括：第一，良种补贴和保险政策。例如 2008 年提升"能繁母猪"补贴和保险政策力度[①]，补贴标准从 50 元提高到 100 元，同时继续实施能繁母猪保险政策，扩大覆盖范围。第二，扶持标准化规模养殖场。如 2008 年、2009 年中央财政分别安排 2 亿元、5 亿元资金支持奶牛标准化规模养殖场建设。第三，大力开展检疫防疫工作。主要包括四个方面，一是重大动物疫病强制免疫补助政策；二是畜禽疫病扑杀补助政策；三是基层动物防疫工作补助政策；四是养殖环节病死猪无害化处理补助政策。第四，建立草原等牧业生态保护补助奖励机制。如从 2011 年起，国家对生存环境非常恶劣、草场严重退化、不宜放牧的草原，实行禁牧封育，中央财政以公开标准对牧民给予补助；2012 年，草原生态保护补助奖励政策实施范围扩大到全国 13 省所有牧区半牧区县。

近年来，国家也开始对流通领域进行扶持，集中在：第一，完善市场交易相关法律法规，提升鲜活农产品的产销衔接和市场调控，加强农产品的产销信息的检测统计和分析预警。如 2011 年 7 月发布"国务院办公厅关于促进生猪生产平稳健康持续发展，防止市场供应和价格大幅波动的通知"，明确要求建立和完善以储备制度为基础的防止生猪价格过度下跌调控机制，建立健全预警指标，完善储备吞吐调节办法，完善生猪生产和市场统计监测制度。

第二，完善畜产品流通市场体系，培养合理市场交易环境，鼓励流通业态创新。例如 2011 年 12 月颁布"国务院办公厅关于加强鲜活农产品流通体系建

---

① 能繁母猪是指可以正常繁殖的母猪，也就是正常产过猪仔的母猪，大陆对能繁母猪有认定标准，并依照标准给以补贴政策。

设的意见"，提出各级人民政府要增加财政投入，改造和新建一批公益性农产品批发市场、农贸市场和菜市场，保障居民基本生活需要。同时重视新型流通业态的发展，引入现代交易方式，发展电子商务，扩大网上交易规模，鼓励农产品批发市场引入拍卖等现代交易模式。

第三，提升生鲜农产品冷链物流运作水平，降低农产品流通费用。如鼓励建设农产品冷链物流配送中心，降低农产品流通成本，提升农产品运输便利。通过优惠的税费和要素价格政策，规范和降低农产品市场的运行费用。2013年3月，国家发改委正式印发《农产品冷链物流发展规划》，提出到2015年我国农产品冷链物流发展的目标、主要任务、重点工程及保障措施。

（三）两岸畜禽肉类产品流通扶持政策比较

两岸都重视畜禽肉类产品的流通，并通过制定一系列扶持政策鼓励流通产品健康发展，但在调控模式上也表现出一定差异。如台湾当局更注重通过制定相关规定，提供公共物品和公共服务来优化产业发展环境，进而以补助和示范的形式促进行业发展。目前，台湾在关于农产品营销的相关规定较为健全，主要有《农产品市场交易法施行细则》《农产品批发市场管理方法》，还有与市场运作和管理紧密相关的《农产品分级包装标准与实施办法》《农产品贩运商辅导管理办法》等。

大陆在向市场经济转轨过程中，也十分重视职能的转变，并逐步重视发挥市场的调节作用。但由于大陆长期计划经济政府管理的惯性，以及大陆区域经济发展不均衡，不同地区畜禽肉类产品的生产、流通市场的发展也千差万别，致使一些政策常常遭遇政府过度干预、地区保护主义等问题。目前，中国政府一直在积极寻求通过改革解决计划经济体制的惯性作用和其他弊端，争取尽快形成高效、合理的行政管理体制。

二、两岸畜禽肉类产品流通质量安全体系比较

（一）台湾地区畜禽肉类流通质量安全体系

1. 提升安全技术研发能力

台湾通过财政项目的重点支持，促进农业主管部门（原资料"农委会"）相关试验机构、大专院校及畜禽生产业界提升畜禽产品质量安全技术研发能力，提高畜禽产品安全卫生基准与健康价值。重点领域包括：①疫苗研制。台湾目前对疫苗研制很重视，动物疫苗重点产业已成为台湾地区十大重点农业产业之

一。②药残检测。如台湾以当局农业主管部门（原资料为"农委会"）、财团法人"台湾畜产会""养鸡协会"及相关学者专家，组成土鸡无药物残留生产辅导团队，协助统合经营业者办理药残监控及来源诊断，并建立追踪查核资料库，改善土鸡药物残留问题，确保禽肉安全及品质。③完善禽畜生产安全管理体系。包括对畜禽生产设施、生产机具、生产及防治资材等实施补助，以及保证饲料安全等。扶持建立畜禽安全生产管理体系是保证流通质量的基础。2004—2010饲料生产与卫生安全管理计划补贴经费总计见表8.4。

表8.4　2004—2010年台湾地区饲料生产与卫生安全管理计划经费（单位：元新台币）

年份	经费	团体数	平均
2010	22607000	23	978565
2009	20037000	35	672486
2008	7121000	5	1424200
2007	8160000	7	1165714
2006	7427000	5	1485400
2005	8293000	3	1658500
2004	6891000	3	1378200

资料来源：根据台湾农业主管部门（原资料为"农委会"）补助资料表统计。

2. 推行畜禽产品履历制度

台湾地区于2003年起开始规划及推动农产品产销履历记录制度，特别是猪与禽产品产销履历制度，除了加强对"农产品由田间至餐桌间"的信息流程管控外，还可让台湾优良农产品通过这种透明化、可追踪的制度，开拓境外市场。2005年，台湾已将猪肉作为推动产销履历制度的主要农产品种类之一，并着手制定猪只、禽只的"台湾良好农业规范"，建立生产者可依循的生产作业流程标准与应记录事项。2006年起，台湾开始大力辅导养殖户依据标准从事生产作业与详实记录，同时建立猪只产销履历信息系统。2007年，开始实施第三者公正认、验证制度，产销履历猪肉产品验证机构成立，并开始帮助建立稳定、安全的供货体系，产销履历猪肉开始全面上市贩卖。

2007年11月7日，台湾公告牛肉、羊肉等3种畜产品的"台湾良好农业规范"及相关作业图表，畜产试验所恒春分所负责订定的羊肉产销履历制度其相关作业流程与流程图也开始实施。2008年有产销履历的台湾产羊肉开始上市。

3. 大力完善生鲜肉类物流配送体系

台湾当局主要通过设施设备补助的形式支持生鲜肉类物流发展。主要补助两类设施设备，即集运车和畜禽品运输车冷藏车厢。目的是通过协助业者增设温控运输设备，确保禽肉卫生安全。同时整合肉类运销业者低温运输设施，建立区域配送网络。其中，集运车的补助对象为相关县（市）的产业团体，对涉及食品安全工作、补助对象为产业团体非营利机构的，其补助比率以不超过3/4为原则；畜禽品运输车的冷藏车厢，包括冷藏车厢外壳、冷藏压缩机组等，以农民、农民团体、产业团体或农企业为补助对象，以不超过总额1/2为原则。

4. 补助禽畜交易设施和交易市场建设

主要补助包括畜禽肉类屠宰设施、交易中心的相关交易设施、多功能肉品物流中心等三类。此外，在传统市集台湾产禽肉示范摊位上，也补助给县（市）政府、产业团体、登记有案的禽肉摊商。同时，鼓励安全生产运销设备、设施的应用。

5. 对问题产品严格实行无害化处理

加强畜禽安全生产行销与培训，不断对生产者宣传与教育安全农业的重要性。对流通过程检验检疫出的问题产品采取零容忍态度，严格执行病死畜禽的无害化处理，包括制度化的养殖户养殖数量的登记、生产追溯管理、生猪保险理赔、化制场的设立、病死猪的运输等环节，并完善相关补助。

（二）大陆畜禽肉类流通质量安全体系

1. 完善食品安全法律法规体系

法律法规体系是保证产品流通质量安全的基础依据。我国于1995年颁布了《中华人民共和国食品卫生法》，并于2009年7月颁布了《中华人民共和国食品安全法》。食品安全法是为了适应新形势发展的需要，从制度上解决包括各类农产品和食品在生产、流通、加工环节的安全问题而制定。随后，《中华人民共和国食品安全法实施条例》《餐饮服务许可管理办法》《餐饮服务食品安全监督管理办法》相继出台，初步形成了我国食品安全法律法规的基础框架，也为畜禽肉类产品流通建立了基本原则和法律法规体系。

2. 构建畜产品质量安全追溯体系

为了实现产品安全质量的透明化监控，大陆实施过类似台湾地区产品履历制度的购销台账制度，但是没有收到预期效果。随着信息技术的逐步发展，国家开始借助条码、射频识别等技术、工具实施信息追溯制度。2012年2月，国家商务部启动了对大连、上海、南京、无锡等城市的肉类、蔬菜产品流通追溯体系建设评估工作，尝试实现肉菜产品"从农田到餐桌"的流通全程可追溯体系。

国家商务部、农业部联合建立的肉菜追溯体系包括：①免疫标识管理。作为整个畜禽肉类产品安全追溯体系建设的基础，免疫标识贯穿于动物从出生到屠宰所历经的防疫、检疫、监督环节。②溯源物资管理。包括肉类产品安全追溯体系中使用到的智能识读器、出票打印机、SIM卡、IC卡以及追溯体系中各级机构的硬件终端、数据库和软件系统。③电子产地检疫的出票管理。动物检疫员在线查询动物的免疫情况后，对免疫合格的动物，不能直接出具电子产地检疫证明，还应进行临床检疫，观察动物有无疫病表征。④信息采集的管理。作为溯源系统的信息基础，信息采集主要来自于防疫、检疫、监督等日常工作中。采集的基础信息包括养殖信息、免疫信息、产地检疫信息、运输监督信息、屠宰检疫信息等等。⑤监督人员的管理。包括对人员的规划、调整、配置、培训、奖惩等管理工作。⑥投入品的管理。主要包括疫苗、兽药和饲料添加剂等畜牧业生产资料的管理。

3. 完善兽药残留监控体系

随着人们对畜产品需求量的增加，畜产品中的兽药残留也越来越成为全社会共同关注的公共卫生问题。为此我国建立了畜产品兽药残留限量标准、完善畜产品中兽药残留检测方法，并进一步提升兽药的开发与研究，建立了兽药安全监控信息网。兽药残留监控体系对保证畜禽肉类质量安全和中国养殖业进出口都具有重要意义。

三、两岸畜禽肉类产品电子商务流通

电子商务是互联网革命在流通领域的直接显现。由于产品供求种类和数量不大，且台湾实体连锁零售网络体系十分发达，畜禽肉类产品及其加工品在台湾电子商务渠道一般与综合性电子商务网站在同一个平台流通，社区化的电子商务体系也不发达。

相比之下，大陆生鲜畜禽肉类产品电子商务一般在垂直化的平台销售，如顺丰优选、中粮我买网、本来生活、沱沱工社等；综合性平台也会销售一些肉类加工品和少量特色冷鲜肉类，如一号店、京东商城等。同时，由于大陆地域广泛，全域化的冷链物流服务体系尚未建立健全，因此社区化、本地化的生鲜电子商务在大陆发展迅速，如趣活、淘常州等。这些生鲜电子商务网站一般自建小区域的冷链快递体系，实现门到门服务，采用线上线下（O2O）共同发展的策略。在移动终端快速发展的过程中，这种电子商务模式受到了大陆社区居民的欢迎，这些企业也纷纷获得风险投资资本的青睐。

四、两岸畜禽肉类产品流通的物流中心建设

台湾地区的肉类产品物流以物流中心作为核心组织节点。按照服务对象的差异，台湾的物流中心大致分为四种类型。一是由社区连锁店自营的物流中心，它是零售商为了实现对旗下连锁商店进行城市共同配送、提升配送效率而设置。这类物流中心运营品类较多，物流作业流通较难标准化，一般不会处理初级肉产品，只会处理无冷链要求的加工肉类产品，如台湾顶好惠康超市的惠康物流，同时提供顶好惠康超市的各种食品及日用品运送。二是由制造商成立的物流中心。这种物流中心联结了生产与销售，为制造商降低了物流成本、增加服务竞争力。这种物流易于规格化和标准化，处理的产品种类相对较少。例如台湾统一集团旗下捷盟物流、泰山集团旗下彬泰物流、味全集团旗下康国物流、联强物流等。三是由传统批发商建设的物流中心。该类物流中心的特点在于供货物品多、供货范围广，如农林集团的侨泰物流等。四是由货运公司转型形成的物流中心，如大荣货运、新竹货运等。这四类物流中心中，很多综合性的物流配送中心都设有冷库，并具有冷链分拣、运输和配送能力。

在大陆，能提供生鲜畜禽肉类产品的物流中心一般由专业的第三方物流公司建设，服务对象可以包括连锁零售超市卖场、餐饮饭店、大型企事业单位食堂、肉产品专卖店等。如夏辉物流专门为肯德基进行全程冷链服务，在全国建设多个冷链物流中心。类似普洛斯这样的工业地产提供商也在快速发展，为冷链物流企业和物流园区提供标准化的仓库建设、租赁服务。大型肉类加工和零售企业也自建冷链物流服务，如众品冷鲜肉旗下鲜易物流等。目前，即使是大型加工制造业建设的物流企业，大多也为其他企业提供开放的第三方冷链物流服务。

五、两岸畜禽肉类产品流通贸易对接

两岸发展具有不同侧重、不同特色、不同路径，所处发展阶段也有所不同，

2011 年 1 月 1 日，《海峡两岸经济合作框架协议》（ECFA）的正式生效，使两岸经贸交流更加活跃。按照两岸已达成的共识，首批准许产品进入大陆市场的禽肉类产品生产厂家共有五家。2011 年 6 月 8 日，台湾第一家禽肉类产品厂商——凯馨，在厦门宣告设立营业网点，正式进入大陆市场；其余 4 家有台畜、万一香、波良、元进庄，也陆续进驻大陆市场。

相比之下，大陆畜禽肉类经营企业也开始入驻台湾地区，但由于台湾市场组织化程度高、生产效率高、产品质量要求较高以及关税进出口政策方面的原因，截止到 2012 年底，尚未有畜禽肉类企业入驻台湾。

第九章　两岸水产品流通模式比较

　　水产品包括养殖水产品与海洋水产品两类，是指海洋渔业和淡水渔业生产的动植物及其加工产品的统称，包括鱼类、甲壳类、贝类、藻类和水生哺乳动物等；按保存条件，水产品可分为活鲜、冰鲜、冻鲜和干鲜等四类。本章主要介绍大陆与台湾地区两岸水产品流通的主要模式及其比较，第一节介绍两岸水产品流通的主要品种与供求特征。第二节介绍两岸水产品流通主要的流通形式。第三节讨论两岸水产品流通过程中的物流作业，最后一节从政策等方面比较两岸水产品流通的特征差异。

第一节　两岸水产品流通的主要品种与供求特征

　　水产品品种差异与供求特征是影响两岸水产品流通的重要因素。本节主要描述大陆、台湾地区水产品生产的主要品类、产量，水产品进出口的总量、结构、区域流向等，以及水产品加工类型和水产品需求特征等情况。

　　一、两岸水产品的主要品类与产量

（一）大陆主要水产品品类与产量

　　2012 年大陆水产品产量为 5907.68 万吨，同比增长 5.43%。其中，养殖产量 4288.36 万吨，增长 6.59%，占总产量的 72.59%；捕捞产量 1619.32 万吨，同比增长 2.49%，占总产量的 27.41%。按当年价格计算，全社会渔业总产值 9048.75 亿元，实现增加值 5077.95 亿元，与渔业相关的渔业流通和服务业产值 4145.94 亿元，实现增加值 1400.70 亿元。

　　渔业产值中，海洋捕捞产值 1706.67 亿元，实现增加值 960.35 亿元；海水养殖产值 2264.54 亿元，实现增加值 1308.18 亿元。淡水捕捞产值 369.85 亿元，实现增加值 209.40 亿元；淡水养殖产值 4194.82 亿元，实现增加值 2333.09 亿元。水产苗种产值 512.87 亿元，实现增加值 266.93 亿元。

大陆水产养殖面积达到 808.84 万公顷，其中，海水养殖面积 218.09 万公顷，占水产养殖总面积的 26.96%，淡水养殖面积 590.75 万公顷，占水产养殖总面积的 73.04%[①]。

在水产品中，淡水养殖产品主要以鱼类为主，占总产量的比重在 80% 以上；其次是以虾为主的甲壳类，占总量的 10% 左右。海水养殖水产品中，70% 以上是贝类产品，主要是蛤和牡蛎；其次是藻类，主要品种是海带；甲壳类产品产量居第三，其中虾类主要是南美对虾，蟹类则是梭子蟹。

从地区分布看，山东、广东、福建、浙江、江苏、辽宁等省份是水产品的主要产区，年产量在 500 万吨以上，其中山东、广东达到 800 多万吨。其中，淡海水养殖产量居前的分别是广东、山东、福建和江苏，四省市产量占到总产量的近一半；捕捞产量居前的分别是浙江、山东、福建和广州，占捕捞总量的 60% 多。

（二）台湾地区主要品类与产量

2011 年台湾地区养殖与海水产品产量为 122.26 万吨，同比增长 4.56%，其中远洋渔业产量为 70.21 万吨；近海渔业产量为 17.30 万吨；沿岸渔业产量为 2.81 万吨；海面养殖产量为 3.81 万吨；内陆养殖产量为 28.12 万吨，包括咸水渔场产量 13.95 万吨和淡水渔场产量 13.97 万吨。

2011 年台湾水产品总产值为 1059.01 亿新台币，其中远洋渔业产值为 475.32 亿新台币，近海渔业产值为 130.01 亿新台币，沿岸渔业产值为 35.92 亿新台币，海面养殖业产值为 60.79 亿新台币，内陆养殖业产值为 356.92 亿新台币。

台湾水产养殖面积达到 55260.89 公顷，其中海面养殖 13115.44 公顷，平均产量为 2.91 吨/公顷；咸水渔场 22450.81 公顷，平均产量为 6.21 吨/公顷；淡水渔场 18502.36 公顷，平均产量为 7.55 吨/公顷。

从品种结构看，台湾海水类产品以正鲣（16.23 万吨）、秋刀鱼（16.05 万吨）、鱿鱼（10.45 万吨）、鲭鱼（9.86 万吨）、长鳍鲔（4.72 万吨）、大目鲔（5.06 万吨）和黄鳍鲔（5.52 万吨）为主。贝类产品以牡蛎（3.46 万吨）、文蛤（5.98

---

① 农业部渔业局. 2013 中国渔业统计年鉴[R]. 中国农业出版社，2013.

万吨）和蚬（1.47万吨）为主。甲壳类产品以虾类为主，主要是虾蛄（0.89万吨）、白虾（0.88万吨）和长脚大虾（0.65万吨）。淡水产品主要以吴郭鱼类、虱目鱼（虱目鱼）、鲈鱼和鳗鱼为主，产量分别为6.72万吨、4.95万吨、2.42万吨和1.05万吨。

从分布地区看，远洋渔业主要以高雄市和境外补给港为主，产量分别达到22.33万吨和41.32万吨，占到总产量的90.65%；近海渔业集中在宜兰县、基隆市、台北市和高雄市，产量分别为7.30万吨、3.76万吨、2.65万吨和1.37万吨，四市县产量占到总产量的86.89%；沿岸渔业主要集中于新北市（4860吨）、屏东县（3985吨）、花莲县（3316吨）、新竹市（2843吨）、宜兰县（2836吨）和基隆市（2210吨），六市县产量占到总产量的70%以上；海面养殖主要集中于台南市（5548吨）、彰化县（3788吨）、云林县（11350吨）、嘉义县（14044吨）和澎湖县（2289吨），五市县产量占总产量的97.17%；内陆养殖集中于云林县（64560吨）、台南市（60871吨）、嘉义县（48165吨）、高雄市（39036吨）、屏东县（30341吨）和彰化县（21367吨），六市县产量占总产量比重的94.01%[①]。

二、两岸水产品的进出口情况

（一）大陆水产品进出口情况

1. 出口

近年来大陆水产品进出口始终保持顺差态势，截至2012年1～10月份水产品进出口总量为646.94万吨，进出口总额216.44亿美元。其中出口304.47万吨，出口额150.46亿美元；进口342.47万吨，进口额65.98亿美元。2012年1～10月，中国大陆水产品贸易顺差为84.48亿美元，同比增加14.38%。截至2011年底，大陆进出口总额为258.2亿美元，其中出口水产品总额达到177.9亿美元，同比增长28.7%，为加入世界贸易组织十年来的最高增速；出口额继续位居大宗农产品出口首位，占农产品出口总额的29.3%。

从出口流向来看，大陆水产品出口主要面向日本、美国、欧盟、东盟以及韩国（表9.1）。中国大陆主要出口国家和地区也相对集中，出口居前三的国家（地区），其出口额合计占全部出口总额的53.02%。近两年，日本由于发生大地

[①] 台湾农业相关部门（原资料为"台湾农业委员会"）. 2011年农业统计年报[R]. 当局农业相关部门（原资料为"行政院农业委员会"），2012.

震引发的海啸和核泄漏事件，日本海一侧相关区域渔业捕捞受到影响，导致日本国内水产品供应趋紧，加大了对大陆金枪鱼、银鲑、裙带菜以及紫菜等进口量。2011年大陆向日本出口水产品达到40.71亿美元，增长26%，增速远高于美国、欧盟（表9.2）。

表9.1　2006—2011年中国（大陆）水产品主要出口市场情况（单位：亿美元）

年份（年） 国家/地区	2006	2007	2008	2009	2010	2011
日本	30.6	29.4	27.8	26.8	32.3	40.7
美国	17.7	17.6	20.5	20.6	26	29.1
欧盟	14.3	15.6	17.8	17.7	20.9	24.5
东盟	4	3.8	6.4	7.7	10.3	17.2
韩国	11.4	11.4	11.0	10.1	13.3	15.9
中国香港	4.9	5.9	6.5	7.4	9.8	15.6
中国台湾	1.2	1.7	2.0	3.8	6.3	8.4
总计	93.6	97.5	106.7	108	138.3	177.9

资料来源：根据中国农产品贸易发展报告（2012）整理。

表9.2　2011年中国（大陆）水产品出口额前15位国家（地区）

排名	国家（地区）	出口额（亿美元）	同比增长（%）
1	日本	40.71	26
2	美国	29.14	12
3	欧盟	24.48	17.4
4	东盟	17.18	66.6
5	韩国	15.92	19.4
6	中国香港	15.61	59.9
7	中国台湾	8.41	33.2
8	俄罗斯	4.95	26.2
9	加拿大	3.75	7
10	墨西哥	2.95	15.3
11	澳大利亚	2.41	38.8
12	巴西	2.40	71.4
13	尼日利亚	0.95	319.4
14	乌克兰	0.88	25.2
15	以色列	0.84	80.7

资料来源：根据《国际农产品贸易统计年鉴》（2012）相关资料整理。

从出口结构看，大陆出口水产品主要以初级冷冻鱼及鱼片为主，2011 年这类产品出口额达到 65.1 亿美元，占出口总额的 36.6%。其次是制作或保藏水产品，出口额达到 60 亿美元，占出口总额的 33.7%。其余如干熏及盐渍水产品出口额为 3.9 亿美元。活鱼出口量为 8.5 万吨，出口额 5 亿美元。

从产品来源看，大陆自产资源水产品占出口总额的 70%，进口原料加工再出口占 30%。自产资源中，贝类、对虾、罗非鱼、鳗鱼、大黄鱼、小龙虾和斑点叉尾鮰等养殖水产品仍是主要出口品种，出口额占一般贸易出口总额的一半左右。其中，对虾出口量达到 23.1 万吨，出口额 18.9 亿美元，是大陆第一大主要出口品种，主要集中在广东和福建，占总量的 80% 左右；罗非鱼出口合计 11 亿多美元，集中在广东、海南、广西和福建，占总额的 99.3%；鱿鱼出口 10.9 亿美元，集中在山东、福建、浙江和辽宁，四省出口额占比达到 93.5%；鳗鱼出口前四的分别是福建、广东、江西和山东，占出口总额的 97.5%。进口原料加工再出口贸易中，进料加工比重较大，达到 89.9 万吨，出口额 38.8 亿美元；来料加工出口 31 万吨，出口额 14.5 亿美元[①]。

从各省市情况看，水产品出口额超过 1 亿美元的有 11 个省（自治区），前五位的分别是山东、福建、广东、辽宁和浙江，五省出口额均在 19 亿美元以上，合计出口 157.3 亿美元，占大陆水产品出口总额的 88.4%，其中仅山东出口 49.3 亿美元，占比接近 30%（表 9.3）。

表 9.3　2011 年中国（大陆）水产品出口额前十的省

排名	省市（自治区）	出口额（亿美元）	排名	省市（自治区）	出口额（亿美元）
1	山东	49.3	6	海南	4.9
2	福建	38.5	7	江苏	3.1
3	广东	25.7	8	广西	3.1
4	辽宁	24.1	9	江西	2.5
5	浙江	19.8	10	河北	2.3
前十位合计		173.3	前十位所占比重		97.4%

资料来源：根据《中国农产品贸易发展报告》（2012）相关资料整理。

2. 进口

进口方面，2011 年大陆地区食用水产品、来进料加工原料和鱼粉总计进口

---

① 牛盾主编. 中国农产品贸易发展报告（2012）[M].北京：中国农业出版社，2012.

424.9 万吨，进口额 80.2 亿美元（表 9.4）。其中，食用水产品继续保持平稳增长，进口量 151.7 万吨，进口额 29.8 亿美元。来进料加工原料进口量 152.2 万吨，进口额 32.8 亿美元。鱼粉进口量 121 万吨，进口额 17.5 亿美元。

从进口来源地看，大陆食用水产品和来进料加工原料主要源于俄罗斯、美国、东盟、挪威等地区。其中，秘鲁和智利是大陆鱼粉重要进口国。2011 年，大陆从秘鲁进口鱼粉 84.8 万吨，从智利进口 22.3 万吨。

表 9.4　2006—2011 年中国（大陆）水产品进口情况　（单位：亿美元）

年份（年） 国家/地区	2006	2007	2008	2009	2010	2011
俄罗斯	12.5	13.9	13.0	12.4	13.6	16.6
美国	5.0	5.6	6.4	6.7	8.5	13.6
秘鲁	6.2	6.0	9.9	7.9	10.9	12.8
东盟	2.3	3.4	3.9	3.8	5.9	5.9
智利	2.6	3.2	4.1	5.2	4.2	4.6
挪威	1.6	1.8	1.9	2.8	4.1	4.2
欧盟	2.2	2.1	3.2	2.0	2.5	2.3
日本	2.5	2.2	1.9	2.2	3.2	1.7
总计	43.0	47.2	54.1	52.6	65.4	80.2

资料来源：根据中国农产品贸易发展报告（2012）整理。

从各省市情况看，2011 年大陆水产品进口额居前三的省市分别是山东、辽宁和广东，进口额分别为 29.2 亿美元、15.7 亿美元和 9.1 亿美元。水产品进口量较大的省市主要集中在东部地区，水产品进口额居前十的省市进口额达到 77.1 亿美元，占全部进口总额的 96.2%（表 9.5）。

表 9.5　2011 年中国（大陆）水产品进口额前十的省

排名	省市 （自治区）	进口额 （亿美元）	排名	省市 （自治区）	进口额 （亿美元）
1	山东	29.2	6	北京	3.9
2	辽宁	15.7	7	浙江	2.8
3	广东	9.1	8	天津	1.7
4	上海	6.9	9	云南	1.1
5	福建	5.9	10	江苏	0.9
前十位合计		77.1	前十位所占比重		96.2%

资料来源：根据《中国农产品贸易发展报告》（2012）相关资料整理。

（二）台湾地区水产品进出口情况

1. 出口

近年来，台湾地区水产品出口整体呈现波动态势，在 2009 年经历大幅下降后，呈现平稳回升。2011 年台湾地区水产品出口为 61.09 万吨，较 2010 年减少 2995 吨；出口额达到 18.51 亿美元，较 2010 年增长 2.94 亿美元。从出口量看，居前三的是泰国、日本和美国，出口量达到 19.08 万吨、6.19 万吨和 4.16 万吨，占到出口总量的 48.17%。台湾地区水产品出口地区分布情况如表 9.6 所示。

表 9.6　2011 年台湾地区水产品出口情况

排名	国家/地区	数量（公斤）	价值（千美元）
1	泰国	190757338	227744
2	日本	61900818	586246
3	美国	41629968	160154
4	越南	34571081	39250
5	韩国	27341258	58627
6	中国大陆	25833956	141193
7	菲律宾	25727225	42433
8	印度尼西亚	18994384	141354
9	斐济群岛	15524178	49798
10	马来西亚	13634686	23954
11	埃及	12032035	13539
12	新加坡	11806582	30798
13	毛里求斯	10609308	31649
14	沙特阿拉伯	10486947	18880
15	南非	10374680	19833
16	中国香港	10036217	69566
17	澳大利亚	7430809	38388
18	加拿大	6174815	22737
19	乌拉圭	6103432	11932
20	帕劳群岛	1297180	11439
	总计	610912725	1850954

注：排名以出口量为标准。

资料来源：依据台湾渔业主管部门（原资料为台湾"渔业署"）2011 年台湾渔业统计数据整理。

从产品种类看，台湾地区水产品出口量居首位的是鲣类水产品，出口数量达到 18.1 万吨，占总量的 30.94%，价值达到 1.87 亿美元；第二为是秋刀鱼，出口量为 7.32 万吨，占总量的 11.98%，价值为 5266 万美元；台湾名品吴郭鱼出口量为 3.1 万吨，占总量的 5.07%，价值为 8290.9 万美元。台湾地区水产品品种数量如表 9.7 所示。

表 9.7　2011 年台湾地区水产品出口量前十五的水产品种类

排名	产品类型	数量（公斤）	价值（千美元）
1	鲣类	180978622	187889
2	秋刀鱼	73157948	52661
3	黄鳍鲔	54667872	213243
4	长鳍鲔	44430203	108453
5	大目鲔	43540312	398495
6	吴郭鱼	30565742	82909
7	鲭鱼	29882620	39493
8	鱿鱼	18975542	50608
9	鲨鱼	12931405	17104
10	虱目鱼	9921334	22057
11	剑旗鱼	9545146	29030
12	石斑	9450400	121991
13	鳗鱼	6436427	182734
14	鲈鱼	6378290	40884
15	旗鱼类	4853328	7207

资料来源：依据台湾渔业主管部门（原资料为台湾"渔业署"）2011 年台湾渔业统计数据整理。

台湾地区出口产品主要以冷冻产品为主，达到 53.95 万吨，占到出口总量的 88.31%；其次是生鲜或冷藏以及鲜活产品，分别为 2.62 万吨和 1.55 万吨，占总量的 4.28% 和 2.54%。台湾地区水产品出口类型如表 9.8 所示。

表 9.8　2011 年台湾地区水产品出口类型情况

排名	产品类型	数量（公斤）	价值（千美元）
1	冷冻	539500119	1172551
2	生鲜或冷藏	26163690	231163
3	鲜活	15513797	272581
4	饲料用	13580062	25312
5	调制或保藏	9710052	81955
6	种苗（含种虾）	1594093	4064
7	孵化用卵	986091	3853
8	干制品	952778	16828
9	罐头	952444	14157
10	渣粉	756191	982
11	咸或浸咸	565453	10339
12	其他非食用品	385369	12550
13	抽出物及汁液	41044	361
14	其他食用品	41025	411
15	菜胶	39931	211
16	熏制品	21867	201
17	油脂	21000	627
	合计	610912725	1850954

资料来源：依据台湾渔业主管部门（原资料为台湾"渔业署"）2011 年台湾渔业统计数据整理。

2. 进口

进口方面，2011 年台湾地区养殖与海洋水产品进口量为 48.4 万吨，价值 11.15 亿美元。进口数量居前的三个国家和地区分别是中国大陆、越南和秘鲁，进口量分别为 8.01 万吨、7.75 万吨和 4.7 万吨，如表 9.9 所示。其中，从大陆主要进口冷冻和生鲜或冷藏的虾类（1.04 万吨）、鱼浆（1.02 万吨）、海带（0.918 万吨）、鱿鱼（0.64 万吨）以及蟹类（0.31 万吨）；从越南主要进口冷冻鱼类（2.61 万吨）、油脂（3.07 万吨）和渣粉（1.23 万吨）；从秘鲁主要进口非食用类的渣粉，进口量达到 4.42 万吨，占总量的 94.04%。

表 9.9 2011 年台湾地区养殖与海洋水产品进口地区分布

排名	国家/地区	数量（公斤）	价值（千美元）
1	中国大陆	80123015	152086
2	越南	77468500	104090
3	秘鲁	47002774	78968
4	印度	31157129	53515
5	泰国	28373858	67731
6	印度尼西亚	23784012	48422
7	智利	21449669	55984
8	美国	17606640	49422
9	挪威	15998284	77326
10	菲律宾	14284224	27824
11	马来西亚	14116378	23959
12	墨西哥	12271365	24415
13	日本	10847563	104225
14	加拿大	9870914	36826
15	冰岛	8595839	12447
16	阿根廷	7950643	10602
17	韩国	6577769	15661
18	格陵兰	2331326	12557
19	尼加拉瓜	1906714	10609
20	澳大利亚	1602191	19306
合计		484006904	1114781

资料来源：依据台湾渔业主管部门（原资料为台湾"渔业署"）2011 年台湾渔业统计数据整理。

从产品类型看，食用类产品进口量为 31.64 万吨，占总量的 65.37%，主要以冷冻、油脂、生鲜或冷藏以及调制或保藏等四类产品为主，进口量分别达到 20.56 万吨、4.03 万吨、2.87 万吨和 1.92 万吨；非食用类产品进口合计 16.76

万吨，占总量的 34.63%，产品主要以渣粉为主，进口量达到 15.47 万吨，占到非食用类进口总量的 92.3%。如表 9.10 所示。

表 9.10　2011 年台湾地区养殖与海洋水产品进口类型

产品类型	数量（公斤）	价值（千美元）
食用品合计	**316376802**	**831562**
鲜活	9315394	50288
生鲜或冷藏	28652896	136881
冷冻	205556369	454719
干制品	4089169	29762
咸或浸咸	1426550	5985
熏制品	727939	2678
调制或保藏	19220051	59932
罐头	3908692	26320
菜胶	384678	4602
抽出物及汁液	188437	967
油脂	40287089	44724
其他食用品	2619538	14706
非食用品合计	**167630102**	**283219**
孵化用卵	100596	1291
种苗（含种虾）	234291	2713
渣粉	154713475	194125
饲料用	1314478	2394
其他非食用品	11206766	81449

资料来源：依据台湾渔业主管部门（原资料为台湾"渔业署"）2011 年台湾渔业统计数据整理。

　　台湾地区进口产品中，虾类进口量最大，达到 3.55 万吨，价值为 1.53 亿美元；其次是鱼浆，进口量为 3.51 万吨，价值 0.583 亿美元；鱿鱼进口量位居第三，进口量为 2.06 万吨，价值 0.296 亿美元。鲑鱼、大比目鱼、海带、墨鱼的进口量在一万吨左右。如表 9.11 所示。

表 9.11　2011 年台湾地区水产品进口量前十五的水产品种类

排名	产品类型	数量（公斤）	价值（千美元）
1	虾类	35521766	152565
2	鱼浆	35114876	58269
3	鱿鱼	20594639	29611
4	鲑鱼	13533193	89454
5	大比目鱼	10187615	47580
6	海带	9481773	11281
7	墨鱼	9312867	10082
8	鲭鱼	8760323	9543
9	蟹类	6240999	27136
10	柳叶鱼	4934009	7872
11	鲟鱼	4366458	21331
12	肉鲫	4357387	3167
13	海苔	3068511	34477
14	石斑鱼	3029485	9529
15	鲨鱼	2749947	1363

资料来源：依据台湾渔业主管部门（原资料为台湾"渔业署"）2011 年台湾渔业统计数据整理。

三、两岸水产品的加工品类型

（一）大陆水产品加工品类型

截至 2010 年年末，大陆从事养殖与海洋水产品加工的企业达到 9762 家，年加工能力达到 2388.49 万吨/年。加工品主要以海水加工品为主，包括水产冷冻品、鱼糜制品及干腌制品、藻类加工品、水产饲料（鱼粉）、鱼油制品以及助剂和添加剂等系列产品，各类加工品产量如表 9.12 所示。

表 9.12　2010 年中国（大陆）主要水产加工品产量

加工品名称	2010 年（吨）	2009 年（吨）	增幅（%）
淡水加工品	2822823	2279306	23.85
海水加工品	13509652	12494028	8.13
其中：水产冷冻品	10048886	9411169	6.78
鱼糜及干腌制品	2426975	2235389	8.57
藻类加工品	945864	847929	13.45
罐制品	243109	220823	10.09
水产饲料（鱼粉）	1492896	1364600	9.4
鱼油制品	38840	24724	57.09
其他水产加工品	1135905	612006	85.6

资料来源：根据《中国渔业统计年鉴》（2011 年）相关数据整理。

（二）台湾地区水产品加工品类型

截至 2011 年，台湾地区养殖与海洋水产品加工企业总数达到 707 家。从加工产品类型看，食用水产品类加工企业数量最多，达到 691 家，占总数的 97.74%；非食用水产品加工企业为 16 家，占总数的 2.26%。从企业类型看，家庭加工厂数量最多达到 505 家，占总量的 71.43%；检验局分级厂达到 172 家，占总数的 24.33%；外销工厂 30 家，占总数的 4.24%，如表 9.13 所示。

表 9.13　2011 年台湾地区养殖与海洋水产品加工企业数量

产品类型	食用水产品			非食用水产品			
	家庭加工厂	检验局分级厂	外销工厂	产品类型	家庭加工厂	检验局分级厂	外销工厂
罐头制品	1	19	1	贝壳粉	3	—	—
冷冻冷藏制品	53	105	18	鱼粉	4	3	—
熏制品	21	—	—	油脂类	—	—	—
干制、腌制品	51	—	4	渣粕类	—	—	—
调味干制品	67	23	2	鱼溶浆	—	—	—
鱼翅	5	2	—	珊瑚制品	1	—	5

产品类型	食用水产品			产品类型	非食用水产品		
	家庭加工厂	检验局分级厂	外销工厂		家庭加工厂	检验局分级厂	外销工厂
鱼卵	57	10	—	其他	—	—	—
鱼浆制品	238	8	—	合计	8	3	5
鱼虾油、鱼肝油	1	1	—	两大类产品加工企业总计	505	172	30
洋菜	—	—	—				
其他	3	1	—				
合计	497	169	25				

资料来源：依据台湾渔业主管部门（原资料为台湾"渔业署"）2011 年台湾渔业统计数据整理。

四、两岸水产品消费需求的特点

（一）大陆水产品消费需求特点

随着社会经济发展水平的不断提升，大陆以低脂、高蛋白为主要特征的养殖与海洋水产品在居民食品消费中的比重不断提高，消费总量呈迅速增长态势。消费需求整体呈现三方面特点：

1. 消费需求快速上涨，需求增长空间巨大

2000 年到 2010 年的 10 年间，大陆人均水产品消费量增长近 3 倍，2011 年达到 41.83 公斤，中国大陆逐渐成为水产消费市场容量最大的国家。随着社会经济发展水平和城镇化步伐的不断加快，城镇居民人均粮食消费量逐步下降，水产品消费量等呈现快速增长。但是，目前中国水产品人均消费量仍显不足，2007 年城乡居民水产品人均年消费量为 9.32 公斤，低于全世界平均水平的 16.7 公斤，更远远低于台湾地区同年度的 40.3 公斤。这也表明中国大陆水产品消费需求还将有较大增长空间。

2. 水产品消费需求地区性差异、城乡差异大

受收入水平、饮食习惯等多方因素影响，东中西部、城乡之间消费需求水平差异较大。从 2009 年数据情况看，东部水产品消费需求是西部的 5 倍，城乡

水产品消费需求相差近 3 倍。近年来，品类均衡化是不同区域居民饮食变化的趋势之一。即东部沿海地区居民的动物性产品消费逐步转向猪牛羊、禽肉和水产品并重的均衡结构；传统以猪肉消费为主的内陆居民，在转向猪牛羊肉、禽肉为主的消费结构同时，水产品消费比重也呈增长态势。其中，水产品的消费量增长比其他肉类消费量增长更大。1985—2007 年，城镇、农村居民各自的水产品消费量占动物性食品消费比重由 11.5%、24.8%上升到 30.9%和 22.3%。

3. 水产品消费需求以鱼类为主

消费水产品中，鱼类占 79.98%，甲壳类占 9.20%，贝壳类占 9.20%，藻类占 0.03%，其他水产品占 1.59%[①]。其中，海水鱼消费需求主要以鲈鱼、平鱼、大黄鱼、美国红鱼、石斑鱼和鲷鱼为主，淡水鱼主要是草鱼、鲢鱼、鳙鱼、鲤鱼、鲫鱼和罗非鱼。

（二）台湾地区水产品消费需求特点

台湾作为岛屿地区，有食用水产品的传统习惯，水产品消费频率较高，在日常农产品消费中占有较大比重。与大陆地区相比，台湾水产品消费呈现几个特点：

1. 水产品消费量大

台湾居民有明显的水产品消费习惯，水产品消费量较大。根据林素连对大台北地区 316 户的调查显示，近一半的受访者每天食用水产品，近 80%的受访者三天内最少吃一次[②]。2011 年台湾地区水产品人均消费量达到 55 公斤，仅次于韩国（75 公斤）和日本（65 公斤），位居世界第三。

2. 水产品消费以本地产品为主

台湾北部居民大多数家庭经常购买冰鲜、冷藏水产品，对本地产水产品偏好高于进口水产品。与台湾北部消费有所不同，南都城市地区消费者以吴郭鱼等活鱼消费为主，但也对本地水产品存在偏好。

3. 对水产品质量有较高要求

对台湾水产品消费的研究发现，台湾消费者对水产品质量安全有较高的要求。以石斑鱼、虱目鱼和牡蛎为例，消费者购买水产品时，首要关心的是水产品新鲜度与质量安全，愿意支付更高的价格购买经过 HACCP、CAS、海宴等

---

① 刘锐、李冉、陈洁.我国水产品消费特征及增长潜力[J]. 农业展望，2011（3）.
② 林素连. 消费者对 CAS 认证水产品认知与消费行为之研究——以大台北地区家庭为例[D]. 台湾海洋大学应用经济研究院，2007.

相关安全认证的水产品[①]。

第二节　两岸水产品流通的主要形式比较

与普通农产品相比，水产品的产地相对集中，流通的本质要求是"小生产"与"大市场"的对接，需要多元化流通渠道，以及多样化市场体系给予支持。水产品流通过程涉及保鲜、流通加工、冷链储运等作业，对物流技术和管理水平有较高要求。此外，养殖与海洋水产品消费季节性强，市场价格弹性大，需要更加先进的市场交易机制，并对风险进行有效管控。

一、两岸水产品流通的参与主体

（一）大陆水产品流通参与主体

按照流通过程划分，目前大陆养殖与海产品流通参与主体大致可分为生产主体、中介服务主体、加工储运主体和销售主体等四大类。

其中，生产主体主要是养殖（捕捞）渔户和养殖（捕捞）企业，以及一定规模的渔户合作组织（渔户联合、专业合作社、企业+农户、企业+合作社+农户）。生产主体主要负责水产品的养殖、捕捞，并参与流通环节的起始阶段，如采收上市，与收购企业、中介服务者接洽等，部分生产主体同时也在流通环节中扮演多种角色，直接参与中介、批发、运销等流通中下游活动。

大陆水产品流通的中介服务主体比较多元，包括渔民经纪人、水产运销合作社、水产协会、渔业公司等，也有各种收购代理公司。中介服务主体主要服务于水产品的收购、运销联络、供需对接服务、批发市场运销、水产品进出口服务等。

销售主体包括批发和零售环节的参与者和载体市场。大宗水产品的批发环节主要在水产品批发市场完成，也有大型加工业者直接与生产基地对接的形式，一些外贸企业也在经营大宗水产品进出口业务。零售环节主要由集贸市场、卖场生鲜区、生鲜超市、专卖店等完成。目前，各种市场外的地摊、个体商贩贩

---

① 林素连. 消费者对 CAS 认证水产品认知与消费行为之研究——以大台北地区家庭为例[D]. 台湾海洋大学应用经济研究院，2007.

售点等也在部分地区大量存在，以生鲜电子商务平台为代表的电商渠道也在快速发展中。

加工储运主体包括水产品加工企业，冷链物流企业，及公路、铁路、水运和航空等运输、仓储公司和部门等。从水产品加工的全部链条来看，加工储运环节的增值过程分散，参与主体众多，一些生产主体、中介服务主体、销售主体也进行水产品的简单流通加工活动。

（二）台湾地区水产品流通参与主体

台湾地区水产品生产主体主要是渔民、渔业产销班、捕捞企业和丰群、鼎鸿、铭泰、高盈、江森等大型水产公司。近年来，随着台湾相关部门"产销计划"的不断推进，渔业产销班规模不断壮大。目前台湾地区渔业产销班达到226班，其中水产养殖产销班168班，特定渔业产销班58班。

台湾水产品运销主体主要包括贩运商和当地渔会或生产合作社进行的共同运销为主。贩运商和渔业组织会完成多点收购，运输至批发市场集中，批发销售、与大客户直接对接等活动。

台湾渔业销售主体则是产、销地水产品批发市场、渔货直销中心（观光渔市）、生鲜超市、各级批发商、零批商和零售商等。批发市场完成集货、价格形成、大宗交易和辅助服务功能，再通过零售市场渠道进行分销，送达消费者。

二、两岸水产品流通的市场类型

（一）大陆水产品流通的市场类型

经过三十多年的改革发展，大陆养殖与海洋水产品市场流通体系不断完善，形成了以批发市场为核心，以城乡集贸市场为主体的水产品市场体系。同时，伴随城镇化水平的不断提升，生鲜超市、水产品网络零售与配送中心为代表的新型水产品市场所占比重也在不断提高。

目前，以中国大陆沿海主要港口城市为主，包括内陆大多数大中城市，都不同程度建立起了适合本地特点的水产批发市场。按照2008年的统计，大陆专业的水产品批发市场达340多家[①]，近年来，随着水产品流通需求的不断加大，大陆发展建成了一批以物流和供应链作业为基础的、股份合作化的"共同配送中心"，如联华生鲜食品加工配送中心、上海新天天生鲜食品配送中心等，这些

---

① 李海涛、包特力根白乙. 中国水产品物流模式研究[J]. 商业经济，2008（12）.

配送中心成为水产品批发市场运营的支撑形式。

从全国城市农贸中心联合会发布的《2011 年全国水产品市场前 20 强》情况看，按照批发市场交易额排名，青岛市城阳蔬菜水产品批发市场、济南维尔康肉类水产品批发市场以及上海东方国际水产中心市场位居大陆水产品批发市场前三强，如表 9.14 所示。仅 2013 年 9 月，青岛市城阳蔬菜水产品批发市场水产品交易总量就达到 4.93 万吨，成交额 12.81 亿元。

一些地区也形成了特色水产品批发市场。例如，作为全国最大的对虾集散中心，2012 年霞山水产品批发市场宝满冻品中心、远洋捕捞海产品交易中心、活鲜干品综合交易中心总交易额达 300 亿元，交易品种达到 2000 种。其中，南美白对虾的年交易额超过 100 亿，占全国交易额约 2/3，占全世界交易额约 1/3，是全球对虾交易价格和供求的风向标。又如，2013 年 1 月 8 日，农业部与湖北省政府在"中国淡水渔业第一市"之称的湖北荆州签订合作备忘录，启动建设大陆首个国家级淡水产品批发市场。

表 9.14　2011 年中国（大陆）水产品批发市场二十强名单（按交易额排名）

排名	市场名称	排名	市场名称
1	青岛市城阳蔬菜水产品批发市场	11	济南海鲜大市场
2	济南维尔康肉类水产品批发市场	12	大连水产品交易市场
3	上海东方国际水产中心市场	13	沈阳水产批发市场
4	广东省湛江市霞山水产品批发市场	14	苍南县水产品市场
5	福州名成水产品市场	15	沈阳北大营海鲜市场
6	北京大红门京深海鲜批发市场	16	新民市西湖综合市场
7	黄沙水产交易市场	17	深圳市布吉海鲜市场
8	山东石岛水产品中心批发市场	18	杭州水产品批发市场
9	舟山水产品中心批发市场	19	深圳市罗湖水产（综合）批发市场
10	江苏凌家塘农副产品批发市场	20	乌鲁木齐北园春农贸市场

资料来源：根据中国商情网（http://www.askci.com/news/201305/14/1416474587311.shtml）相关资料整理。

（二）台湾地区养殖与海洋水产品流通的市场类型

台湾水产品流通主要以鱼货批发市场为主，岛内流通的鱼货约有六至七成通过批发市场流通。鱼货批发市场兼具价格形成、迅速集散鱼货、咨询、分级选别、卫生管理等重要运销职能。台湾地区鱼货市场盛行时达到 104 处，目前仍有 55 处，其中产地批发市场 38 处、销地批发市场 17 处，各批发市场分布较为零散，且规模大小差异较大。按照交易量大致可以分为六个等级，如表 9.15 所示。

表 9.15　2011 年台湾地区鱼货批发市场基本情况

等级（万吨）	产地批发市场	数量（个）	销地批发市场	数量（个）
特等（6.5 以上）	高雄、苏澳	2	—	
一等（6.49～2）	东港	1	—	2
二等（1.99～1）	王功 7 分厂、七股、颜城	3	台北、台中等	3
三等（0.990～0.4）	澎湖（马公）、基隆、林园、金山、新港、锌官（木辛）、万里	7	嘉义、彰化、埔心	3
四等（0.399～0.2）	北门、花莲、小港	3	三重、桃园、新竹、斗南、中堪、苗栗	6
五等（0.2 以下）	军港、东石、青山港、永安、布袋、台中港、林边（共同运销）等	21	冈山、新营、佳里	3
合计（准确）	交易量：327316 公吨 交易值：15485931 千元（台币） 平均价：47.31 元/公斤	37	交易量：108681 公吨 交易值：11090386 千元（台币） 平均价：102.05 元/公斤	17

资料来源：台湾渔业主管部门（原资料为台湾"渔业署"）2011 年台湾渔业统计数据整理。

20 世纪 90 年代以来，台湾地区在发展鱼货批发市场的同时，开始大力辅导各地区渔会结合观光及渔业资源，开发建设鱼货直销中心（观光鱼市），借由渔民直接销售进一步精简流通渠道，将水产品直接销售，或直接配送到零售商、超市、餐厅、量贩店、科学园区等。目前，台湾地区一共有鱼货直销中心 12 个，各直销中心情况如表 9.16 所示。

表 9.16　台湾地区渔业直销中心（观赏鱼市）基本情况

名称	兴建时间（年）	启用时间（年月）	经营规模（平方米）	销售摊位数及业务		
				鲜鱼	熟食	其他
梧栖渔港	1992—1994	1994.11	5273	126	14	74
新竹渔港	1994—1998	1996.6	5260	60	30	—
富基渔港	1995	1995.6	700	33	7	3
竹围渔港	1996	1996.5	2310	78	19	—
碧沙渔港	1999—2000	1998.2	3065	44	20	—
乌石渔港	1998	1999.2	3000	56	17	—
布袋渔港	1998	2000.7	4867	87	43	27
前镇渔港	1999—2003	2004.2	7495	108	2	72
马公渔港	1999—2003	2004.5	3059	21	14	3
台北鱼市	1999—2000	2000.11	1500	冷藏、冷冻鱼货，活鱼、鱼产加工品、观赏鱼等销售；代客烹饪、渔业文化展示		
嘉义文化观光鱼市	2001	2001.12	1500	冰藏冷冻、活鱼、加工品等销售，代客烹饪、渔业文化展示		
淡水渔人码头观光鱼市	2001—2002	2002.2	2705	情人咖啡、餐饮、活鱼销售、代客烹饪		

资料来源：依据台湾渔业主管部门（原资料为台湾"渔业署"）2011 年台湾渔业统计数据和胡其湘（2003）研究成果整理。

　　近年来，随着大型卖场、超市，特别是生鲜超市的蓬勃发展，台湾地区水产品零售渠道更趋多元化，超市水产品销售比重呈现明显上升态势。目前，台湾地区水产品超市销售量占到地区水产品消费量的二成以上。鉴于超市相较传统零售市场所具有的消费环境、运输存储等多方面优势，未来台湾地区超市水产品销售率还将进一步提高[①]。

---

① 黄贵民（编）.水产品贸易与行销.台湾渔产贸易人才培训讲座（十）材料汇编。

三、两岸水产品流通的主要模式

目前，大陆已初步形成以水产品批发市场为主渠道，以城乡集贸市场为基础，副食品商场、生鲜超市、水产专卖店等零售业态为网络的水产品流通体系，以合作社、水产流通企业等新型主体为核心的流通模式也取得了初步发展①。由于养殖和海洋捕捞水产品在生产布局、消费需求方面有较大差异，因此两类产品流通模式存在一定差异。

（一）大陆养殖水产品主要流通模式

大陆养殖水产品的消费主要以鲜活消费为主，部分用于加工休闲水产品。生产主体主要是小规模养殖户和规模相对较大的水产养殖基地。其中，小规模分散养殖户的产品在打捞、分级处理后，经过经纪人转卖给中间贩运商，贩运商再雇用运输商或通过自己的运输工具将产品运往批发市场、水产品加工企业或集贸市场。其中通过批发市场的水产品会再分销到集贸市场、生鲜超市、专卖店、饭店、企事业单位食堂等不同的水产零售商和加工商，最终到达消费者。

部分加入渔业协会、农民合作社或自发组成共同出团的养殖户，则由协会、合作社和流通企业负责进入市场。相比小规模养殖户而言，养殖基地生产规模较大，设施装备和人员结构较为完整，有专门的运输、监测设备和人员。产品打捞后，经过分级整理和质检，销售给贩运商、水产品加工企业或产地、中转地和消费地的批发市场，通过批发市场的水产品会再次出售给零售商。

部分经营较为成熟的养殖基地与生鲜超市具有稳定合作关系，采取直供直销方式进行流通。进入水产品加工企业的水产品，经过加工制成熟制食品、半成品盒菜、风味即食小吃、面制食品、调味品、保健品、罐头食品、海鲜礼盒后出口国外和进入市场再流通。养殖水产品流通模式具体如图9.1所示。

此外，随着生鲜电子商务的发展，大陆网络零售销售渠道发展迅速。生鲜电商网络零售渠道是指通过网络零售与冷链物流配合的形式，从产地或销售商那里直接通过网络直销的形式送达消费者。目前大陆重度垂直的水产品生鲜电商平台较为少见，水产品网络零售一般依托顺丰优选、中粮我买网、沱沱工社、本来生活等生鲜电商综合平台进行销售。

---

① 洪涛、郝兴旺. 我国水产品流通现状、问题和发展趋势. 2007年（獐子岛）中国现代渔业发展论坛资料。

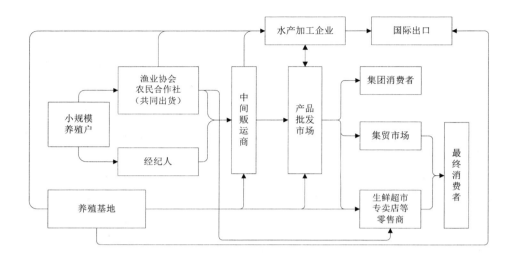

图 9.1 中国（大陆）养殖水产品流通模式

资料来源：作者依据相关资料整理。

（二）大陆捕捞水产品主要流通模式

捕捞水产品的消费既有鲜活产品也有冷冻品，生产主体主要是捕捞企业和个体渔民。捕捞企业由于资金、技术、装备以及市场运作能力较强，捕捞水产品上岸后，外销部分经过自有设备和途径直接销往国外，或经由广东、浙江、江苏、辽宁、山东、天津等港口集散出口；内销部分则直接供货给加工企业、批发市场以及生鲜超市、连锁专卖店等零售商，最终实现与消费者的对接。个体渔民的产品则以经纪人为中介，通过中间流通商贩借由产品批发市场转由不同渠道到达最终消费者。此外，通过生鲜电商平台销售捕捞水产品的渠道也在逐步发展。具体如图 9.2 所示。

（三）台湾地区养殖水产品主要流通模式

台湾地区养殖水产品的流通主要有四个渠道，一是经由渔会、合作社等渔民团体运输销售至消费地鱼市场，或直供给超市、加工场；二是生产者自行运销到产地或消费地鱼市场；三是以订单买卖方式由贩运商直接到渔场收购，再运至消费地鱼市场拍卖或售给加工厂、超市、量贩店或自行进行销售等；四是部分种类水产品，如文蛤、牡蛎较少通过鱼市场销售，主要是由贩运商向养殖业者收购后，运到消费地售给批发商，再由传统市场、生鲜超市、量贩店或饭店销售给消费者。

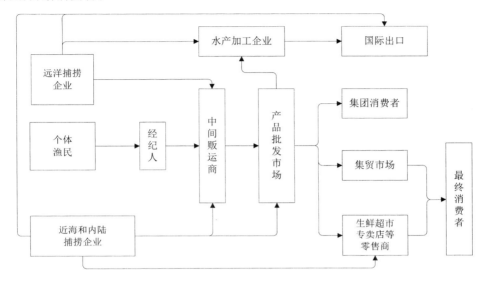

图 9.2　中国（大陆）海洋捕捞水产品流通模式

资料来源：作者依据相关资料整理。

　　除此之外，台湾的生鲜电子商务网络交易也在发展之中，主要是在农业组织辅导下，渔民、产销班等将水产品直接放在一些大型综合电子商务平台进行销售。整体看，台湾养殖水产品流通主要以前面提到的第三种和第四种两种流通方式为主。养殖水产品流通模式具体如图 9.3 所示。

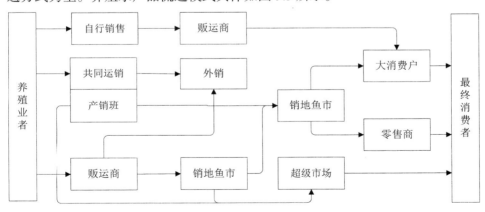

图 9.3　台湾地区养殖水产品流通模式

资料来源：作者依据相关资料整理。

可以看出，协会、渔会、产销班等农业组织在台湾一些养殖渔业生产区发挥了重要作用。不仅组织了渔业养殖，提升了规模经济效应，还承担了渔业流通中的商贩角色，形成与下游销售环节的谈判议价能力。

（四）台湾地区捕捞水产品主要流通模式

综合胡其湘（2005）等研究成果，台湾地区根据捕捞水域不同，捕捞水产品流通模式可分为远洋捕捞水产品和沿岸捕捞水产品两大类①。其中，远洋捕捞水产品由于海域较长遍及世界三大洋，因此大部分都是以境外为作业基地，捕捞水产品很大一部分直接在境外基地销售。

当然，也有其中一部分运回岛内销售。由于远洋捕捞水产品交易数量巨大，且全部属于冷冻水产品，因此其交易大多通过产地鱼市进行，通过议价方式销售给加工厂或贩运商，或先行冷冻储藏，等待时机再行销售。同时，部分水产品会通过装箱运输至消费地鱼市场进行拍卖，其后通过多种零售途径达到销售者手中。远洋捕捞水产品流通模式如图9.4所示。

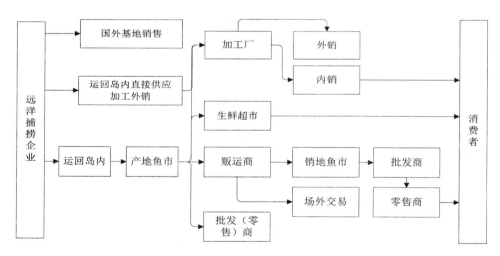

图9.4 台湾地区远洋捕捞水产品流通模式

资料来源：作者依据相关资料整理。

与远洋捕捞水产品流通相比，近海和沿岸捕捞水产品流通主要依托渔港所在地批发市场拍卖给当地承销商、贩运商和加工企业，或经由渔会、贩运商运

---

① 胡其湘. 渔产运销, 台湾农家要览[M], 台湾当局农业主管部门, 2005（12）.

输到消费地批发鱼市销售。也有一部分近海和沿岸捕捞水产品直接整船通过议价形式销售给大贩运商,或直接进冷库储存,等待时机再行销售。台湾地区近海和沿岸捕捞水产品流通模式如图 9.5 所示。

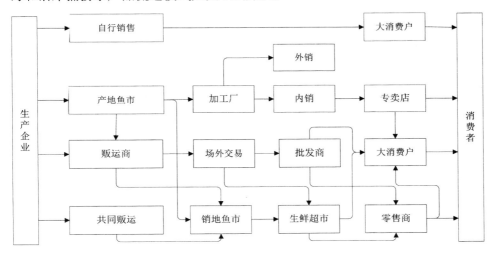

图 9.5 台湾地区近海及沿岸水产品流通模式

资料来源: 作者依据相关资料整理。

第三节 两岸水产品流通的物流作业比较

物流是流通的重要组成部分。比起一般农产品,水产品具有更加苛刻的物流运作要求,尤其是保鲜保活的全程冷链物流作业十分重要。

一、两岸水产品物流的关键环节

水产品流通的物流作业环节主要包括分级、装卸、运输、存储、流通加工、包装、配送、分销等。其中,最为关键的环节主要是分级包装、保鲜保活、运输和质量监控等四个环节。

（一）大陆水产品物流的关键环节

1. 水产品分级包装

水产品分级归类，是产品进入流通的第一个环节，直接影响到包装、运输、贮藏和销售等后续环节。目前，大陆尚未出台系统、统一并专门针对水产品质量的分级标准，水产品的分级包含在产品标准中，主要是海水鱼类产品分级规定，即执行国家农业部提出的 GB/T 18108-2008《鲜海水鱼》标准。这一标准有33项，主要依据感官要素对一些种类的水产品进行等级划分，具体包括鲜海水鱼、冻制品、熟制品、干制品、鱼粉、盐渍产品、调味品等。产品分级标准与其他指标（如理化和微生物指标）包含在同一标准中，也有些标准依据感官和理化要素同时规定等级[①]。2011年农业部、商务部联合下发《关于2011年开展农产品流通物流综合试点有关问题的通知》，决定在江苏、浙江、安徽、江西、河南、湖南、海南、四川、陕西等部分省份开展试点，鼓励流通企业和批发市场对鲜活产品进行分级包装。

2. 水产品运输

水产品运输可以分为两类，活体运输与保鲜运输。活体运输需要在短时间完成运输任务，短途主要以公路运输为主，长途则以空运为主。20世纪90年代以来，大陆水产品空运规模不断扩张，中高档鲜活水产品均以急件方式使用航空运输。运输方式主要有以下十种：一是帆布桶运输，主要用于虾苗、亲虾、亲鱼运输。二是塑胶袋充氧运输，主要用于受精卵、鱼种、鱼苗、观赏鱼等。三是氧气运输，把氧气运输剂或充氧泵放在鱼桶中补充氧气。四是冷冻运输，采用专用冷冻运输箱运输活鱼。五是低温运输，主要用于运输广温性水产品，如成鳗出口主要使用这一方法。六是药物辅助运输，采用麻醉剂抑制水产品中枢神经，降低呼吸和代谢强度，从而提高运输存活率。七是活鱼保鲜运输，在放鱼容器内冲入5%的二氧化碳和50%的氧气，使水产品处于睡眠状态。八是离水运输，在运输容器内直接加入冰块或湿布维持水产品生存。此法主要用于鱼种和亲鱼运输，但蟹苗、鳗鱼、梭子蟹成体也有采用此法。九是无水运输，针对鳗鱼、蟹、贝等短期承受缺水能力较强的水产品使用。十是淋水运输，主要用于鳖、乌龟、青蟹的运输[②]。

---

① 宋春丽等. 中国和 CAC、美国、欧盟、加拿大、日本水产品质量分级标准比较分析[J]. 中国渔业质量与标准，2012（3）.

② 王朝瑾，张饮江，谈向东编著. 水产品保鲜与运输实用技术问答[M]. 北京：化学工业出版社，2006.

与活体运输不同，经过冷藏、冷冻保鲜处理后的水产品，可通过铁路、公路、水路、飞机等各种交通工具运达目的地。其中，火车运量大、运费低、时间固定，主要用于远距离运送大批量水产品，在冷藏运输中占有重要地位；加冰冷藏车、机械冷藏车在大陆使用最为广泛，在铁路冷藏运输中拥有量最大。水运运量大、运费低，但国内水运运输受自然地理条件限制。水产品水运运输主要采用冷藏船和船舶冷藏舱，大陆海上冷藏运输任务主要由冷藏货船承担，在海上捕捞时，冷藏船也通常与海上捕捞船组成船队。汽车运输灵活并可做到门到门直达，冰鲜水产品、冷冻水产品大量采用汽车运输[1]，主要适用于中、短途转运；使用的车辆有冷藏汽车和保温汽车两大类，又主要以机械冷藏汽车为主。近年来，随着水产品冷藏运输的需要，公路、铁路、海上水产品冷藏运输已越来越多采用各类冷藏集装箱，对于大型冷藏集装箱船，可转运 100～1000个冷藏集装箱[2]。

3. 水产品保鲜保活

按照活体运输和保鲜运输的不同，在运输前需要对产品进行活体暂养或保鲜处理。活体暂养，又称蓄养，主要是将水生物的卵、苗体、幼体、成体或亲体放入人工条件下进行一定时间的蓄养与保活，使其能够适应长途运输，以此提高运输存活率。活体暂养作为贮存和运销鲜活鱼虾的方法，其使用范围既有名贵海产品也有淡水产品，其中海产品主要是真鲷、鲈鱼、河豚、对虾、海蟹、海参、蛤类等。良好的暂养可以延长水产品保活期，如对虾暂养 1 月后存活率高达 93%。

保鲜处理适用于非活体的水产品物流。大陆水产品鲜活销量占水产品总量的 65%～70%，余下的保鲜加工品中，70% 是冷冻、冷藏保鲜。水产品保鲜从水产品捕获后就要开始，主要通过冻结、冷藏或使用保鲜剂，一切均以保持水产品鲜度为基本要求。

根据保鲜所用材料的不同，大陆采用的保鲜方法大致有以下几种：一是盐藏保鲜，这是沿海渔民对海水鱼进行保鲜的传统办法。二是冷藏保鲜，以天然冰或人工冰为介质，将水产品的温度降至接近冰的融点，并在该温度下进行冷藏。用冰降温，冷却容量大，对人体无毒害，且价格便宜。冷藏保鲜是全球历史最长的传统保鲜方法，至今仍然广泛使用。近年来，一些地区也采用海水激

---

① 葛光华主编. 水产品市场营销学[M]. 北京：中国农业出版社，2001.
② 尉迟斌，卢士勋，周祖毅主编. 使用制冷与空调手册[M]. 北京：机械工业出版社，2011.

冷、冷藏仓空气冷却、喷雾加湿、蓄冷保湿等无冰保鲜方式①。三是冰温保鲜。冰温保鲜是将水产品置于零摄氏度以下至冻结点之间，使水产品处于活体状态（既未死亡休眠状态）降低其新陈代谢速率，长时间保存原有色、香、味和口感。四是微冻保鲜。微冻是将水产品的温度降至略低于其细胞质液冻结点（-3℃）进行保鲜的方法。20 世纪 80 年代以来，大陆逐步开始试验推广这一方法，对鲈鱼、沙丁鱼、石斑鱼、罗非鱼、鲫鱼的保鲜方面取得了很好的效果。五是冷冻保鲜。运用现代冷冻技术将水产品的温度降低至其冻结点以下的温度，使水产品中的绝大部分水分转化为冰。与冷藏保鲜相比，将水产品温度降低至-18摄氏度以下的冷冻保鲜技术，更有利于水产品的长期保鲜，而且一般来说，冷冻温度越低，水产品品质保持越好，贮藏期越长。六是化学保鲜。大陆主要是用食品添加剂（防腐剂、杀菌剂、抗氧化剂）、抗生素、糟醉、烟熏等方法保鲜，其中用食品添加剂进行保鲜最为普遍。

4. 水产品质量监控

大陆出口和加工水产品质量安全管理，主要是遵照 2002 年国家认证监管委员会发布实施的《出口食品生产企业卫生注册登记管理规定》，以及 2003 年卫生部发布的《食品安全行动计划》有关要求，以及国际流行的 HACCP 质量安全保障体系标准，对水产品生产、加工、储藏与销售环节进行危害分析和质量管理。

其他以内销为主的产品，主要依照食品安全方面的规定和国内及行业标准为主。2009 年，农业部颁布《关于全面推进水产品健康养殖，加强水产品质量安全监管的意见》以来，初步建立起涵盖 500 多项标准的质量体系，氯霉素、孔雀石绿和硝基呋喃类代谢物等广受关注的药物非法使用问题得到有效遏制，产品质量安全水平持续稳定向好。但与数百万家水产养殖单位相比，目前采用 HACCP 等国际通行质量安全标准的主体还不多，水产品基层质量监管体系不完善，县级以下专门的质量安全监管机构还很少，水产品市场准入制度进展缓慢，质量安全全程追溯和产地准出制度未能有效建立，生产者质量安全主体责任难以追溯落实。

---

① 张敏，肖功年. 国内外水产品保鲜和保活技术研究进展[J]. 食品与生物技术，2002（1）.

（二）台湾地区水产品物流的关键环节

1. 水产品分级包装

按照 2002 年台湾当局颁布的《农产品分级包装标准与实施办法》，水产品入市前必须进行分级包装，未按标准进行分级的水产品，必须按照标准重新包装，或按照农产品市场交易相关规定第二十六条规定由批发市场进行分级。具体分级标准依据产品类型而定，其中鱼类，如吴郭鱼、鳗鱼分级标准主要以鱼体重量为主，同时还要考虑鱼的形状、肥满度、颜色等；贝类，如文蛤则依据个头大小分为三到四个级别。

2. 水产品运输

台湾岛内运输运距较短，从南部到北部的车程通常都在八小时内。因此，活鱼运输一般安装简易型活鱼水槽、配备打氧装置的活鱼车运输，随着发展也逐步采用液态氧设备，既可以补充氧气，同时还可以降低温度。但如果是十小时以上的长途运输或运送某些耗氧量大、新陈代谢较快的水产品，则还需要在活鱼车上配备去除悬浮物、粘液以及氨氮等物质的活鱼槽水质净化系统。

近年来，为了减少水体重量降低活鱼运输成本，台湾地区逐步开始采用无水运输、冰眠运输以及针灸麻醉运输等方式。如虾苗、鱼苗、观赏鱼等体积较小的种类，大多以塑料充氧袋包装后以车辆运输，活鳗则基本上经过冰眠处理后，以塑料袋装箱后使用汽车或飞机运输。台湾活鱼船发展较晚，目前活鱼运输船大都由活鱼钓船的活鱼舱改装。

台湾还发展出集装箱活鱼舱的运输方式，即活鱼由渔场捕捞装入集装箱货柜舱后，同一货柜舱可经过汽车、火车、轮船以及航空等联运方式运输，整个物流过程在只经过一次捕捞、装箱的情况下运达消费地，在很大程度上提高了航空运输的竞争力。

3. 水产品保活保鲜

活体暂养方面，按照台湾水产品外销的有关规定，外销水产品在运输外销前将会置于蓄养池（吊养池）内进行一段时间饲养，时间长短视产品种类和运输距离而定，蓄养池需配有完善的供养设备和水质控制设备。例如活鳗鱼在运输外销前，必须在蓄养池内蓄养 24 小时以上。用于蓄养活鳗的蓄养池必须有屋顶，给排水良好，拥有充氧或爆氧设备，配备发电机。按照排水量或蓄养池面积核算，1 吨/分的排水量可以蓄养一吨活鳗，或者每平方米可蓄养 90 公斤。蓄养池水质需达到《陆地地面水体分类及水质标准》所定的丙类标准。

冷藏保鲜方面，台湾地区养殖和沿岸捕捞水产品，主要是以鲜活或碎冰冰藏、低温空气的方式进行运输，通过碎冰使水产品处于低温环境，从而确保其鲜度，保存期限为 1 至 4 周，比如鳗鱼就主要采用冷风式冷排的方法确保流通过程中的鲜活。刚捕捞上船的水产品普遍采用碎冰法、水冷法、低温空气法和冷却海水法进行保鲜。远洋和近海水产品由于整个作业周期较长，需要保存的时间也相对增加，为确保鲜度和品质，对相关水产品的保鲜需要依靠冷冻设备进行储存。返港卸货后处理、分级、包装、储存、运输、销售，直至到达消费者的整个过程，始终保持低温状态。目前，台湾地区依靠从日本引进的低温物流体系，对远洋和近海水产品的流通主要以鲜活产品的低温冷藏和冷冻水产品的冻结储藏为主，通过使用冷藏库、冷藏车、冷冻货柜车等设备，实现水产品的全程低温流通。

4. 水产品质量监控

为确保水产品流通过程中的质量安全，台湾渔业部门积极引导相关渔业从业者参加台湾优良农产品（CAS）、水产品危害分析与关键点控制（HACCP）和 ISO22000 等食品安全认证。其中，HACCP 认证是台湾地区广受认可的从源头到餐桌全程监控的质量安全管理制度。2003 年起，台湾强制要求水产品加工业者必须通过 HACCP 认证。此外，产销履历制度由台湾良好农业规范（TGAP）和履历追溯体系（Traceability）组成，以养殖水产品冷冻品为例，台湾地区危害分析与管理控制要点（HACCP）实施情况如图 9.6 所示。

二、两岸水产品物流的关键技术发展水平

从现有国际水产品物流发展整体形势看，冷链物流作为从生产到消费全环节低温供应链系统，因其在保障水产品鲜活和安全的特殊效用，已成为世界水产品物流技术研发与应用的主要方向，是建设现代化水产品物流体系的关键与核心。台湾自 20 世纪 70 年代开始探索，至 90 年代基本实现全程冷链控制，到 2011 年台湾地区已经形成 2800 亿新台币低温食品市场，涉及低温物流服务 500 亿新台币，低温食品冷链使用率达到 80%～90%[①]，在冷链技术装备研发、系统管理和经营服务方面具备了较强的优势。

---

① 台湾当局. 产业结构优化——三业四化论坛——服务业科技化（以低温物流为例）[R]. 台湾当局, 2012.

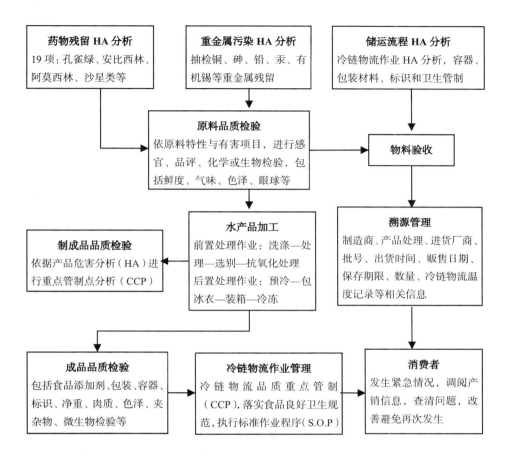

图 9.6　台湾地区养殖水产品 HACCP 实施示意图

资料来源：作者依据相关资料整理。

　　与之相比，大陆冷链物流正式启动发展较晚，2009 年国务院提出的《物流业调整和振兴规划》将农产品冷链物流列入重点发展领域，2010 年，国家发改委发布《农产品冷链物流发展规划》，切实推动了大陆农产品冷链物流发展。但从整体看，目前 80% 的水产品、蔬菜、水果基本在没有冷链保证的情况下运输销售，79% 的易腐农产品在运输途中没有温度控制，超过 60% 的零售商在接收到物品时不进行温度测量，水产品的冷藏运输率仅达到 40%[①]。

　　从两岸水产品冷链物流发展整体情况看，台湾地区的水产品冷链物流主要

_____

① 杜冉冉. 我国农产品冷链物流发展现状及存在的问题[J]. 中国证券期货，2013（1）.

借鉴和引进日本经验和设备，在水产品冷链运输车辆、冷库、仓储、配送、温控、信息化、标准化等水产品冷链物流设施和技术方面都具有明显优势。

从水产品冷链运输工具看，台湾地区水产品冷链运输车辆已采用配备 EDI、GPS 等先进信息技术，装备各式专业制冷设备的冷链专用车。大陆地区标准冷藏保温车比率则相对较低，仅占货运车辆总数的 0.3%，余下大部分是"金杯+棉被"车以及海运冷藏集装箱改装的冷藏车；铁路冷藏运输设备也较为陈旧，大多是机械式速冻车皮[①]。

冷库方面，台湾地区已开始采用较为先进的立体冷库和多温层物流中心，基于仓库管理系统（WMS）、鲜度批号管理、自动仓储温控、移动式货架、CAPS（电子标签拣货辅助系统）等先进管理技术对水产品进行库存和管理。大陆方面则主要还是以多层土建式冷库，大多采用固定式货架和人工式温度控制。

配送方面，台湾首创全温层配送，辅以全程温度监控，实现了单一配送车辆对多种温度产品的统一配送；大陆目前还主要是以单品配送为主，全程温度控制还未普及。

水产品流通质量管控方面，台湾地区以 HACCP 为基础，实现了对水产品质量的全程控制；大陆方面主要是出口类水产品加工企业采用 HACCP，其他领域未广泛使用。

水产品冷链物流标准方面，台湾地区紧跟国际发展趋势，已具备较为完善的标准体系，大陆方面还缺乏统一的作业标准。两岸水产品冷链物流部分重要环境和技术具体比较情况，如表 9.17 所示。

表 9.17　两岸水产品冷链物流部分重要环节和技术比较

环节与技术	台湾地区	中国（大陆）
运输工具	配有 EDI 冷藏车（大型机械冷冻车、中型液氮式冷冻车；小型蓄冷式冷冻车、冰（干冰）式超小型冷冻车）。	公路是主要运输力量；冷藏保温车 4 万辆，占货运汽车的比例仅 0.3%；铁路冷藏车仅占总数的 20%；2011 年冷藏车销量 6780 台。金杯+棉被车、改装冷藏车、机械式速冻车皮。

---

① 郑远红. 中美农产品冷链物流的比较与启示[J]. 世界农业，2013（3）.

环节与技术	台湾地区	中国（大陆）
冷库设备和管理技术	现有传统冷冻冷藏仓库 400 个，低温物流中心 10 余个。其中较为先进的立体仓库（配有移动货架、自动码垛机）、多温层物流中心〔配备自动制冷系统，可存储低温（-18～-25℃）、高温（0~5℃）和空调温（+15℃）、常温产品，保温采用聚氨酯板〕。仓库管理采用仓库管理系统（WMS）、鲜度批号管理、多源温层库存、仓储温控、CAPS（电子标签拣货辅助系统）等现代化技术。	2011 年冷库总容量 7111 万立方米；多层土建式冷库仍是主要形式；冷冻冷藏设施普遍陈旧老化，国有冷库中近一半已使用 30 年以上。土建式冷库指标：一般采用 4 至 6 层土建结构；采用现场聚氨酯发泡保温或聚氨酯库板保温；冷库采用固定货架、未实现温度自动控制。
配送技术	首创全温层配送（普通交通工具配以蓄冷保温柜、多温层蓄冷片、轻量型蓄冷箱）。	普通配送方式（专业冷藏车进行单品温配送）。
温度控制	全程温度控制（RFID 温度监控系统、运输配送温度稽核管理）。	全程温度自动控制没有得到广泛运用。
质量管理	以危害分析和管制要点（HACCP）为基础，建立水产品质量安全管理。广泛推广优质农产品（CAS）、台湾有机农产品、产销履历（TAP）等相关认证。	水产品出口加工企业采用 HACCP 和 GMP，其他水产品企业没有强制性采用；质量认证和市场准入制度发展缓慢。
信息技术	GPRS、Sensor、GIS、GPS 广泛运用；水产品质量履历追溯云端服务。	RFID 智能监测技术、冷藏车载 GPS、GIS 等物联网技术未普及。
第三方物流	主要的低温食品物流业者大约为 20～30 家，主要是制造商发展低温物流中心 MDC、货运企业发展的低温中心 TDC、零售企业、进口商和新建物流企业等五种类型。	水产品配送以自营或销售商直接运输为主，第三方水产品冷链物流企业发展滞后。
冷链标准	紧跟欧美等国际标准，标准国际化程度较高；台湾标准（CNS）涉及冷链物流大约 30 多项，其中涉及水产品 10 余项，主要针对冷藏鱼类、鱼浆、虾类、冷冻鱼类等。	冷链物流基础标准 4 项；冷链物流设施标准 23 项；水产品冷链物流技术、作业与管理标准 11 项。
冷链体系	已形成较为完整的水产品低温物流产业体系。	未形成完整的体系，存在断链现象，水产品冷藏运输率仅 40%。

注：相关数据截至 2011 年。

资料来源：作者整理。

三、两岸水产品物流存在的问题

（一）大陆水产品物流存在的主要问题

与台湾地区相比，大陆水产品物流存在的问题，主要是传统水产品物流向现代水产物流发展过渡过程中，所呈现的基础设施、先进技术、现代化组织以及标准化等问题。

1. 水产品物流基础设施落后

与台湾地区相比，大陆没有专门开展过渔港、批发市场、集贸市场的系统化改造提升，各主要流通节点物流基础设施普遍较为老旧，道路、仓库、交易棚亭、质量检验等设施装备条件差，现代化冷藏、低温分级包装、信息传输、电子交易、配送加工等现代化设施普及率较低。承担全国 70% 以上生鲜水产品批发交易功能的大型水产品批发市场、区域性水产品配送中心等关键物流节点缺少冷冻冷藏设施①。以上海为例，上海冷库总储量能力为 35.4 万吨，人均冷库占有量仅为发达国家的 5%，其中约七成冷库已有近 30 年库龄②。

2. 水产品冷链发展水平较低

大陆水产品冷链物流仍处于初级阶段，面临规模小、市场化组织程度低等问题，难以充分满足渔业发展要求。水产品冷链物流各环节缺乏系统化、规范化、连贯性的运作，部分在生产或储藏环节采用了低温处理的产品，在运输、销售等环节又出现"断链"现象，全程冷链的比率过低。水产品产后预冷技术和低温环境下的分等分级、包装加工等商品化处理手段尚未普及，运输环节温度控制手段原始粗放，台湾地区广泛运用的全程温度控制没有得到广泛应用。

3. 水产品物流信息化建设滞后

各类水产品优势产区、主要集散地区和集中消费地区，尚未建立较为完善的区域性水产品冷链物流公共信息平台，无法实现水产品各类信息的实时交换和信息共享，制约了水产品质量安全全程监控和追溯的实现。二位条形码、自动分级、货物跟踪、卫星定位、电子订货等信息技术，以及市场信息、客户服务、库存控制和仓储管理、运输管理和交易管理等应用系统仅在部分企业得到运用，普及率较低。据有关调查数据，长三角地区水产品物流企业采用信息系统进行管理的不到 34%。

---

① 胡亚东，杨兴丽.水产品冷链物流浅议[J]. 河南水产，2011（1）：11-14.
② 钟东杰.水产品冷链物流的发展趋势[D].广东省技师学院，2013 年 6 月.

4. 第三方专业水产品物流企业发展缓慢

水产品物流配送多以自营或销售商直接运输为主,从事水产品运销的商人90%~95%是个体商贩、个体经营组织[1]。水产品专业物流市场机制尚不健全,现有水产品物流企业以中小企业为主,综合实力不强,专业物流服务水平不高,尚缺乏具备资源整合和行业推动能力的大型专业水产品物流企业。

5. 水产品物流标准体系不健全

水产品原料处理、分选加工与包装、冷却冷冻、冷库储藏、包装标识、冷藏运输、批发配送、分销零售等环节的保鲜技术和制冷保温技术标准不统一、不规范,未建立水产品质量安全全程监控和质量追溯所涉及的数据采集、交换、信息管理等信息标准,符合国际规范的 HACCP、GMP、GAP、ISO 等质量安全认证制度和市场准入制度建设进度缓慢[2]。

(二)台湾地区水产品物流存在的主要问题

与大陆相比,台湾地区水产品物流现代化水平更高,在生产养殖、储藏保鲜、物流管理、质量管控、特色化服务、电子商务、信息技术和系统整合方面具有明显优势。台湾地区水产品物流所面临的问题更多体现在现代化与国际化发展方面存在的不足。

1. 水产品物流企业规模较小、服务较为单一

水产品物流企业大多属于中小型企业,从资本规模看,大多数资本规模为5000万新台币以下。岛内物流方面,虽然能够提供全域性全方位物流服务,也建成了物流中心,但主要还是几家规模较大的企业,大多数水产品物流企业只能提供运输、配送等单一化同质化物流服务,导致市场过度削价竞争。再加上物流企业缺乏紧密的战略联盟与合作,相较国际化大型物流企业而言,台湾地区水产品物流资源整体较为分散,使得在水产品进出口方面,很多物流企业只能成为国际大型物流企业的转包企业,竞争力和利润率都相对较低[3]。

2. 水产品冷链发展面临市场容量限制

与大陆相比,台湾地区的水产品冷链物流领先10~20年,冷链物流技术水平高、研发能力强、信息化程度高,管理先进、资金雄厚,且冷链物流经验丰富,有丰富的冷链物流人才。虽然在近年经济发展不景气情况下,台湾地区冷

---

① 陈蓝苏. 水产品物流及其在中国的发展[J]. 中国流通经济, 2006(1).

② 周海霞, 韩立民. 我国水产品冷链物流需求分析及政策建议[J]. 中国渔业经济, 2012(4).

③ 池惠婷. 物流产业链报告[EB/OL]. http://www.dois.moea.gov.tw/content/pdf/09-物流产业链报告.pdf.

链物流仍然每年保持高于 5% 的增速，但受国际化水平和自身地域空间限制，水产品冷链物流市场整体趋于饱和，进一步发展空间有限。

3. 水产品物流信息整合不足

虽然台湾地区在"全球商业链整合与物流运筹 e 计划"推动下，建立了各种物流电子化平台，但由于面临物流企业资本规模小、信息标准缺乏整合、地区外物流企业和海关信息不一致，以及缺乏自动信息收集设备等问题，导致水产品物流信息缺乏有效整合，在物流企业同时面对众多上下游经营者时，各类物流信息就难以得到有效归整，而呈现零碎化状态。

4. 水产品物流设备装置本土化程度低

与大陆水产品物流基础设施建设各类材料均有本地供应商，许多物流设备外资厂商在大陆设厂生产相比，台湾地区现代化水产品物流设施装备，如制冷系统、库板、货架、叉车等设备的本土配套制造商较少，冷链物流中心及生鲜加工中心所采用设备与材料、冷藏车、作业工具大多依赖欧美或日本进口。

5. 水产品物流配套制度建设需要加强

近年来，台湾水产品物流相关硬件设施不断完善，但与冷冻、冷藏、分级、包装等硬件设施相关联的配套性制度，如供需调节、金融信用、分级标准、包装营销等，未能跟上硬件建设发展步伐，一定程度上影响了水产品流通体系运作效率。

第四节　两岸水产品流通的主要差异比较

无论大陆还是台湾地区，水产品一直是居民餐桌上的佳肴。两岸水产品流通也都经历了长期的发展过程，也存在一些问题。由于各种原因，两岸水产品流通发展基础相通，但又相对独立，对两岸水产品流通进行比较，可以相互借鉴、取长补短，也可以为两岸未来的深入合作有所裨益。本节将从两岸水产品流通体系消费需求、进出口结构、水产品批发交易方式、渔业协会、水产品合作组织发展、水产品质量认证、水产品价格信息监测等方面进行比较分析。

一、两岸水产品流通政策比较

1978 年以前，大陆主要采用指令性计划调拨的方式代替水产品商品化流通。1983 年起，大陆流通领域率先放开了水产品市场和价格，利用市场机制实现对水产品资源的配置，推进了水产品流通体系的建设。在这一过程中，中国政府一直致力于完善水产品流通市场政策。

从内容看，大陆水产品流通政策法规主要涵盖养殖捕捞、流通与基础设施建设、冷链物流、质量安全、渔业组织、金融保险和 WTO 出口等方面。从政策导向看，1983 之后的政策主要在于理顺市场体制，促进行政管理向市场体制转型，如 1983—1985 年的"关于放宽政策、加速发展水产业的指示"、"水产品'双开放'政策"等。中期主要构建市场经济流通体制的制度基础，如 2000 年的《中华人民共和国渔业法》、2003 年的《水产养殖质量安全管理规定》等。近期，国家政策主要是针对性地解决流通中存在的重大问题，如 2009 年针对水产流通质量安全提出的《流通环节食品安全监督管理办法》，针对水产运输成本偏高问题提出的《关于进一步完善和落实鲜活农产品运输绿色通道政策的通知》，2010 年针对水产流通的冷链物流问题提出的《农产品冷链物流规划》等。大陆水产流通相关政策梳理可见本章附表。

台湾地区很早开始实行市场导向的水产品流通政策，并注重通过相关规定不断完善流通中的各个方面。台湾水产品流通相关规定的内容主要集中在规范市场秩序、提升水产流通能力、培育产业方面。例如 2004 年提出的"推动台湾渔业发展方案"，2006 年提出的《远洋渔业及产业重组方案》等。台湾水产流通政策注重产品认证认可制度的建立完善和贯彻落实，如台湾从 1986 年就推出"台湾优良农产品认证（CAS）"，2004 年又推出《农渔产品产销履历制度》，2010年提出《水产品精品评选制度》等。

两岸水产流通政策内容和导向的差异与水产流通市场的发展程度密切相关，目前大陆水产品市场在政策制度方面仍然偏重于依托解决重大问题，不断完善基础制度。台湾水产品制度体系相对成熟，对水产流通的政策偏重于微调市场制度，以适应建设观光农业等现代精致农业体系。

二、两岸水产品需求和进出口结构比较

从两岸水产品消费需求来看，随着两岸居民收入和生活水平的逐步提升，水产品消费需求逐步向安全、营养和高质量需求转变，对冷链、保鲜等水产品物流技术的要求也逐步提升。同时，随着大陆农村市场需求的提升和城乡水产需求的结构平衡，大陆水产品的需求量也在不断提升，台湾高质量的水产品与大陆快速增长的市场需求存在对接的空间。

从水产品进出口地区分布情况看，大陆和台湾互为主要出口地区。从2011年水产品出口情况看，大陆向台湾地区出口水产品数量位居大陆全部出口地区的第七位，大陆同时也是台湾地区水产品出口排名第六的目标地区。进口方面，两岸差距较大，俄罗斯是大陆水产品进口的主要地区，台湾地区向大陆输出的水产品总量仍相对较少；但大陆则是台湾水产品进口的首要地区。从进出口产品结构看，两岸间有一定的互补性，如大陆虾类出口量巨大，而虾类是台湾主要进口水产品；鱿鱼是台湾主要出口产品，而鱿鱼属于大陆主要进口产品（表9.18）。整体看，两岸水产品贸易存在竞争关系，但也有合作空间。未来，随着两岸经济合作框架协议（ECFA）的不断推进，以及两岸在水产品关税、运输以及渔业协作的不断推进，两岸在渔业协作交流方面的空间和潜力还很巨大。

表 9.18　两岸水产品进出口地区结构比较

	中国（大陆）	台湾地区
主要出口国家/地区	日本、美国、欧盟、东盟、韩国、中国香港、中国台湾、俄罗斯、加拿大、墨西哥	泰国、日本、美国、越南、韩国、中国大陆、菲律宾、印度尼西亚、斐济群岛、马来西亚
主要出口产品	对虾、鱿鱼、罗非鱼、鳗鱼、大黄鱼、小龙虾、斑点叉尾鮰	鲣类、秋刀鱼、黄鳍鲔、长鳍鲔、大目鲔、吴郭鱼、鲭鱼、鱿鱼、鲨鱼、虱目鱼
主要进口国家/地区	俄罗斯、美国、秘鲁、东盟、智利、挪威、欧盟、日本	中国大陆、越南、秘鲁、印度、泰国、印度尼西亚、智利、美国、挪威、菲律宾
主要进口产品	鱿鱼、鳕鱼、鲑鱼、带鱼、鳙鲽鱼类以及其他未明列冷冻鱼类[①]	虾类、鱼浆、鲑鱼、大比目鱼、海带、墨鱼、鲭鱼、蟹类、柳叶鱼

资料来源：作者整理。

---

① 陈蓝荪. 中国水产品进出口现状与趋势[J]. 科学渔业, 2011（4）.

三、两岸水产品批发交易方式比较

大陆水产品批发市场交易方式主要还是以对手交易为主，仅部分批发市场，如深圳福田水产品批发市场使用批发市场拍卖制度。传统对手交易由于人为因素和各种随机因素影响较大，交易透明度差、较为分散，水产品流通过程中价格信息传递不准确，难以全面发挥市场价格形成和资源配置作用。

台湾地区水产品批发交易自 1995 年起，逐步引入无线电脑拍卖钟系统，供需双方通过竞价器，根据电脑显示的鱼货相关资讯进行竞价交易，拍卖结束后即可完成交易资料处理，大幅提高了交易公平性和交易效率，提高了市场交易水平。比如，埔心鱼市场，原为三等鱼市场，但在电子交易系统推动下，现已提升至二等鱼市场。目前，台湾地区众多一等鱼市场，如嘉义、新竹、台中等鱼市场，已建立起四线电脑拍卖线，电脑拍卖鱼货比率达到 8 成，台湾鱼市场电脑拍卖已形成明显趋势。

四、两岸渔业协会比较

渔会作为台湾渔业发展的重要中介组织，其相关规定较为健全，包括渔业相关规定及其实施细则等 20 项规定。作为基层渔民组织，渔会主要经营事务涵盖经济、金融、服务三大领域，几乎包括渔业和渔民有关的所有事项。自 1975 年实施"台湾地区渔会合并方案"以来，经过 1993 年最后一次调整，台湾渔会始终保持 1 个省渔会和 39 个区渔会构架。截至 2012 年底，渔会会员规模达到 41.97 万，渔会在帮助渔民应对资源约束和环节变化、拓展新视野、发展休闲渔业等方面扮演了重要角色。同业公会和发展协会虽然在规模、人数以及作用方面无法与渔会相比，但在专业领域却发挥了不可替代的作用，如基隆、高雄、宜兰渔船公会在协助渔船经营者办理各项行政事务，以及加强地区业者交流沟通方面也发挥了积极作用。

目前，大陆尚没有任何有关渔业协会的专项法规，仅有《国务院办公厅关于加快推进行业协会商会改革和发展的若干意见》等行业协会综合性管理办法适用于渔业协会管理，《渔业法》也未对渔业协会给予任何规定。从主要职能看，大陆渔业协会主要包括：加强行业自律，为渔业和渔民提供生产、销售等方面的科技与信息服务，建立渔业社会化服务体系，以及渔业对外交流合作等事宜。与台湾地区相比，大陆渔业协会职能较为单一，仅限于服务领域，在经济、金融等方面基本未能建立相应的职能，也不具备台湾渔会信用部的金融机构[①]。近年来，大陆也在借鉴日本、台湾地区发展渔业协会的经验，逐步开发和健全协会功能。

五、两岸渔业合作组织比较

渔民专业合作社是在不改变渔区基本经营制度基础上，通过渔业生产经营者或渔业经营服务提供者与利用者按照自愿联合、经济参与、共同所有、民主管理原则组成的具备法人资格的合作经营形式[②]。自 20 世纪 80 年代中期大陆渔业生产经营制度和水产品流通市场改革至今，大陆渔民专业合作社已有 20 多年的发展历程，但 2007 年正式施行《中华人民共和国农民专业合作社法》和《农民专业合作社登记管理条例》等法律法规后，渔业合作社才正式进入快速发展阶段，并逐渐发展成为大陆渔业发展的重要组织载体。目前，大陆渔业发展合作社广泛分布于东部沿海省市海岸地区和淡水养殖业比较集中的内陆沿河沿湖县市，类型上以海水养殖专业合作社居多。但从整体看，大陆渔民专业合作社发展还处于初级阶段，合作社规模普遍偏小，大多数在 100 人以内，社员规模在 500 人以上的只占极少比例。合作社服务内容主要集中在生产环节的有限技术合作和产前的生产资料购买等方面，加工和流通领域的合作社还较少[③]。

与大陆相比，台湾渔民合作组织发展重点是渔业产销班。1992 年以来，为有效应对台湾地区渔民小规模家庭经营导致的渔业资源低效率利用、综合生产成本高，以及市场议价能力弱等问题，台湾渔业主管部门积极辅导、支持渔民联合有共同理念和兴趣的同业者，组建产销班，共同开展经营。截至 2013 年 8 月，台湾地区共有渔业产销班 226 班，其中水产养殖产销班 168 班，特定渔业类产销班 58 班，未来还将进一步增加娱乐及休闲渔业产销班。

渔业产销班以及合作社是解决渔业家庭式分散生产与市场流通规模化运作矛盾的可选解决方案之一，也是发挥农民在流通中主导作用的一种方式，对于解决水产品流通"第一公里"的产品标准化、品牌化、包装化等问题，提升渔民收入等都有促进意义。在这一点上，大陆渔业产业仍有较大的提升空间。

---

① 傅崐成，褚晓琳. 两岸渔业协会制度比较及其启示[J]. 中国海洋大学学报（社会科学版），2007（2）.
② 于会娟，姜秉国. 中国新型渔民专业合作社生成机理分析[J]. 中国渔业经济，2012（4）.
③ 姜秉国，于会娟. 中国渔民专业合作社发展评析[J]. 中国渔业经济，2013（1）.

六、两岸水产品质量认证比较

为保障水产品质量安全，台湾渔业部门积极辅导相关从业者参加台湾优良农产品（CAS）、水产品危害分析与管理控制要点（HACCP）和ISO22000等食品安全认证，为确保水产品安全提供了坚强保障和有力监督。产销履历制度由台湾良好农业规范（TGAP）和履历追溯体系（Traceability）组成，台湾地区自2004年开始规划推动农渔产品产销履历示范计划，2006年和2008年先后制定完成吴郭鱼、鳗鱼、石斑鱼等十三个养殖渔产品的良好生产作业准则，并依据农产品生产及验证管理法，鼓励养殖业者自愿参加产销履历认证。2007年起开始上市供应具有产销履历的水产品。台湾水产品产销履历平台框架如图9.7所示。CAS优良水产品要求以台湾优质水产品为主要原料，通过处理和加工调理，并在适当温度储运销售的水产品，目前包含超低温冷冻水产品、冷藏水产品、水产品等5大类。自2005年原"海宴"认证产品并入CAS系统，台湾优良水产品认证正式启动，截至2013年3月，获得认证的企业达到42家、389项产品。

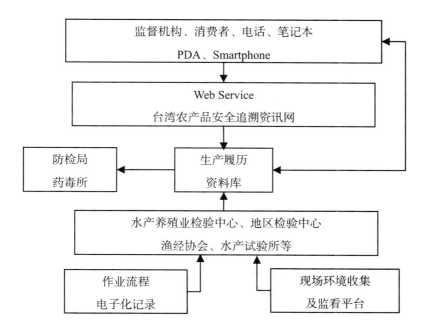

图 9.7　台湾地区水产品产销履历平台构架

资料来源：作者依据相关资料整理。

大陆水产品质量认证主要是 5 大类产品认证，包括无公害农产品、绿色食品、有机产品、ChinaGAP 和 ACC；以及 3 大类体系认证，主要是 ISO9000、ISO14000 和 HACCP 认证。无公害农产品和绿色食品是大陆结合自身经济发展水平和市场需求创立的质量认证，其中无公害产品要求达到"标准化生产、投入品监管、关键点控制、安全性保障"的技术标准，绿色食品推行"两端监测、过程控制、质量认证、标志管理"的技术制度，有机产品推行"基本不用化学投入品"的技术制度要求。其余认证规制则主要与国际接轨，并进行了适应性改进。例如，ChinaGAP 是在 EurepGAP 基础上，根据大陆水产养殖业情况进行的创新。与其他地区相比，大陆水产品质量安全认证标准以类为单元，如无公害渔业产品认证，包括 30 多个产品类标准，基本覆盖 130 多个水产养殖品种。同时，农业部主推的无公害、绿色和有机认证要求，与创建相应标准的标准化示范县（区、农场）、科技示范场等相结合。

总体上看，两岸认证认可制度总体框架均较为完善，但在制度执行上存在一些差异。例如，台湾地区有很多强制性认证，大陆则主要作为自愿性认证进行执行。从认证管理体制看，台湾质量安全认证管理、审核机构较为明确，如CAS 认证，由农业主管部门（原资料为"农委会"）主管，委托台湾优良农产品发展协会负责验证等相关事务。与之相比，大陆质量认证则相对混杂，以有机认证为例，仅认证机构就有湖南欧格有机认证有限公司、南京国环有机产品认证中心、北京中绿华夏有机食品认证中心、辽宁方圆有机食品认证有限公司、黑龙江绿环有机食品认证有限公司等一大批认证机构，很多机构本身的性质与认证初衷存在错位，客观上有寻租的风险。

七、两岸水产品价格信息采集机制比较

为强化水产品流通调控，稳定水产品市场，大陆自 1995 年正式启用"全国农产品批发市场价格信息网"，从全国各省市选取水产品批发市场信息采集定点单位，全年 365 天不间断采集水产品价格、交易量、质量检测、市场动态等信息。同时，在每日采集水产品相关信息基础上，编制"农业部'农产品批发市场价格指数''全国菜篮子产品价格指数'"和两指数月度走势图。经过 2010 年的调整，目前大陆 33 个省市总共有 80 家市场是全国水产品批发市场信息采集定点单位。

台湾方面，渔业主管部门相关机构辅导水产品批发市场定时报送交易行情，与财团法人台湾养殖业发展基金会建立"渔产品全球资讯网"，提供查询包括单日、多日、任意时段等多种鱼品种行情、大小分类行情、整体行情、中长期行情走势和历史行情，提供各类渔业相关网站链接、鱼市场简介和鱼货食谱等咨询。目前，信息系统可以提供包括台北、三重、新竹、桃园等 14 个消费地水产品市场，以及基隆、台南、高雄等 11 个产地批发市场行情信息。

本章附表

附表 1　中国（大陆）水产品流通部分政策法规

涉及领域		政策法规（出台年份）	要点
生产捕捞	法律	《中华人民共和国渔业法》（2000）	调整水域开发、利用、保护、增值渔业资源过程中产生的各种社会关系的基本法律
	政策	《水产资源繁殖保护条例》（1979）	对禁渔区和禁渔期做出了规定，明确了渔具、渔法和水域环境保护
		《关于放宽政策、加速发展水产业的指示》（1985）	确定"以养殖为主，养殖、捕捞、加工并重，因地制宜、各有侧重"的产业政策
		《全国出口水产品优势养殖区域发展规划》（2008）	进一步提高黄渤海、东南沿海出口水产品优势养殖带、长江中下游河蟹优势养殖区"两带一区"发展水平
		《全国渔业发展第十二个五年规划（2011—2015）》（2011）	明确"十二五"大陆渔业发展思路、战略目标和主要任务
		《水产种植资源保护区管理办法》（2012）	加强增殖放流、渔具渔法、休渔禁渔、渔业生态补偿等资源管理制度的规范
		《国务院关于促进海洋渔业持续健康发展的若干意见》（2013）	确立坚持生态优先、养捕结合和控制近海、拓展远海、发展远洋的发展方针
流通基础设施建设		水产品"双开放政策"（1983）	放开水产品市场和价格，发挥市场资源配置主导作用
		《商务部办公厅关于印发"双百市场工程"农贸市场建设标准和验收规范的通知》（2009）	明确交易厅棚、给排水等农贸市场基础设施和配套经营设施建设标准
		《关于进一步完善和落实鲜活农产品运输绿色通道政策的通知》（2009）	在收费站设立专用通道口，对整车合法运输鲜活水产品车辆给予"不扣车、不卸载、不罚款"和减免通行费的优惠政策
		《关于全面推进农超对接工作的指导意见》（2011）	支持农业生产主体与超市对接，力争"十二五"期间大中城市生鲜农产品超市销售比重翻番
		《关于2011年开展农产品现代流通综合试点有关问题的通知》（2011）	在江苏、浙江、安徽等省开展试点，探索建立农产品现代流通体系

涉及领域		政策法规（出台年份）	要点
流通基础设施建设		《食品流通许可证管理办法》（2009）	严格食品经营者准入门槛，从事食品经营活动，必须取得食品流通许可证
		《物流产业调整和振兴规划》（2009）	加强农副产品批发市场建设，完善储运、加工、运输、配送等冷链设施配套
		《关于加大城乡统筹发展力度进一步夯实农业农村发展基础的若干意见》（2010）	统筹重点批发市场建设和升级改造，发展农产品大市场、大流通
		《国务院关于深化流通体制改革加快流通产业发展的意见》（2012）	加强现代化流通体系、流通信息化等环节建设，深化流通领域改革
冷链物流政策		《水产品冷链服务规范》（2009）	明确水产品冷链物流服务各环节基本标准
		《农产品冷链物流规划》（2010）	规划 2010—2015 年农产品物流产业思路和主要措施
		《促进物流业健康发展的 8 项措施》（2011）	鼓励大型企业从事农产品物流，建立主要品种和重点区域冷链物流系统
质量安全	法律	《中华人民共和国农产品质量安全法》（2006）	解决农产品质量安全管理无法可依、职责不清和制度缺失，建立农产品质量安全管理体系，为农产品质量安全管理工作提供法制保障
		《中华人民共和国食品安全法》（2009）	规范食品安全标准、生产经营、检验和进出口等
	政策	《关于全面推进水产健康养殖，加强水产品质量安全监管的意见》（2009）	推进水产健康养殖，改善养殖设施条件，加快良种繁育和水生动物防疫体系建设，健全质量安全监管制度
		《产地水产品质量安全监督抽查工作暂行规定》（2009）	加强产地水产品质量安全监督管理，规范水产品质量安全监督抽查工作
		《农产品质量安全监测管理办法》（2012）	对农产品质量安全风险监测、监督抽查等给予明确
		《进口水产品检验检疫监督管理办法》（2012）	亚洲、欧洲、美洲、大洋洲等 27 个地区进出口水产品检验检疫证书需经国家质检总局确认后方可入境
		《水产养殖质量安全管理规定》（2003）	明确养殖用水、养殖生产、苗种、饲料、用药等方面的具体标准
		《流通环节食品安全监督管理办法》（2009）	要求食品经营者建立健全食品安全管理制度，采取有效管理措施，保证食品安全

涉及领域		政策法规（出台年份）	要点
渔业组织	法律	《中华人民共和国农民专业合作社法》（2007）	规范农民专业合作社的组织、发展和经营，明确相关法律权利和义务
	政策	《农民专业合作社示范社创建标准（试行）》（2010）	订立"民主管理好、经营规模大、服务能力强、产品质量优、社会反响好"的示范社标准
		《国务院办公厅关于加快推进行业协会商会改革和发展的若干意见》（2007）	就加快推进行业协会的改革和发展，发挥各类社会组织提供服务、反映诉求、规范行为的作用提出意见
进出口贸易		《关于增加农业部年度免税进口计划的通知》（2008）	增加了鱼种（苗）计划万尾（粒）数量
		《国务院办公厅关于促进进出口稳增长、调结构的若干意见》	免收2013年8月1日至年底五个月的出口商品法检费用
金融保险		《关于开展国内渔业保险工作的通知》（1983）	启动渔业保险
		《农业保险条例》（2013）	将渔业保险纳入农业保险范畴

资料来源：作者整理。

附表2 台湾地区水产品流通部分有关规定

涉及领域	政策规定（出台年份）	要点
捕捞和生产	渔业发展方案（1989）	确定海洋养殖渔业及陆上养殖渔业发展政策
	地层下陷防治方案（第一期1995、第二期2000—2008）	推动养殖渔业结构调整，推动海水养殖
	推动台湾渔业发展方案（2004）	推动参与三大洋国际区域渔业组织，推进渔业可持续发展
	远洋渔业及产业重组方案（2006）	推进远洋渔业壮大发展
	精致农业健康卓越方案（2009）	将石斑鱼及观赏鱼纳入优质农业重点推动产业
流通基础设施建设	台湾地区各地渔会办理共同运销规则	允许各渔会办理水产品共同运销
	台湾地区渔港建设方案	对台湾地区渔港建设进行总体规划设计，20世纪70年代以来，相继推出三期方案
	台湾地区农产品市场管理办法（1976）	启动为期十年的农渔产销设施改造

涉及领域	政策规定（出台年份）	要点
流通基础设施建设	农产品市场交易法暨农产品批发市场管理办法（1981）	推动鱼市依法组建法人公司，规范市场人事、业务、财务等运作
	台湾地区渔港建设方案（第一期1979、第二期1989、第三期1997）	加强港口公用设施建设
	渔船搬运养殖活鱼管理办法（2007发布，2010修订）	渔船可运输活鱼至中国香港、大陆
	农产品服务业自动化计划（2000）	推动水产品运销自动化建设
质量安全	鱼及渔业产品的卫生标准	对各类鱼及渔业产品中的各种有害物质含量最大许可限量进行规定。根据有关情况进行动态调整，并发布相关修订草案
	输入活、生鲜、冷藏水产品查验作业要求	对输入产品的开箱、取样数量，以及检验后处理等进行了详细规定
	监督产品生产标准、卫生条件和标示（1986）	台湾优良农产品认证（CAS）
	水产品海宴证明标章（1996）	农业主管部门渔业主管部门（原资料为"农委会""渔业署"）订立，主要包括"海宴"精致渔产品证明标章规定事项，及申请认证流程。2005年并入CAS
	有机农产品认证	有机农产品认证的各项标准。明确取得授权办理有机农产品认证工作的机构，如国际养育自然生态基金会、台湾地区有机农业生产协会及慈心有机农业发展基金会等
	农渔产品产销履历制度（2004）	"田间"到"餐桌"全过程，生产信息及质量可追溯
	渔业规定	台湾地区渔业生产、捕捞、经营、管理的基本规定
	食品卫生管理规定	台湾地区食品卫生管理、食品标示及广告管理、食品业卫生管理、处罚的基本规定
	饲料管理规定	对畜禽、家畜、水产品饲料的制造、输入及输出、贩卖、监督检查及取缔及处罚进行了详细规定
	商品检疫规定	对商品检疫的主管部门，主要检验规则、验证登陆、市场监督、检验费用以及处罚等进行了规定
	动物用药品管理规定	对动物用药品的化验鉴定、登记、许可撤销等事项给予明确

涉及领域	政策规定（出台年份）	要点
渔业组织	渔会规定（1975 修正公布）	对渔会的主要宗旨、任务、设立、会员、职员、权责划分、会议、经费以及监督等九大部分给予了明确；渔业组织有合作社、公会和协会，如冷冻水产同业公会、养殖渔业发展协会等，还包括基金会
金融保险	台湾区渔民海难救助基金（1977）	救助遇难渔民家属
	台湾地区海上作业渔民保险办法（2004）	为海上作业渔民提供保险
	台湾地区动力渔船所有人奖励保险要点（2001）	为渔船主提供保险支持
	渔产平准基金收支保管运用办法（1994）	为 9 类台湾大宗水产品办理价差平准和实物平准
	渔业专案贷款	按照不同贷款用途设置不同上限，贷款利率 1.5%

资料来源：作者整理。

第十章　两岸农产品流通展望

农产品流通是关系到国民生活和社会稳定的一个重要领域，直接影响农产品市场价格是否稳定、供应能否充足，以及食品安全等多个方面。本章将分别从大陆农产品流通展望、台湾农产品流通展望和两岸农产品流通合作展望三个方面展开。

第一节　大陆农产品流通展望

一、鲜活农产品流通体系建设步伐加快

随着人民生活水平的不提高，人们越来越重视农产品的鲜活性，建立完善高效、畅通、安全、有序的鲜活农产品流通体系，对保障鲜活农产品市场供应和价格稳定均具有重要意义。

2011 年 12 月，国务院办公厅出台《关于加强鲜活农产品流通体系建设的意见》，明确提出要以产销衔接为重点，加强鲜活农产品流通基础设施建设，创新鲜活农产品流通模式，提高流通组织化程度，完善流通链条和市场布局，进一步减少流通环节，降低流通成本[①]。

目前，各省市也积极开展鲜活农产品流通体系建设。例如，天津、厦门等地积极扩建冷库等冷链物流基础设施建设，积极开展农超对接、农校对接、农批对接等多种形式的产销衔接，推动两岸冷链物流的落实。

---

① 中华人民共和国人民政府网. 国务院办公厅关于加强鲜活农产品流通体系建设的意见. http：//www.gov.cn/zwgk/2011-12/19/content_2023641.htm, 2011-11-19.

二、流通模式向新型化、多元化发展

针对传统批发市场流通模式的不足,"场店对接""农餐对接""农超对接""社区直达"等现代流通模式纷纷出现,以减少流通环节,提高流通效率。例如,"社区直送"模式是在居委会、小区物业管理等单位的支持下,由产地的农民专业合作社或企业将产地蔬菜直接送至居民社区的固定蔬菜销售点。该模式具有价格便宜、新鲜度较高等优点,但存在店铺规模小、蔬菜品种有限的不足[①]。

此外,随着电子商务的快速发展,积极运用电子商务平台来拓展农产品流通模式。例如,深圳农产品公司以农产品交易所为平台,以食品批发市场、网上交易市场为依托,构建了多品种、多层次、多模式的绿色交易新体系[②]。

三、农产品市场流通法律法规将逐步建立和完善

在建立批发市场体制初期,台湾地区就制定或颁布了《农产品市场交易施行细则》《农产品批发市场交易规则》《农产品批发市场管理办法》等相关农产品流通的规定,明确对交易主体、交易方式、交易各环节进行了规定。随后,台湾地区又出台了《农产品运销改进方案》《农产品贩运商辅导管理办法》《农业发展条例》《农产品分级包装标准与实施办法》《农民团体共同运销辅导奖励监督办法》等一系列相关规定,对农产品流通的各个关键环节都做出了细致具体的规定。

此外,日本、韩国等国家也有农产品流通的相关法律规范,而中国大陆目前尚未出台相关法律。为解决目前面临的市场乱建、无序竞争、摊位费高等诸多问题,亟需出台相应的农产品流通法律法规,进而能为政府管理和调控农产品市场流通提供法律保证。

四、农产品流通信息平台相继上线

近年来,政府不断加强农产品流通信息化平台建设,逐步建立了覆盖生产、流通、消费的信息数据库,能实现及时准确地向社会提供国内外农产品市场行情信息、气候信息以及交通路况信息,提供农产品的有关信息给生产者、经销

---

① 安玉发. 实行多元化产销渠道 破解农产品流通困局. http://www.hnhbcy.org/xiandainongye/xdnyshidian/xdnyshidian3/2013-04-08/5665.html, 2013-4-8.

② 李子晨. 多元化发展创新农贸流通渠道[N]. 国际商报. 2013.

者、消费者①。

例如，2011年4月，海南农产品流通公共信息服务平台正式开通。该平台利用移动互联、地理信息、智能数据库等现代信息技术，整合商务部城乡市场信息及海南交通部门信息资源，实现了"产销对接服务""信息采集与发布""市场监测—预测预警"三大功能。

2013年8月，新疆农产品流通公共信息服务平台正式上线。该平台是"西果东送"的网络流通链，不仅能免费为全疆各类农产品流通主体提供全方位的市场信息服务外，还可以展示新疆农产品生产布局、流通网络、供需信息等各类信息，实现农超、批发市场、经销商直接产销对接②。

第二节　台湾地区农产品流通展望

目前，台湾地区农产品流通已基本形成了流通产品标准化，流通主体规模化，流通方式多元化，市场布局科学完善，物流服务高效便捷，信息服务体系完善，收储调节保障有力的流通体系③。

一、农产品流通渠道长度缩短

近年来，随着便利店、超市、量贩店等现代渠道的兴起，台湾农产品流通渠道由传统的多层次渠道结构逐渐简化为从供货商经物流中心直接送至各零售店的渠道模式，节省了农产品流通时间及渠道作业成本，增强了农产品流通过程中的质量控管能力。

同时，农会、合作社和产销班、产销策略联盟等台湾农民合作组织与大型农产品加工流通企业、大型连锁超市以及企业、学校等大型消费单位签订供应协议，开展农产品直销，缩短流通渠道。

此外，两岸农产品流通也积极利用电子网络销售模式，缩短流通渠道。例

---

① 许军. 我国农产品流通面临的突出问题与应对思路[J]. 经济纵横, 2013,（3）: 92-99.

② 李子晨. 多元化发展创新农贸流通渠道[N]. 国际商报, 2013.

③ 广西商务厅. 台湾农产品流通体系考察报告[EB/OL]. http://www.gxswt.gov.cn/zt/hzyj/detail/4802a5f9-3009-45f1-a3ae-080534bb3953. 2014-2-14.

如，台湾高雄农业股份公司与上海菜管家合作，依靠电商网络平台行销高雄农产品至大陆长三角地区。

二、生鲜农产品流通逐步实现全过程冷链

台湾物产丰富，农业发达，冷链物流运作经验成熟，物流技术研发能力较强，拥有可全程追溯的冷链物流管理系统和丰富的物流人才，已初步形成了完善的综合冷链物流体系。

目前，台湾已逐步建立了以农产品生产基地的集配中心小型冷库为起点，连锁超市冷柜等为终端，大型流通企业、物流企业、批发市场的大型冷库为核心和便捷的冷藏运输为纽带的全过程冷链农产品流通网络。例如，台湾统昶行销公司是统一集团旗下的冷链物流企业，拥有 17 个冷链物流中心和 300 台冷链运输车，已构建起统一集团在台湾的全冷链物流网络。

三、农产品流通信息服务体系日趋成熟

按照台湾农业相关部门的规划设计，台湾的农业资讯体系主要以农业产销信息服务为核心，利用互联网和移动通信技术整合产销信息，将农产品的产销数据调查、汇集和信息服务的提供，以及辅导农民、产销班、农会及分销经营者发展农产品电子商务应用全部涵盖。其中，包含生产调查、农产贸易、市场交易、营销服务、农业环境信息、经营辅导及产销分析等七项信息应用服务机制①。

目前，台湾农产品流通信息服务体系日趋成熟，已逐渐形成了由地方当局有关部门为主导，以网络技术为支撑，以农民合作组织为节点，农户广泛参与的农产品流通信息服务体系和规范化、现代化、便捷化的运行机制，为台湾农产品流通、市场管理及农业政策的制定与落实提供了的重要支持。

四、农产品流通政策环境不断完善

早在 20 世纪 70 年代，台湾相继制订颁发了《农产品批发市场交易规则》《农产品市场交易规则施行细则》《农产品批发市场管理办法》，并对交易主体、交易方式、交易各环节进行了规定。随后，台湾又先后出台了《农业发展条例》

---

① 赵一夫. 台湾农产品市场信息服务体系的发展与启示[J]. 台湾农业探索, 2012,（5）: 1-5.

《农产品运销改进方案》《农产品分级包装标准与实施办法》《农民团体共同运销辅导奖励监督办法》《农产品贩运商辅导管理办法》等一系列规定，规范农产品流通的各个关键环节[①]。

此外，台湾也成立了专门的农业生产流通主管部门，将农产品生产流通各个环节纳入统一有序的规范管理，有效保证各项规定顺利推进，避免了多头交叉、信息不畅、资源浪费等情况。

第三节　两岸农产品流通合作展望

随着两岸"三通"的全面实施和《海峡两岸经济合作框架协议》（ECFA）的正式签署，两岸大交流、大合作、大发展已成为两岸关系发展的主旋律。积极促进两岸产业的融合与对接，在交流与合作中寻找双赢乃至多赢的机会，对促进两岸产业结构升级，培育各自新兴产业，共同打造"大中华经济圈"的竞争优势，创造更多的就业机会和改善两岸民生均具有重要意义和广阔前景。

一、两岸生鲜农产品冷链物流合作不断深化

2009 年，两岸经济合作委员会启动两岸产业合作。冷链物流及其他四个产业（LED 照明、无线城市、TFT-LCD、汽车）被确定为先期合作领域。

2011 年 7 月，商务部、国台办正式批准天津和厦门为"两岸冷链物流合作试点城市"，开展两岸生鲜农产品冷链物流产业对接。经过近三年的试点，两岸已经签署 34 项合作意向书，包括 29 项企业试点、4 项综合场域试点与 1 项两岸联盟合作。

为推广试点成果，扩大合作范围，完善两岸冷链物流合作节点布局，2014 年 8 月，商务部、国台办联合发文，决定将昆山、北京、武汉列为两岸冷链物流产业合作第二批试点城市。明确提出将围绕城市冷链物流发展规划、冷链基础设施改造升级、冷链技术和管理模式应用和冷链标准化、信息化等重点工作，以促进业界项目合作、整合冷链资源、提升城市冷链物流发展水平为重点。

---

① 祁胜媚，杜垒，封超年，蒋乃华. 台湾地区农产品运销体系的建设经验与启示[J]. 世界经济与政治论坛.，2011，（3）：145-159.

二、两岸农产品流通模式不断拓展

近年来，台湾地区农产品出口大陆规模不断扩大，大陆已成为台湾地区第二大农产品出口市场。为适应大陆消费市场的变化规律，两岸生鲜农产品流通模式从常态化的展销会流通模式逐渐向直营店、电子商务等新模式拓展。

例如，台湾经销商抓住大陆对台湾优质高档农产品的市场需求，在大陆经济发达城市设立专门的农产品连锁经营店，直接从台湾进口生鲜农产品进行经营或兼营，探索直销店流通模式，拓展台湾生鲜农产品在大陆市场的消费潜力。

此外，大陆电子商务交易的迅猛发展，也为台湾生鲜农产品在大陆采取电子商务交易模式提供了重要机遇。目前，台湾生鲜农产品在大陆流通的电子商务交易模式主要有两种形式。一是采用台湾生鲜农产品经销商对大陆经销商的 B2B 形式；二是采用台湾生鲜农产品经销商直接面对消费者的 B2C 形式。例如，台湾元祖食品有限公司采取 B2C 形式，在网上电子商城直接向消费者出售水果"预约券"，消费者持"预约券"根据需要选择在适合产季到实体店提取或要求宅配当季的台湾水果[①]。

三、两岸流通企业合作不断深化

随着两岸经贸发展的持续深入，两岸物流企业合作不断深化。例如，2012年3月，福建盛丰物流集团、福建省盛辉物流集团、东山东海岸保税仓储物流中心有限公司分别与台湾华岗集团、台湾力氏国际股份公司、家田企业集团公司签订了海峡散货对接分拨中心项目、海峡两岸海陆联运物流项目、水产品加工转口贸易及配送合作项目等3个项目。

同时，福建省物流企业也积极进军台湾，开展物流业务。2009年，福建省交通控股公司所属的八方物流公司与台湾华冈物流公司组建八方华冈物流公司，成立"福建省交通运输集团有限责任公司驻台湾办事处"，开展台湾物流业务。此外，福建顺丰速递等快递企业陆续在台湾地区设立分支机构或转运中心。

四、两岸电子口岸平台逐步对接

2010年6月，闽台两岸签署《闽台口岸通关物流信息平台合作协议》，标

---

① 周向阳，赵一夫. 台湾生鲜农产品在大陆流通的模式与创新思考[J]. 台湾农业探索，2013，（5）：22-25.

志着福建电子口岸平台与台湾关贸网络平台将正式对接，实现大陆首个地方电子口岸平台与台湾口岸信息平台对接。该平台先期将在物流及航运信息交换、农产品进出口便利化服务、"小三通"人员往来便利化服务等方面进行合作；随后将深化至两地通关业务、福建海关特殊监管区域与台湾自由贸易港区对接业务等方面的合作，最终全面实现闽台两地无纸化通关[①]。

2012 年 10 月，闽台口岸通关物流信息平台上线运行，首批开通了舱单/船图/旅客名单数据传输、通关物流状态信息互传、电子原产地证传输等功能，增强了两地通关、物流信息的共享。随着两岸合作的进一步深化，福建电子口岸和台湾关贸网络平台将开展两地报关单信息数据交换，进一步打造两岸快速通关通道。

五、两岸直航能力持续提升

2008 年 12 月，两岸空中海上直航、直接通邮启动后，两岸已经实现了全面直接双向"三通"。五年来，两岸直航不断取得突破性进展，两岸空运航班、航点不断增加。截至 2013 年底，两岸直航航点已达 64 个，货运航班总数已达到 68 班。截至 2013 年 9 月底，两岸航空公司累计执行货运航班 9866 班，运载货物 54.5 万吨。

目前，两岸海运直航的港口已经达到 85 个，直航船公司增加到 120 家，直航船舶增加到 280 多艘。两岸海运集装箱运量每年的平均增幅都在 12% 以上。通邮方面，两岸函件、包裹、快递、汇兑业务都运行顺畅，稳步发展。

六、两岸农产品流通政策环境日趋完善

2010 年，两岸签订《海峡两岸经济合作框架协议》（ECFA）。明确提出 ECFA 早期收获产品到 2013 年 1 月 1 日全部降为零关税，双方贸易额、减免关税及核发原产地证书数量持续增加。2013 年 6 月 21 日，两岸签署了《海峡两岸服务贸易协议》。两岸服务贸易协议的实施，为两岸之间最终实现服务贸易自由化奠定了基础，有助于加速两岸服务业融合、互补，共同提升两岸服务业的国际竞争力。两岸贸易的便利化，必将推动两岸农产品流通业的发展合作[②]。

---

① 经贸动态[J]. 福建质量管理，2010，（7）：41-45.
② 刘秉镰等. 中国现代物流发展报告[M]. 北京：北京大学出版社，2014.

参考文献

[1] 国家统计局. 中国统计年鉴 2001—2013[R]. 北京：中国统计出版社，2002—2014.

[2] 韩永飞. 我国农产品流通中的问题及对策研究[J]. 价格理论与实践，2011（9）：81-82.

[3] 王斌，于淑华. 中国农产品流通发展报告（上）[J]. 中国流通经济，2009（1）：13-17.

[4] 贾敬敦，张玉玺，张鹏毅. 我国农产品流通产业亟待革命性变革[J]. 中国农村科技，2012（6）：26-29.

[5] 张鹏毅. 关于我国农产品流通的理论研究和实践问题的思考[J]. 中国农村科技，2012（8）：43-45.

[6] 徐大兵. 新中国成立六十年来农产品流通体制改革回顾与前瞻[J]. 商业研究，2009（7）：197-200.

[7] 蔡荣，虢佳花，祁春节. 农产品流通体制改革：政策演变与路径分析[J]. 商业研究，2009（8）：4-7.

[8] 曾欣龙，圣海忠，姜元等. 中国农产品流通体制改革六十年回顾与展望[J]. 江西农业大学学报（社会科学版），2011（1）：127-132.

[9] 戴化勇. 我国农产品流通体制的历史、现状及改革措施[J]. 物流工程与管理，2009，31（4）：33-36.

[10] 欣合. 我国农产品流通领域的形势及发展趋势[J]. 中国合作经济，2010（7）：12.

[11] 曾寅初. 我国农产品流通体制的市场化改革——过程描述与理论分析框架[M]. 北京：北京市社会科学界联合会、北京师范大学，2008.

[12] 胡春华，张满林. 我国农村流通组织的变迁与创新[J]. 理论与改革，2010（5）：81-84.

[13] 程庆新. 农产品流通组织论[D]. 北京：中国人民大学，2006.

[14] 陈耀庭. 农产品流通中的各主体优化研究[J]. 物流工程与管理，2012（8）：9-10.

[15] 张长厚. 发展农产品流通的瓶颈与思考[J]. 中国流通经济，2012（4）：22-24.

[16] 倪秋萍. 我国农产品流通体系发展现状及对策[J]. 技术与市场，2011（7）：457-458.

[17] 徐怡. 我国农产品流通体系完善之研究[D]. 江苏：苏州大学，2012.

[18] 冯伟. 我国农产品流通模式与体系建设分析[J]. 农村金融研究，2011（11）：63-66.

[19] 王斌，于淑华. 中国农产品流通发展报告（上）[J]. 中国流通经济，2009（1）：13-17.

[20] 刘美远. 基于供应链管理的农产品流通模式研究[D]. 成都：西南财经大学，2006.

[21] 王绍飞，俞勤，王立红. 北京市农产品流通体系的问题与建设方向[J]. 调研世界，2010（4）：24-27.

[22] 吴建国. 上海食用农产品批发市场现状分析[J]. 上海商学院学报，2008（5）：38-42.

[23] 尹枚. 改进广州农产品流通模式的探讨[J]. 广东经济，2012（1）：49-54.

[24] 张莉侠，罗强，刘刚等. 我国三大都市圈农产品流通现状及对策探讨[J]. 上海农业学报，2008（3）：93-96.

[25] 祁春节，何劲. 武汉农产品流通及其市场体系存在的问题与对策研究[J]. 湖北社会科学，2004（5）：27-29.

[26] 赵忠平，李兆能. 湖北农产品流通特点、问题及建议[J]. 中国农业银行武汉培训学院学报，2012（5）：70-71.

[27] 俞菊生，罗强，张莉侠. 我国三大都市圈农产品流通量信息分析及预测[C]. 中国农学会，全国农业信息分析学术研讨会，2008.

[28] 中国经济信息网. 2011年行业年度报告之农业[DB/OL]. http://www.richyuan.com，2013-2-15.

[29] 国家统计局. 中国统计年鉴2012[M]. 北京：中国统计出版社，2012.

[30] 农业部市场与经济信息司课题组. 2013年主要农产品市场走势预测[N].农民日报，2013-1-15.

[31] 国家统计局.2012 年全国粮食生产再获丰收[EB/OL]. http://www. stats.gov.cn/tjfx/fxbg/ t20121130_402855454.htm，2012-11-30.

[32] 吴林海，郭娟. 我国城乡居民食品消费结构的演化轨迹与未来需求趋势[J]. 湖湘论坛，2010（3）：66-71.

[33] 钱克明. 我国主要农产品供求形势与市场调控的对策建议[J]. 农业经济问题，2012（1）：11-14.

[34] 焦健. 十二五期间农产品供给紧张形势将加剧[EB/OL].新浪财经网，http://finance. sina.com.cn/china/bwdt/20111031/105210723963.shtml，2011-10-31.

[35] 张士康. 中国农产品消费的形态特征、关注度与农产品质的安全供给分析[J]. 世界农业，2010（8）：49-52.

[36] 刘彦随，刘玉，郭丽英. 气候变化对中国农业生产的影响及应对策略[J]. 中国生态农业学报，2010（4）：905-910.

[37] 潘根兴，高民，胡国华等. 气候变化对中国农业生产的影响[J]. 农业环境科学学报，2011（9）：1698-1706.

[38] 农业发展要避免"三盲目"[N]. 农民日报，2011-06-12.

[39] 尹成杰. 粮安天下[M]. 北京：中国经济出版社，2009.

[40] 雷雨. 我国农业生产面临的困境和出路[J]. 中国粮食经济，2007（10）：12-14.

[41] 王胜先. 国家粮食局：粮食消费结构升级 品种结构矛盾加剧[EB/OL].新华网，2012-1-9.

[42] 杨艳红，熊旭东. 加入 WTO 十年我国农产品进出口贸易的国际比较分析[J]. 世界经济研究，2011（12）：40-43.

[43] 马光霞，孟丽.2011 年中国农产品进出口贸易分析[J]. 世界农业，2012（4）：48-50.

[44] 外资吞食我国大豆产业路线图[N]. 国际金融报，2009-5-26.

[45] 任家强，苏永玲. 我国农产品进出口贸易差异的空间统计分析[J]. 农业经济，2012（3）：125-126.

[46] 张鹏毅. 关于我国农产品流通的理论研究和实践问题的思考[J]. 中国农村科技，2012（8）：43-45.

[47] 王斌，于淑华. 中国农产品流通发展报告（下）[J]. 中国流通经济，2009

（2）：12-15.

[48] 张声书主编. 流通产业经济学[M]. 北京：中国物资出版社，1999..

[49] 郭冬乐，宋则，王诚庆，冯雷编著. 商业经济学[M]. 北京：经济科学出版社，1999.

[50] 林文益主编. 贸易经济学[M]. 北京：中国财政经济出版社，1995.

[51] 张绪昌，丁俊发主编. 流通经济学[M]. 北京：人民出版社，1995.

[52] 何明珂. 物流系统论[M]. 北京：高等教育出版社，2001.

[53] 王之泰编著. 新编现代物流学[M]. 北京：首都经济贸易大学出版社，2005.

[54] 杨菁编著，国外的农产品贸易与市场流通[M]. 北京：中国社会出版社，2006.

[55] 徐大兵. 新中国成立六十年来农产品流通体制改革回顾与前瞻[J]. 商业研究，2009（7）：197-200.

[56] 曾欣龙，圣海忠，姜元等. 中国农产品流通体制改革六十年回顾与展望[J]. 江西农业大学学报（社会科学版），2011（1）：127-132.

[57] 吴林海，郭娟. 我国城乡居民食品消费结构的演化轨迹与未来需求趋势[J]. 湖湘论坛，2010（3）：66-71.

[58] 钱克明. 我国主要农产品供求形势与市场调控的对策建议[J]. 农业经济问题，2012（1）：11-14.

[59] 陈耀庭. 农产品流通中的各主体优化研究[J]. 物流工程与管理，2012（8）：9-10.

[60] 王斌，于淑华. 中国农产品流通发展报告（上）[J]. 中国流通经济，2009（1）：13-17.

[61] 焦志伦. 食品封闭供应链运营模式及其政策研究[M]. 北京：中国物资出版社,2012.8.

[62] 冯伟. 我国农产品流通模式与体系建设分析[J]. 农村金融研究,2011:（11）.

[63] 欣合. 我国农产品流通领域的形势及发展趋势[J]. 中国合作经济，2010（7）：12.

[64] 戴化勇. 我国农产品流通体制的历史、现状及改革措施[J]. 物流工程与管理，2009，31（4）：33-36.

[65] 蔡荣，虢佳花，祁春节. 农产品流通体制改革：政策演变与路径分析[J]. 商业研究，2009（8）：4-7.

[66] 孙烨. 欧盟农产品流通体制的特征及启示[J]. 调研世界，2003（2）：47-48.

[67] 马龙龙，祝合良编著. 物流学[M]. 北京：中国人民大学出版社，2007.

[68] 杨艳红，熊旭东. 加入 WTO 十年我国农产品进出口贸易的国际比较分析[J]. 世界经济研究，2011（12）：40-43.

[69] 蔡天新，陈国明.现代台湾农业发展模式的历史考察[J]. 中国经济史研究，2008，（1）:129-137.

[70] 单玉丽，刘克辉.台湾工业化过程中的现代农业发展[M]. 北京：知识产权出版社，2009.

[71] 杨德才.工业化与农业发展问题研究——以中国台湾为例[M].北京：经济科学出版社，2002.

[72] 孙兆慧.借鉴台湾经验，促进大陆农业产业化[J]. 国家行政学院学报，2006（4）：48-50.

[73] 蔡天新，陈国明.现代台湾农业发展模式的历史考察[J]. 中国经济史研究，2008，（1）：129-137.

[74] 陈文强.台湾现代农业发展的模式、道路与思考[M]. 成都：西南交通大学出版社，2010.

[75] 陈建良. 彰化县及台中县农产品生产及物流作业成本之研究[D]. 逢甲大学交通工程与管理系硕士班，2008: 9-10.

[76] 吴小丁，范苗苗. 台湾生鲜农产品流通中的农民团体作用及公共政策[J]，商业时代，2012, 12: 21-22.

[77] 祁胜媚，杜垒，封超年，蒋乃华. 台湾地区农产品运销体系的建设经验与启示[J]. 世界经济与政治论坛, 2011，9（3）：21-24.

[78] 许茂林. 农业产业一体化经营中的台湾农民合作组织[J]. 台湾农业探索，2003（3）：5-10.

[79] 国家发改委经济运行局，南开大学现代物流研究中心. 中国现代物流发展报告（2011）[R]. 北京：中国物资出版社，2011.

[80] 中国肉类协会. 2011 年我国肉类进出口概要分析[EB/OL]. http://www.fxmeat.com/index.php/trends/info/5537, 2012/8/29.

[81] 中商情报网. 2013 年上半年我国畜禽屠宰及肉类加工行业发展特点分析[EB/OL]. http://www.askci.com/news/201309/22/2216484233771. shtml, 2013/9/2.

[82] 辽宁省丹东市动物卫生监督管理局. 我国台湾地区的畜牧业发展经验[J].

中国牧业经济，2009（7）.

[83] 农业部渔业局.中国渔业统计年鉴（2000—2013）[R]. 北京：中国农业出版社, 2001—2014.

[84] 台湾农业主管部门. 2011 年农业统计年报[R]. 地方当局农业主管部门, 2012.

[85] 牛盾主编. 中国农产品贸易发展报告（2012）[M]. 北京：中国农业出版社, 2012（10）.

[86] 刘锐, 李冉, 陈洁. 我国水产品消费特征及增长潜力[J].农业展望, 2011（3）.

[87] 李海涛, 包特力根白乙. 中国水产品物流模式研究[J]. 商业经济, 2008（12）.

[88] 黄贵民（编）.水产品贸易与行销. 台湾渔产贸易人才培训讲座（十）材料汇编.

[89] 洪涛, 郝兴旺. 我国水产品流通现状、问题和发展趋势. 2007 年（獐子岛）中国现代渔业发展论坛资料.

[90] 宋春丽等. 中国和 CAC、美国、欧盟、加拿大、日本水产品质量分级标准比较分析[J]. 中国渔业质量与标准, 2012（3）.

[91] 王朝瑾, 张饮江, 谈向东编著. 水产品保鲜与运输实用技术问答[M]. 北京：化学工业出版社, 2006.

[92] 葛光华主编. 水产品市场营销学[M]. 北京：中国农业出版社, 2001.

[93] 张敏, 肖功年. 国内外水产品保鲜和保活技术研究进展[J]. 食品与生物技术，2002（1）.

[94] 胡亚东, 杨兴丽. 水产品冷链物流浅议[J]. 河南水产, 2011（1）: 11-14.

[95] 钟东杰. 水产品冷链物流的发展趋势[D]. 广东：广东省技师学院, 2013.

[96] 陈蓝荪. 水产品物流及其在中国的发展[J]. 中国流通经济, 2006（1）.

[97] 杜冉冉. 我国农产品冷链物流发展现状及存在的问题[J]. 中国证券期货, 2013（1）.

[98] 郑远红. 中美农产品冷链物流的比较与启示[J]. 世界农业，2013（3）.

[99] 尉迟斌, 卢士勋, 周祖毅主编. 使用制冷与空调手册[M]. 北京：机械工业出版社，2011.

[100] 林素连. 消费者对 CAS 认证水产品认知与消费行为之研究——以大台北地区家庭为例[D]. 台湾海洋大学应用经济研究院, 2007.

[101] 周海霞, 韩立民. 我国水产品冷链物流需求分析及政策建议[J]. 中国渔业

经济，2012（4）.

[102] 池惠婷. 物流产业链报告. [EB/OL]. http://www.dois.moea.gov.tw/content/pdf/09-物流产业链报告.pdf.

[103] 傅崐成，褚晓琳. 两岸渔业协会制度比较及其启示[J].中国海洋大学学报（社会科学版），2007（2）.

[104] 于会娟，姜秉国. 中国新型渔民专业合作社生成机理分析[J].中国渔业经济，2012（4）.

[105] 姜秉国，于会娟. 中国渔民专业合作社发展评析[J]. 中国渔业经济，2013（1）.

[106] 陈蓝荪. 中国水产品进出口现状与趋势[J]. 科学渔业，2011（4）.

[107] 安玉发. 实行多元化产销渠道 破解农产品流通困局. [EB/OL]. http://www.hnhbcy.org/xiandainongye/xdnyshidian/xdnyshidian3/2013-04-08/5665.html, 2013-4-8.

[108] 李子晨. 多元化发展创新农贸流通渠道[J]. 国际商报. 2013..

[109] 许军. 我国农产品流通面临的突出问题与应对思路[J]. 经济纵横，2013，（3）：92-99.

[110] 广西商务厅. 台湾农产品流通体系考察报告. [EB/OL]. http://www.gxswt.gov.cn/zt/hzyj/detail/4802a5f9-3009-45f1-a3ae-080534bb3953.2014-2-14.

[111] 赵一夫. 台湾农产品市场信息服务体系的发展与启示[J]. 台湾农业探索，2012，（5）：1-5.

[112] 祁胜媚，杜垒，封超年，蒋乃华. 台湾地区农产品运销体系的建设经验与启示[J]. 世界经济与政治论坛，2011，（3）：145-159.

[113] 黄宝祚，陈丽贞. 两岸开放后对谷物产业的策略评估[J]. 华人经济研究，2004，2（2）：118-139.

[114] 田君美. 现阶段中国大陆的农产品流通体系[J]. 经济前瞻，1999: 94-97.

[115] 赴台湾粮食流通情况考察团. 台湾粮食流通情况和入世后采取的对策[J]. 中国粮食经济，2002: 30-33.

[116] 温朝晖. 台湾粮食流通管理政策介绍[J]. 中国粮食经济，2010: 40-42.

[117] 丁声俊. 我国粮食流通改革的成就及展望[J]. 中国食物与营养，2008: 39-42.

[118] 中国的小麦进出口政策及状况[EB/OL]. http://www.21food.cn/html/news/27/182524.htm.

[119] 孔祥智, 马荣, 王爱华. 粮食流通体制改革进程中需要解决的关键问题和思路[EB/OL].

[120] 中国农产品流通市场现状研究与发展前景预测报告（2014—2015 年）[EB/OL].

[121] 城市无序发展成我国优质耕地数量减少主因[EB/OL]. http://www.aweb.com.cn.

[122] 魏君. 粮食物流模式研究[D]. 大连：大连海事大学, 2012.

[123] 周向阳, 赵一夫. 台湾生鲜农产品在大陆流通的模式与创新思考[J]. 台湾农业探索, 2013,（5）: 22-25.

[124] 张志乔. 生鲜农产品营销与物流[M]. 北京：北京大学出版社, 2012.

[125] 李碧珍. 农产品物流模式创新研究[M]. 北京：社会科学文献出版社, 2010.

[126] 赵英霞. 供应链视角下的农产品物流发展研究[M]. 北京：中国物资出版社, 2010.

[127] 赵一夫. 中国生鲜蔬果物流体系发展模式研究[M]. 北京：中国农业出版社, 2008.

[128] 周洁红, 许莹. 农产品物流管理[M]. 浙江：浙江大学出版社, 2011.

[129] 周发明. 构建新型农产品营销体系的研究[M]. 北京：社会科学出版社, 2009.

[130] 安发玉, 张浩. 果蔬农产品协议流通模式研究[M]. 北京：中国农业大学出版社, 2010.

[131] 安发玉, 焦长丰. 世界主要农产品贸易格局分析[M]. 北京：中国农业出版社, 2004.

[132] 关文强, 阎瑞香, 陈绍慧等. 果蔬物流保鲜技术[M]. 北京：中国轻工业出版社, 2008.

[133] 方志权, 顾海英等. 中日蔬菜、流通、贸易比较研究[M]. 上海：上海财经大学出版社, 2004.

[134] 赵一夫. 台湾农产品市场信息服务体系的发展与启示[J]. 台湾农业探索, 2012, 5（5）.

[135] 欧阳泉. "农超对接"模式下稳定果蔬产品价格机制分析[J]. 学术交流,

2013，227（2）.

[136] 王文生. "十二五"期间我国果蔬冷链物流面临的机遇与挑战[J]. 保鲜与加工，2011，11（3）.

[137] 聂宇欣. 广西果蔬类农产品流通模式研究[D]. 广西：广西大学硕士论文，2011.

[138] 王超. 果蔬冷链物流体系研究[D]. 江西：江西理工大学硕士论文，2011.

[139] 郑鹏. 基于农户视角的农产品流通模式研究[D]. 华中农业大学博士论文，2012.

[140] 王朝晖. 我国果蔬流通企业扩张问题研究[D]. 西北农林科技大学博士论文，2007.

[141] 姜长云，赵佳. 我国农产品流通政策的回顾与评论[J]. 经济研究参考，2012（33）：18-19.

[142] 李云博，米新丽，安玉发. 农产品流通政策体系的现状、问题及完善方向[J]. 观察与思考，2013，350（8）：46-47.

[143] 孙民罡，曲雪梅，刘永艳. 论我国流通政策体系的优化与完善[J]. 科技情报开发与经济，2006，16（20）：85-86.

[144] 翁鸣. 中国农产品进出口现状及其特点[J]. 中国经贸，2006，（6）：30-35.

[145] 缪建平. 台湾的蔬菜水果市场体系建设[J]. 中国食物和营养，1999，（1）：9-11.

[146] 乌拉平，何秀荣. 台湾农产品运销系统及其启示[J]. 世界农业，2000，254：47-49.

[147] 邱章泉. 台湾农产品运销的形式和启示[J]. 台湾农业探索，1999（2）：1-4.

[148] 张正义. 农会在台湾农产品产销中扮演之角色[J]. 农业经济问题，1993（8）：17-20.

[149] 俞菊生. 中国（大陆）蔬菜流通市场研究[J]. 上海农业学报，2003，（1）：1-5.

[150] 牛若峰. 台湾农产品运销制度与批发市场[J]. 中国农村经济，1994（3）：39-44.

[151] 吴小丁. 台湾生鲜农产品流通中的农民团体作用及公共政策[J]. 商业经济，2012，（22）：21-22.

[152] 黄璋全，陈志强. 台湾农产品市场体系建设的特点[J]. 他山之石，2007

（1）：46-48.

[153] 缪建平. 台湾的蔬菜、水果市场体系建设考察[J]. 中国农村观察，1998
（2）：61-65.

[154] 欧阳莉静. 台湾农产品运销管理制度及其借鉴[J]. 中国农村观察，1998，
8，（9）：38-41.

[155] 杨俊亮. 台湾的农产品运销[J]. 北京市农业管理干部学院学报，1999，13
（2）：45-47.

[156] 肖映林，陈彦，覃淑君. 台湾蔬菜流通与制度建设[J]. 绵阳经济技术高等
专科学校学报，1999，16（2）：57-60.

[157] 彭一亿. 海峡两岸农产品流通模式比较[J]. 台湾农业探索，1997，（2）：
8-10.

[158] 林坚，陈志刚，傅新红主编. 农产品供应链管理与农业产业化经营：理论
与实践[M]. 北京：中国农业出版社，2007.

[159] 李喜宏，陈丽，关文强，胡云峰编著. 果蔬薄膜保鲜技术[M]. 天津：天
津科学技术出版社，2003.

[160] 刘兴华，陈维信. 果品蔬菜贮藏运销学[M]. 北京：中国农业出版社，2004.

[161] Lisa Kitinga, Kader 著，华南农业大学果蔬采后生理研究室译. 果蔬花卉
采后处理实用技术手册[M]. 北京：中国农业出版社，2000.

[162] 杨少桧，张涤平，林娜编著. 果品蔬菜的采后技术和经营[M]. 北京：中
国农业出版社，1997.

[163] 世界银行编. 中国水果和蔬菜产业遵循食品安全要求的研究[M]. 北京：
中国农业出版社，2006.

[164] Raija Ahvenainen 主编，崔建云，任发政，郑丽敏，葛克山主译. 现代食
品包装技术[M]. 北京：中国农业大学出版社，2006.

[165] 周燕飞，白晋和编著. 蔬菜贮藏保鲜与加工[M]. 北京：科学出版社，1997.

[166] 周山涛编. 果蔬贮运学[M]. 北京：化学工业出版社，1998.

[167] 曾剑，王景峰，邹敏主编. 物流管理基础[M]. 北京：机械工业出版社，
2004.

[168] 李志翔. 果蔬物流中心规划与建设[D]. 天津：天津大学硕士论文，2005.8.

[169] 贺峰. 中国农产品现代物流问题研究[D]. 武汉：华中农业大学博士学位
论文，2006.6.

[170] 日本食品流通系统协会编，中日食品流通开发委员会译. 食品流通技术指南[M]. 北京：中国商业出版社，1992.

[171] 李小飞. 生鲜农产品物流配送组织模式研究[D]. 浙江：浙江大学硕士论文，2007.4.

[172] 李家庆主编. 果蔬保鲜手册[M]. 北京：中国轻工业出版社，2003.

[173] 张维一，毕阳编著. 果蔬采后病害与控制[M]. 北京：中国农业出版社，1996.

[174] 历为民. 荷兰的农业奇迹[M]. 北京：中国农业科学技术出版社，2003.

[175] Clive V.J.Dellino 编. 张懋，郇延军，陶谦译. 冷藏与冻藏工程技术[M]. 北京：中国轻工业出版社，2000.

[176] 刘兴华主编. 食品安全保藏学[M]. 北京：中国轻工业出版社，2005.

[177] Richard L.K.，Joseph N.U.著，孔雁译. 农产品市场营销学[M]. 北京：清华大学出版社，2006.

[178] 邱栋梁编著. 果蔬质量学概论[M]. 北京：化学工业出版社，2006.

[179] 李喜宏，陈丽，胡云峰，关文强，王文生. 果蔬经营与商品化处理技术[M]. 北京：天津科学技术出版社，2003.

[180] 张平，陈绍慧. 我国果蔬低温贮藏保鲜发展状况与展望[J]. 制冷与空调，2008，8（1）：5-10.

[181] 王文生，陈绍慧，修德仁. 我国农产品物流及保障平台的建设[J]. 农产品加工，2005，9:1671-9646.

[182] 李崇光，章胜勇，肖小勇.2012 年我国蔬菜出口贸易形势与问题[J]. 中国蔬菜，2013，（11）：1-4.

[183] 徐安然. 两岸农产品电子商务合作的机制和政策研究[D]. 福建：福建农林科技大学硕士学位论文，2013.4.

[184] 夏春玉. 现代商品流通：理论与政策[M]. 大连：东北财经大学出版社，1998.